Ellen Plasil

. . . und meine Seele weint

Der schockierende Bericht einer Frau,
die von ihrem Therapeuten
mißbraucht wurde

*Aus dem Amerikanischen
von Monika Hofko*

WILHELM HEYNE VERLAG
MÜNCHEN

HEYNE SACHBUCH
Nr. 19/2026

Titel der amerikanischen Originalausgabe
THERAPIST. THE SHOCKING AUTOBIOGRAPHY OF A WOMAN
SEXUALLY EXPLOITED BY HER ANALYST
Erschienen bei St. Martin's / Marek, New York

2. Auflage

ISBN 3-453-06529-8

Inhalt

Für Greg,
dessen Existenz ein Beweis dafür ist,
daß das Leben es gutmeint.

Alle Hauptpersonen in dieser Geschichte werden mit ihren wirklichen Namen genannt. Es mußten jedoch für einige der Nebenfiguren erfundene Namen verwendet werden. Die fiktiven Namen sind kursiv geschrieben, wenn sie das erste Mal im Text auftauchen, werden aber nur beim ersten Auftreten kursiv gesetzt.

Zu den Hervorhebungen im Text
und den Datumsangaben

Es gibt ein paar Worte, die man im Laufe meines Lebens zu mir gesagt hat, die ich nie vergessen werde – egal, wie sehr ich es auch versuche. (Der Leser merkt wahrscheinlich ohne Schwierigkeit, um welche Worte und Sätze es sich dabei handelt). Sie sind in meinem Gedächtnis genau so gespeichert, wie sie geäußert wurden. Die Anführungszeichen um diese Worte bedeuten, daß sie wörtlich wiedergegeben werden.

Die meisten Unterhaltungen in diesem Buch jedoch werden nur dem Inhalt nach wiedergegeben. Festgehalten wurde die Bedeutung eines Gesprächs, nicht der genaue Wortlaut, in dem es ablief. Dem Leser kann daher nur der Sinn übermittelt werden. Ich habe diese Unterhaltungen so wörtlich wie möglich rekonstruiert, aber da das Gedächtnis des Menschen ist, wie es ist, kann ich nicht behaupten, daß alle Dialoge wortgetreu sind. Allerdings kann ich sehr wohl behaupten, daß der Sinn einer Aussage, wie ich sie gehört und in Erinnerung habe, exakt wiedergegeben ist. Mit Ausnahme der Sätze, die für immer in meinem Gedächtnis eingebrannt sind, und abgesehen von den Stellen, wo ich aus schriftlichen Aufzeichnungen zitiere, dienen die Anführungszeichen also dazu, meine Erinnerung wiederzugeben und nicht den genauen Wortlaut, der benutzt wurde.

Einige Freiheit habe ich mir auch bei manchen Therapiestunden genommen, wo der Inhalt einer speziellen Sitzung vielleicht dem mehrerer Stunden entspricht. Da meine Therapie im wirklichen Leben stattfand, lagen einige ähnliche Sitzungen zeitlich und inhaltlich so nah beieinander, daß es entweder nicht nötig oder unmöglich ist, sie voneinander zu unterscheiden. In solchen Fällen habe ich zwei oder mehr dieser Sitzungen in eine Sitzung verschmolzen, jedoch nur, wenn ich das Datum von mindestens einer dieser Sitzungen sicher wußte, wenn ich sicher war, daß zwei oder mehr Sitzungen zeitlich nah beieinander lagen und einen ähnlichen, wenn nicht gar den gleichen Gegenstand zum Thema hatten. Diese Freiheit hat jedoch keinen grundlegenden Einfluß auf die Geschichte.

1. Auf Bewährung

»Du bist Abschaum«, murmelte er langsam und mit ruhiger Verachtung. »Du bist richtiger Abschaum.«

Seine Augen, die voller Haß waren, weiteten sich in ihren Höhlen, während er mich mit seinem Blick unerbittlich fixierte. Er hielt inne und besann sich sorgfältig seiner nächsten Worte, während er den Raum mit tödlichem Schweigen erfüllte, das androhte, was noch kommen sollte.

»Ich überlege, ob ich dich rauswerfen soll.« Er sagte es ernst, als hätte er ein Puzzle zu lösen, bevor er zu seinem Schluß kommen konnte. Er versuchte nicht einfach, mir Angst einzujagen. »Während ich darüber nachdenke, was ich tun soll, bleibst du genau da, wo du bist, und hörst zu, was ich dir zu sagen habe. *Das* ist die erste Strafe für das, was du getan hast.«

Bevor er mit seinem Urteilsspruch und mit seiner Bestrafung fortfahren konnte, glitt ich von dem Stuhl, auf dem ich ihm gegenüber gesessen hatte, und kniete mich auf den Boden. Meine Hände hielt ich gefaltet vor mir, und ich begann um das, was mein Leben zu sein schien, zu betteln.

»Bitte, werfen Sie mich nicht hinaus«, flüsterte ich verzweifelt. »Ich flehe Sie an.« Ich hatte leise zu weinen angefangen und schaute zu Boden, um meinen Blick zu verbergen – und seinem zu entgehen. »Es tut mir leid, wirklich. Ich tue alles, um es wiedergutzumachen, aber werfen Sie mich *bitte*, bitte nicht hinaus.«

»Wenn ich dich nicht hinauswerfe, dann nicht wegen deiner Bettelei und deiner Tränen.«

Dann schaute er mich an, als wüßte er endlich, was er sagen wollte. Er machte eine Kunstpause, dann begann er zu sprechen.

»Du bist nicht einmal halb die Frau, für die ich dich gehalten habe, und dabei habe ich am Anfang schon nicht gedacht, daß viel mit dir los ist.«

Ich wartete darauf, daß er die gefürchteten Worte aussprach, aber als nur Schweigen folgte, fragte ich ihn nach der Entscheidung, die für mich schon festzustehen schien. »Heißt das, daß Sie mich hinauswerfen?« Mein Blick war noch immer auf den Boden geheftet, während ich sprach.

»Ich denke immer noch darüber nach«, antwortete er höflich.

Es war ein Fehler von mir gewesen, etwas zu sagen. Ich hätte das zu dem Zeitpunkt eigentlich besser wissen müssen. Also wartete ich ruhig darauf, daß er mit seinem Urteilsspruch gegen mich fortfuhr. Wenn es einen Hoffnungsschimmer gab, daß er mir vielleicht verzieh, dann wollte ich ihn mit meinem Verhalten während dieser Stunde nicht zerstören.

»Du weißt«, fuhr er fort, »du hast gegen meine erste Regel verstoßen. Du hast mir nicht alles erzählt, was in deinem Kopf vorgeht. Du hast mir nichts von den Schuldgefühlen, den Zweifeln und der Unruhe erzählt, die dir angeblich zu schaffen machen. Und das alles wegen einem bißchen Sex?«

Ich war verblüfft. Nachdem ich so viele Male versucht hatte, mit ihm über mein Verhalten und meine Gefühle zu sprechen, traute ich meinen Ohren nicht. Aber ich wagte nicht, meinen Mund aufzumachen. Und ich wagte auch nicht, mich gegen seine Einschätzung aufzulehnen, es gehe um »ein bißchen Sex«.

»Ich habe dich wirklich überschätzt als Frau. Schlechtes Urteilsvermögen meinerseits.« Die letzte Feststellung war mehr an ihn selbst als an mich gerichtet. »Es ist aus mit dir,« sagte er warnend, »wenn ich dich nicht mehr behandeln will. Das weißt du doch, oder?«

»Ja, ich weiß«, flüsterte ich. Und ich glaubte es wirklich.

»Ich habe schon einige Zeit lang das Gefühl, daß du nur sehr langsam Fortschritte machst. Du hast – seltsam gewirkt. Das war es, nicht wahr? Du konntest einfach nicht damit umgehen. Du bist mit der Nähe und dem Körperkontakt nicht zurechtgekommen. Weißt du, wie mickrig du bist?« fragte er mich. Er redete jetzt nicht mehr mit sich selbst, sondern wollte eine Antwort von mir.

»Ja, ich weiß.«

»Ich glaube nicht, daß das wirklich stimmt. Du bist Abschaum.« Dann fragte er: »Glaubst du, daß du Abschaum bist?«

»Ja.« Jetzt weinte ich heftig.

Dann, als sei ihm ein Licht aufgegangen, verkündete er unvermittelt seine Entscheidung. »Ich lasse dich bleiben«, verkündete er. »Als Strafe für mich lasse ich dich bleiben. Dein Gesicht in regelmäßigen Abständen zu sehen, ist der Preis, den ich dafür bezahlen muß, daß ich dich überschätzt habe. Ich habe gedacht, du seist reifer – mehr Frau. Ich werde für diesen Fehler bezahlen, indem ich mich jede zweite Woche deiner Gegenwart aussetze.« Er überdachte einen Augenblick lang seine Worte und fügte dann hinzu:»Ja, das ist fair.«

Dann fuhr er fort:»Diese Strafe für mich soll eine *Probezeit* für dich sein. Deine Probezeit wird ein Jahr dauern, vielleicht auch länger. Probezeit heißt, daß du genau tun wirst, was ich dir sage, und zwar wann und wie ich es will. Du wirst mir alles erzählen, was in deinem Leben und in deinem Kopf vorgeht. Du wirst dich anstrengen, Fortschritte zu machen, oder du fliegst raus. Du wirst mir gehorchen, oder du fliegst raus. Und wenn es so aussieht, als würdest du dich hier entspannen, fliegst du raus.«

Als er mit der Aufzählung der Regeln und Bedingungen meiner Bewährungsfrist geendet hatte, sah ich vom Boden auf. Mein Blick heftete sich auf ihn. Er fing ihn ein und fragte bedächtig:»Ist das klar?«

»Ja.«

»Und zu deiner Bewährungsfrist bekommst du eine zweite Strafe.«

»Ja?«

»Ich werde dich nie wieder anfassen, und ich werde dir auch nicht erlauben, mich anzufassen. In meinem ganzen Leben nicht mehr.«

Ich antwortete nicht, doch wir schauten uns scheinbar eine Ewigkeit weiter unverwandt an.

Obwohl noch Zeit war, teilte er mir mit, daß ich gehen

solle, und fügte sarkastisch hinzu: »... falls du dich nicht noch darüber beschweren willst, daß du für dein Geld nichts bekommst.«

Wortlos stand ich vom Boden auf. Ich brauchte Taschentücher für meine Augen und meine Nase, doch ich nahm mir keine von seinem Tisch. Ich verdiente sie nicht.

Nach dieser Sitzung bei meinem Therapeuten ging ich sofort heim und dachte über die Möglichkeiten nach, mich umzubringen.

2. Der Neubeginn

Der Tag, auf den ich so lange gewartet hatte, war endlich gekommen. Ich brach frühmorgens zu meiner Tagesunternehung auf und hatte bei meiner Ankunft am Bahnhof von Yonkers noch über eine halbe Stunde Zeit. Diese Zeit nutzte ich, um die vergangenen sieben Monate, die mich an diesen Punkt gebracht hatten, Revue passieren zu lassen.

Eineinhalb Jahre nach meiner Heirat, sechs Monate nach meinem zwanzigsten Geburtstag und ein paar Monate vor der Geburt meines Sohnes waren quälende Angstzustände und depressive Phasen derart schlimm und häufig geworden, wie ich es von einer anderen Phase in meinem Leben kannte – einer Zeit, die ich nicht noch einmal durchmachen wollte. Die wenigen kurzen Jahre, in denen ich zufrieden, sogar glücklich gewesen war, schienen dahinzuschwinden. Es war zum Verrücktwerden.

Mir machten nicht so sehr die immer qualvolleren Angstzustände und Depressionen Sorgen, als vielmehr die Erkenntnis, daß das Glück mir wieder einmal aus dem Weg ging. Warum hatte die Therapie, die ich als Jugendliche gemacht hatte, keine dauerhafte Wirkung gehabt? Warum konnte ich dieses Gefühl von Wohlbehagen und Zufriedenheit nicht festhalten, das für andere so selbstverständlich war. Das einzige, was in diesen Jahren nicht zu schwinden schien, war die glühende Überzeugung, daß ich glücklich sein konnte und daß eine Therapie das Mittel war, dieses Ziel zu erreichen.

In Psychotherapie zu gehen war für mich nicht mit einem Makel behaftet. Es war in meinem Leben immer etwas ganz Normales gewesen für diejenigen, die unter ihren individuellen Ängsten litten. Nicht Angst war der Grund, sich zu schämen, dachte ich, sondern nur die Weigerung, etwas dagegen zu tun.

Ich wollte mehr als den bloßen Anschein von Glück und Erfolg – und habe das immer gewollt. Ich wollte im Einklang mit meinen Gefühlen sein. Ich wollte Kontinuität zwischen meiner Vergangenheit und meiner Gegenwart empfinden. Ich wollte Lust ebenso intensiv erleben wie Schmerz, doch Abwesenheit von Schmerz war das Äußerste, was ich empfinden konnte. Ich wollte mehr. Ich wollte glücklich sein, daß ich lebte – und das war ich nicht.

In diesem Wunsch lag etwas Verzweifeltes. Das rührte nicht nur von dem Bedürfnis her, mich von meinen Qualen zu befreien, sondern von einer moralischen Verpflichtung, die mir sagte, man solle sich im Leben nie mit weniger zufrieden geben, als man für erreichbar hielt. Die Qualen, die ich empfand, und die Verpflichtung, die ich akzeptierte, paarten sich mit der Naivität und dem Idealismus meiner Jugend und ließen mich nach neuen Antworten suchen. Ich dachte und hoffte, daß die Antwort in einer neuen Therapie zu finden sei.

Ich erfuhr über die »Objektivistische Psychologie« durch die Werke von Dr. Allan Blumenthal und Nathaniel Branden. Beide schrieben Artikel für die monatlich erscheinenden Mitteilungsblätter, die Ayn Rands Philosophie des Objektivismus gewidmet waren und die mein Vater abonniert hatte. Mein Vater machte mich mit der Theorie des Objektivismus während meiner Teenagerzeit bekannt, und mein Kontakt damit beschränkte sich auf die Bücher und die Artikel, die mir mein Vater besorgte. Vertieft wurde es nur durch Unterhaltungen mit meinem Vater während des Essens. Mit 18 oder 19 Jahren geriet ich dann – rein zufällig – in ein ganzes soziales Gefüge, das um die Theorie des Objektivismus kreiste, und am Ende setzte sich mein ganzer Freundes- und Bekanntenkreis aus Männern und Frauen zusammen, die dieselbe Weltanschauung vertraten wie ich. Wenigstens behaupteten sie das, und ich glaubte es.

Nachdem ich den Entschluß gefaßt hatte, wieder in eine Therapie zu gehen, fiel meine Therapeutenwahl natürlich auf Dr. Blumenthal. Die Tatsache, daß er seine Praxis in New York hatte und ich im Mittleren Westen lebte, schreckte mich nicht ab. Ich wollte einfach mit meinem Mann und meinem Baby nach Osten umziehen.

Doch als ich Dr. Blumenthal anrief, um über mein Vorhaben zu sprechen, wurden meine Hoffnungen schnell zunichte gemacht.

»Meine Wartezeit für neue Patienten ist drei Jahre«, teilte er mir höflich mit.

»Drei Jahre?« fragte ich in der Hoffnung, ihn falsch verstanden zu haben. »Ich kann keine drei Jahre warten.« Ich zögerte einen Augenblick, um nach anderen Möglichkeiten zu suchen. »Können Sie mir jemand anderen empfehlen?« fragte ich.

»Ja«, antwortete er, »es gibt einen Arzt, den ich Ihnen empfehlen kann. Eigentlich ist er der *einzige* Therapeut, den ich empfehlen würde.«

Ich hätte mich wieder ermutigt fühlen müssen. Zwar hatte ich keinen Termin bei dem berühmten Dr. Allan Blumenthal bekommen, doch dafür bekam ich die zweitbeste Sache: den Namen eines Therapeuten, den Dr. Blumenthal wärmstens empfehlen konnte. Doch alles was ich empfand, war Enttäuschung. Während er redete, kritzelte ich den Namen, den er mir nannte, auf einen Schmierzettel und versprach halbherzig, den Gedanken in Erwägung zu ziehen.

In den folgenden Wochen wurde meine Situation nicht besser. Meine Ehe, in der ich von Anfang an unglücklich gewesen war, machte mich immer unzufriedener. Ich fühlte mich in einer Falle gefangen, und dieses Gefühl verstärkte sich noch durch die Anforderungen, die mein neugeborenes Baby an mich stellte.

Meine Frustration wurde noch größer, als meine Freunde nach New York abwanderten. Auch sie kannten Dr. Blumenthals Methode und sahen in seiner Praxis den Schlüssel zum Glück. Da sie jung und ungebunden waren, konnten sie ohne Rücksicht auf familiäre Verpflichtungen und ohne irgendwelche Vorausplanung wegziehen. Ihr Wegzug machte mir meine Einsamkeit deutlicher bewußt, während ihre Besuche bei mir oder ihre Anrufe meine Ungeduld auf ein besseres und glücklicheres Leben vergrößerten. Sie hatten Chicago verlassen, um bei Dr. Blumenthal in Therapie zu gehen, doch als sie bei ihrer Ankunft von der dreijährigen Wartezeit erfuhren, entschieden sich die meisten für eine Therapie bei dem

Mann, den Dr. Blumenthal empfahl. Sie verbreiteten nun die Kunde.

Ihr Therapeut, so meinten sie, werde die Psychotherapie geradezu revolutionieren. Sie waren voller Begeisterung und schwärmten unablässig von ihrem neuen Arzt. Die Superlative reichten von »hervorragend« bis »genial«, von »innovativ« bis »abtrünnig«. Sie behaupteten, glücklicher zu sein als je zuvor und mit jedem Tag glücklicher zu werden. Jeder von ihnen betrachtete es als sein größtes Glück, daß Dr. Blumenthals Warteliste so lang gewesen war.

Gespannt hörte ich den stundenlangen Gesprächen zu, die um den Therapeuten in New York City kreisten. Ich hing an ihren Lippen, da meine Freunde – mehr untereinander als mit den Außenseitern, die noch in Chicago lebten – den Preis teilten, den sie im Osten gefunden hatten.

Ich kann nicht mehr zählen, wie oft ich den Satz hörte: »Er hat mein Leben verändert.« Ich weiß nur, daß ich nach all den Lobeshymnen die Überzeugung gewann, daß er auch mein Leben verändern werde, und ich war bereit, mich retten zu lassen.

Ich rief bei dem Namen an, den ich auf den kleinen Zettel gekritzelt hatte. Auch er informierte mich über eine Warteliste, aber sechs Monate waren weitaus erträglicher als drei Jahre. Der Countdown jedoch sollte erst nach meiner Ankunft in New York beginnen.

Da ich nicht mehr Zeit als nötig vergeuden wollte, packten wir innerhalb weniger Wochen und zogen um. Ich rief meinen neuen Therapeuten an, um ihm meine Ankunft mitzuteilen, und die sechsmonatige Frist lief.

Diese sechs Monate waren voll von weiteren Geschichten und Beispielen seiner Arbeit. Meine Freunde rühmten nicht nur weiterhin die Therapie und den Menschen, sondern wiesen mich auch mit einem erheblichen Mangel an Taktgefühl und Einfühlungsvermögen auf Charakterzüge in meinem Wesen hin, die die Hilfe eines Therapeuten erforderten, wie ihrer es war. Darin schwang mit, daß es ihnen besser ging, nicht nur besser als zu Beginn ihrer Therapie, sondern vor allem besser als denjenigen, die noch nicht mit der Therapie ange-

16

fangen hatten oder zu einem anderen Arzt gegangen waren, ja daß sie ihnen sogar überlegen schienen. Doch diese Haltung empörte mich nicht, sondern steigerte nur meine Ungeduld, in den Kreis der Erwählten aufgenommen zu werden.

Ich sah ihr überlegenes Getue nicht als das, was es war, sondern als Zeichen für wachsendes Selbstvertrauen und wachsende Selbstachtung. Ich betrachtete dieses ständige Loblied auf ihren Therapeuten nicht als unnatürliche Untertänigkeit und Loyalität, sondern als Beweis für seine gute Arbeit und seine Fähigkeiten. Meine Freunde waren schon auf dem besten Weg zu einem glücklicheren Leben, und ich konnte bloß die Tage bis zu meinem Neubeginn zählen. Wie günstig, versuchte ich mich zu trösten, daß das Ende der sechs Monate mit der Jahreswende zusammenfiel. Ein neues Jahr, ein neuer Anfang, ein neues Leben.

Als ich an jenem frühen Januarmorgen in den Zug stieg und mich auf die letzte Etappe meiner Fahrt zu meinem Therapeuten vorbereitete, war ich voll Vorfreude und träumte von dem Glück, das ich nun doch erfahren sollte. Während der Zug die Strecke von Yonkers nach Manhattan zurücklegte, sah ich mit wachsender Ungeduld dem Ende meiner Reise entgegen. Die vierzig Minuten kamen mir endlos vor. Nur der Fahrplan in meiner Hand bestätigte mir, daß dieser Zug tatsächlich ein Ziel hatte.

Ja, heute war ein großer Tag. Der heutige Tag würde mein Leben für immer verändern. Ich würde ihm endlich begegnen: Dr. Lonnie Franklin Leonard.

3. Rückbesinnung

Während der Zugfahrt dachte ich darüber nach, was in meiner ersten Sitzung auf mich zukommen würde. Mein neuer Therapeut würde wahrscheinlich, wie die anderen vor ihm, zuerst nach meiner Kindheit und meinem familiären Umfeld fragen. So ging ich meine Vergangenheit durch und glitt in Tagträume ab, die diese Erinnerungen wieder lebendig werden ließen.

Mein Leben bekam erst einen roten Faden, als ich neun Jahre alt war. Zumindest, soweit ich mich erinnern konnte. Meine Erinnerungen an die Jahre davor waren oft flüchtig, unzusammenhängend und unvollständig. Es gab jedenfalls nichts, was solide genug gewesen wäre, um mir ein Gefühl dafür zu vermitteln, woher ich gekommen war, oder mir das Gefühl für irgendeine Kontinuität gab.

Während ich mich jedoch an so vieles aus meiner Vergangenheit nicht mehr erinnern konnte, gab es flüchtige Bilder, Geräusche und Szenen, die unvergeßlich waren. Ich hatte sehr deutliche Eindrücke von meiner Mutter aus diesen Jahren. Ich konnte immer noch das kalte Glühen in ihren Augen vor mir sehen, das hektische Fuchteln ihrer Arme und ihr wabbelndes Fett, wenn sie durch unsere Wohnung stürmte. Und jetzt, im Zug, konnte ich Mami kreischen, Kinder weinen, Türen zuknallen hören, aber wie bei fast allen meinen visuellen Erinnerungen konnte ich mir die Vorfälle, die diese Erinnerungen geprägt hatten, nicht mehr ins Gedächtnis zurückrufen.

Von meinem Vater hatte ich aus diesen Jahren nur eine einzige allgemeine Erinnerung: wie er schweigend den ungerechten Übergriffen meiner Mutter zuschaute. Und die Rückbesinnung auf dieses Bild während der Zugfahrt löste Erinnerungen daran aus, wer *ich* in diesen Jahren und danach eigentlich war. Jetzt erinnerte ich mich daran, wie sehr mich das Verhalten meiner Mutter mir gegenüber und die Passivität meines Vaters aufgebracht hatten und daß ich meinem Ärger oft Luft machte. Vielleicht, so kam mir jetzt in den Sinn, fiel es mir deshalb später immer so leicht, zu protestieren, wenn ich sah, wie sich Menschen rücksichtslos oder unvernünftig verhielten. Ich hatte bereits in jungen Jahren angefangen zurückzuschlagen und diesen Charakterzug meinem Wesen eingeprägt. Doch ich war mehr als nur eine Kämpfernatur. Mehr als das war notwendig, damit ich überleben konnte.

Ich hätte meinem neuen Therapeuten nicht sagen können, wie alt ich war, als ich zum erstenmal von den Erwachsenen hörte, ich sei *zu* ernst, *zu* nachdenklich, *zu* sensibel. Allerdings hätte ich ihm sagen können, daß diese Adjektive ziemlich genau zutrafen, unabhängig davon, was das »zu« kritisieren sollte. Auch auf dieser Zugfahrt in die Stadt war meine stärkste Erinnerung an meine Kindheit die an ein kleines Mädchen, das ständig darum rang, die Verwirrung um es her zu verstehen. Eine scheinbar verrückte Welt zu verstehen hatte viel von meiner Zeit in Anspruch genommen. Und der Versuch zu verstehen, warum Mama mich für verrückt hielt, hatte die übrige Zeit gebraucht.

»Ich glaube nicht, daß ich verrückt bin«, sagte ich zu ihr.

»Es ist das erste Anzeichen von Verrücktheit, Ellen, wenn du glaubst, daß mit dir alles in Ordnung ist und der Rest der Welt verrückt ist«, antwortete sie.

Allerdings war es nicht dieses offene Anzweifeln meiner Zurechnungsfähigkeit, das in mir ernste Zweifel an meinen geistigen Fähigkeiten aufkommen ließ. Jene Bemerkungen waren in einem zweideutigen Ton halb ernst, halb scherzhaft gesagt worden. Ich wußte nie, ob sie mir mit der nahegelegenen Schlußfolgerung eine Wahrheit mitteilen wollte oder nicht. Was mir am meisten zu schaffen machte und was mich verwirrte, war ihre autoritäre Analyse meiner Person während unserer Meinungsverschiedenheiten. Während es für mich notwendig war, die wahren *Sachverhalte* zu verstehen, blieb meine Mutter auf meinen *psychischen Zustand* fixiert.

»In Wirklichkeit«, fügte sie immer hinzu, wenn wir einander angeschrien hatten, »ärgerst du dich eigentlich über dich selbst.« Mit einer Sicherheit, die mir sagte, daß sie meine Beweggründe besser kannte, als ich es mir je erträumen könnte, verkündete sie ihre Analyse wie ein Richter einen Urteilsspruch. »Du regst dich bloß auf, weil ich dir auf die Schliche gekommen bin«, entschied sie dann.

»Welche Schliche?« schrie ich zurück. »Was hab ich gemacht? Warum bist du wütend auf mich?«

»Wenn du ehrlich zu dir selbst wärst, dann wüßtest du es«, pflegte sie zu antworten.

Doch ich wußte es nicht. Und meistens blieb ich mit dem Gefühl zurück, daß etwas Schlechtes in mir steckte, das ich nicht erkennen konnte, zu dem meine Mutter aber offensichtlich einen Draht hatte. Sie kannte meine *wahren* Motive. Ich kannte nur meine Wut und meine Verwirrung.

Das wurde noch schlimmer durch Dinge, die sich im täglichen Alltagstrott ereigneten. Wenn ich etwa aus dem Haus wollte, um eine Freundin zu besuchen, die sie mir zu treffen erlaubt hatte, oder wenn ich mit ihr Einzelheiten über etwas besprechen wollte, was sie mir zu kaufen versprochen hatte. Egal um welchen besonderen Anlaß es sich auch handelte, es endete oft damit, daß sie bestritt, eine solche Erlaubnis gegeben oder solche Versprechen gemacht zu haben.

»Aber du hast es gesagt, Mama«, beschwerte ich mich dann. Und ich erzählte ihr, wann und mit welchen Worten sie es gesagt hatte.

»Du bildest dir nur ein, daß ich es gesagt habe, Ellen«, antwortete sie dann immer. »Du *denkst* bloß, daß du weißt, was ich gesagt habe. Wissen kannst du es nie genau. Und du denkst falsch.«

Daß ich sie nicht dazu bringen konnte, sich zu den Streitpunkten zu äußern für die ich eine Erklärung brauchte, machte mich rasend. Daß sie unsere Diskussionen und Auseinandersetzungen gegen meine psychische Verfassung kehrte, frustrierte mich. Daß sie oft abstritt, etwas gesagt zu haben, an das ich mich so genau erinnern konnte, machte mich wütend. Und daß sie mir erklärte, meine Wahrnehmungen seien nie zuverlässig, sondern nur eine falsche Einschätzung der Realität, erschreckte mich. Langsam fing ich an, an meinem eigenen Verstand zu zweifeln, an den Worten, von denen ich so sicher war, daß ich sie gehört hatte, und an den Handlungen, von denen ich hätte schwören können, daß sie passiert waren. Aber obwohl ich allmählich an meinem Geisteszustand zweifelte, wurde ich die Empörung über ihr gemeines Verhaltens mir gegenüber nie los.

Wenn ich einen bestimmten Vorfall nicht entwirren konnte oder die Wahrheit nicht mehr von dem unterscheiden konnte, was sie mir als wahr weismachen wollte, hatte ich zwei Möglichkeiten, meine Frustration, meine Wut und meine Verwirrung zu überwinden. Ich konnte ein stummes Zwiegespräch mit meinen vielen Stofftieren führen und mit ihnen erörtern, wer bei dem vorliegenden Problem recht und wer unrecht hatte. Insgesamt hatte ich vierzehn Stofftiere. Wir versammelten uns jede Nacht, wenn die Lichter in der übrigen Wohnung ausgegangen waren, in meinem Bett, und dort tauschten wir unsere Ansichten über die Tagesereignisse aus. Und, was fast genauso wichtig war, zeigten uns unsere Zuneigung.

Jedes Tier vertrat entsprechend seinem jeweiligen Charakter eine bestimmte Sicht des Problems. Sobald ich der Tierversammlung den strittigen Punkt erläutert hatte, bot ein jedes seine Meinung dazu dar. Lassic, mein Stoffcollie, betrachtete die Dinge immer vom Standpunkt der Fairness aus.

»Findest du, daß ich dafür Schläge verdient habe?« pflegte ich die Gruppe zu fragen.

»Nein«, antwortete Lassie dann, »es ist nicht richtig, Kinder zu schlagen, wenn sie nichts Schlimmes gemacht haben.«

Peter, mein blauer Stoffhase, vertrat wiederum die andere Seite.

»Sie ist deine Mutter«, mahnte mich Peter oft. »Auch wenn du nicht weißt, was du falsch gemacht hast, deine Mutter weiß es vielleicht.«

Cocoa, mein brauner Teddybär, war ein ängstliches Wesen und verabscheute jede Art körperlicher Gewalt, besonders gegen Kinder.

»Es spielt keine Rolle, ob sie tatsächlich etwas angestellt hat«, wandte Cocoa gegen Peter ein. »Es ist nie richtig, Kinder zu schlagen.«

So gingen diese Gespräche oft bis spät in die Nacht. Ich hatte sowieso schon vorher unter Schlaflosigkeit gelitten, und so waren diese ruhelosen Nächte keine Zeitverschwendung.

Meine Stofftiere waren meine Freunde und Verbündeten innerhalb dieser Wohnung, und die Gespräche, die ich im Geist mit ihnen führte, waren meine Art, Trost und Vernunft in einer Welt zu finden, wo es diese Dinge nicht gab.

Meine andere Methode, irgendein traumatisches Tagesereignis zu bewältigen, bestand darin, meine eigene Einschätzung der Angelegenheit in den Notizblock zu schreiben, der mir als Tagebuch diente, gefolgt von Vorsätzen, mich nie so zu verhalten, wenn ich groß wäre.

- Ich werde meine Kinder nie aus dem Haus jagen.
- Ich werde meinen Kindern nie drohen und sie in die Ecke stellen.
- Ich werde meine Kinder nie schlagen, ohne ihnen den Grund zu sagen.
- Ich werde nie einen Haß auf meine Kinder haben.
- Ich werde nie ein Mädchen bekommen, denn kleine Mädchen sind immer traurig.

Und als Mama beschloß, ich sei zu alt, um noch mit Stofftieren zu spielen, schrieb ich in meinen Notizblock:

- Ich werde nie die Spielsachen meiner Kinder wegwerfen.

Obwohl einige meiner Erinnerungen wirr und undeutlich waren, konnte ich mich an keine Zeit erinnern, wo ich mich nicht als bevorzugte Zielscheibe für das sadistische Verhalten meiner Mutter fühlte. Nicht die körperlichen Strafen, die ich öfter als mein Bruder und meine Schwester zu bekommen schien, machten mir diesen Unterschied zwischen ihnen und mir deutlich. Und es waren auch nicht nur ihre feindseligen Worte oder verwirrenden Begründungen. In der Art, wie sie mich ansah, kamen vielmehr ihre wahren Gefühle mir gegenüber zum Ausdruck. Und das war für mich als Kind am schwersten zu erkennen und zu verstehen. Ich konnte die Botschaft im Verhalten meiner Mutter *spüren*, aber dieses Gefühl zu benennen wäre zu ungeheuerlich gewesen – und zu schmerzlich. Fünf Jahre später sollte meine Mutter schließlich in Worte fassen, was ich so lange empfunden hatte. Doch jetzt wanderte mein Geist zurück zu einem jener Fälle, wo ihre Augen und ihr Ton in der Stimme genausoviel, wenn nicht gar mehr sagten als ihre Worte.

Ich erinnerte mich an den Sommer, als ich acht Jahre alt und gerade von meinem ersten Sommer im Ferienlager zurückgekommen war. Ich war so stolz und aufgeregt, denn am Vortag war ich Gruppenerste bei der Reitvorführung im Ferienlager geworden. Papa hatte mir das Reiten beigebracht, und ich war die einzige in der Familie, die seine Leidenschaft für diesen Sport teilte. Während der nächtlichen Zugfahrt zurück in die Stadt hatte ich nicht eine Sekunde geschlafen, denn vor Ungeduld auf das Gesicht, das mein Vater machen würde, wenn er mein blaues Band sah, konnte ich mich nicht beruhigen.

Ich vergewisserte mich, daß das Band gut an meinem Hemd festgemacht war, wo ich es trug, seit ich am Vorabend in den Zug gestiegen war, und stieg aus in der Hoffnung, daß Papa es bei der Begrüßung als erstes sehen würde. Seine Reaktion enttäuschte meine Hoffnung nicht, und während der Autofahrt nach Hause redeten wir fast nur von dem Wettkampf am Vortag.

Meine Mutter war in der Küche, wo sie das Frühstück herrichtete. Ich strahlte immer noch und war ganz aufgedreht wegen meiner Neuigkeiten. Ich schlang meine Arme um sie und erzählte ihr von meinem Erfolg. Doch von einem Moment zum anderen und aus Gründen, die ich nicht verstehen konnte, wurde sie wütend. Schroffe Worte fielen, die Stimmen wurden lauter. Und es war meine Mutter, die das letzte Wort hatte.

»Diese Familie war viel glücklicher, als du nicht da warst«, zischte sie mir zu.

Wie gewöhnlich waren es nicht ihre scharfen Worte, die mir ins Herz stachen. Es war die Kälte in ihrer Stimme, die Überzeugung, mit der sie es sagte, und der Haß in ihren Augen, die mich so hilflos machten. Und es war ihr Verhalten, nicht ihre Worte, was mich jetzt am ganzen Körper zittern ließ, als ich diesen Vorfall noch einmal durchlebte.

Als ich größer wurde, änderten sich ihre Worte und ihr

Tonfall und paßten sich meiner wachsenden Verständigkeit und Reife an. Doch die Botschaft blieb die gleiche. Ich war erwachsen und hatte selbst ein Kind, als sie eines Tages mit mir über ihr Testament und meine Erbschaft sprach. Während sie vor ihrem Schlafzimmerspiegel stand und sich zurechtmachte, bemerkte sie beiläufig, daß sie ihren letzten Willen aufgeschrieben habe, und ohne ihre Augen vom Spiegel zu wenden und ohne den ungezwungenen Ton in ihrer Stimme zu verändern, erklärte sie weiter, warum sie das Thema angeschnitten hatte.

»Ich möchte, daß du weißt, daß ich deiner Schwester meinen Schmuck gezeigt habe und sie sich aussuchen durfte, was sie wollte. Du bekommst die Sachen, die sie nicht genommen hat.«

Wenn ich gezeigt hätte, wie weh mir das tat, und wenn ich ihr Taktgefühl kritisiert hätte oder mir hätte anmerken lassen, wie tief ich gekränkt war, hätte es vielleicht so ausgesehen, als sei ich mit der Erbschaft unzufrieden. Und ich wollte nicht riskieren, daß sie das Problem auf mich verlagerte und mir Vorwürfe machte wie früher, denn ich war ohnehin schon den Tränen nah.

»In Wirklichkeit ärgerst du dich über deine Erbschaft, Ellen«, konnte ich sie schon fast sagen hören. »Du ärgerst dich nicht über mich, sondern du bist eifersüchtig auf deine Schwester.«

Ich wollte mich nicht für meine verletzten Gefühle rechtfertigen oder dafür, daß ich wütend auf sie war, weil sie mich verletzen wollte. Ich wollte nicht hören, wie sie meine Beweggründe und meinen Schmerz analysierte. Daher sagte ich nichts.

Was mein Vater dazu in diesen frühen Jahren beitrug, war ermunterndes Schweigen und blinder Gehorsam gegenüber dem, was seine Frau von ihm verlangte. Ich erinnere mich an keinen konkreten Einzelfall, sondern an ein ganze Reihe gleichartiger Vorfälle, die sich alle zu einer Erinnerung vermischten. Häufig stand Mama ohne erkennbaren oder erklärten Grund während des Essens auf und stürmte schweigend aus dem Zimmer. Nachdem wir gehört hatten, wie ihre

Schlafzimmertür zuknallte und abgeschlossen wurde, stand mein Vater seinerseits auf und lief ihr nach. Papa klopfte an die verschlossene Tür und bettelte darum, hineingelassen zu werden. Dann konnte man hören, wie er sich entschuldigte. »Es tut mir leid, Schatz«, rief er Mama durch die Tür zu. »Was ich auch getan habe, es tut mir wirklich leid.«

Ich wandte mich dann immer an meine Schwester, um ein Zeichen zu bekommen, daß jemand verstand, was vor sich ging. »Was hat er getan?« fragte ich sie. Aber ihr Schweigen sagte mir, daß der Vorfall sie ebenso verblüfft und verstört hatte wie mich.

Papa büßte oft für unbekannte Sünden, doch als ich zehn oder elf war, versuchte ich nicht mehr zu verstehen, für welches Vergehen er sich so dringend hatte entschuldigen wollen. Statt dessen empörte ich mich darüber, daß er es zuließ, daß Mama so mit ihm umsprang.

Seine Unterwürfigkeit ihren Launen gegenüber und sein Gehorsam gegenüber dem, was sie verlangte, wirkten auf mich noch verwirrender, weil es dem widersprach, was er sagte. Denn Papa war mein erster Lehrer in Philosophie, Ethik und Moral gewesen. Lange bevor ich alt genug war, um den Inhalt solcher Vorträge zu verstehen, und bis zu dem Alter, wo ich es verstehen konnte, verbrachte Papa endlose Stunden damit, mir das begriffliche Werkzeug für den Überlebenskampf beizubringen.

Der Mensch muß immer selbständig denken, verkündete er. Er darf sich nicht beeinflussen oder erschüttern lassen durch anderer Leute Meinungen. Er muß sich ein unabhängiges Urteil über die Ereignisse um sich herum bilden und zu diesem Urteil stehen, wenn er dazu aufgefordert wird; das eine, sagte er, sei wichtig für die Selbstachtung, das andere forme einen guten Charakter.

Logik und Vernunft, so brachte er mir bei, seien die Werkzeuge, um die Welt um mich herum zu verstehen. Es gebe eine eindeutige Grenze zwischen *Richtig* und *Falsch*, *Moral* und *Unmoral*, und diese Werkzeuge würden mir dabei helfen, den Unterschied zu erkennen, je reifer ich würde.

Er sprach über Politik, Regierungsformen und verschiedene Philosophen, wobei er immer bemüht war, daß ich alles verstand und ein Urteil zu allem äußerte. Und obwohl ich zu klein war, um diese gewichtigen Probleme zu verstehen, gelang es ihm doch, seinen Unterricht mit vielen Beispielen zu illustrieren, die in die Welt eines kleinen Kindes paßten. Wenn es zum Beispiel regnete und ich mich weigerte, meine Gummistiefel anzuziehen, »weil kein anderes Kind sie anziehen mußte«, nahm er das als Anlaß für eine Demonstration.

»Wir tun nicht das, was andere Leute tun, Ellen«, mahnte er mich. »Wir tun, was richtig ist.« Er unterstrich, wie vernünftig es war, Gummistiefel anzuziehen, und betonte, daß meine Füße sonst im Regen naß würden. Nachdem er mich dann daran erinnert hatte, daß man von nassen Füßen eine Erkältung bekommen könnte, fragte er: »Möchtest du denn nicht tun, was sinnvoll ist?« Und ich zog meine Schuhe an.

Daher war ich verwirrt, wenn dieser charakterfeste Mann mit dem unabhängigen Urteilsvermögen zu meiner Mutter hielt, ihre Launen befriedigte und darüber hinwegsah, daß sie ihre Kinder schlecht behandelte. Und wenn er ihrer Anordnung folgte, mich zu schlagen, war ich es noch mehr.

»Geh da hinein und schlag sie.« So begrüßte Mama eines Abends Papa an der Tür.

Ich konnte seine Schritte hören, als er sich meiner Schlafzimmertür näherte. Er stellte meiner Mutter keine Frage und wollte keine Erklärung. Ich hörte nur, wie er schweigend näher kam.

»Papa«, bettelte ich, als er die Tür öffnete, »sie hat mich schon geschlagen. Muß ich wirklich nochmal geschlagen werden?« Ich fing zu weinen an.

Er kam auf mein Bett zu und legte mich übers Knie.

»Papa, ich weiß nicht einmal, was ich getan habe. Kannst du sie denn nicht fragen, warum ich bestraft werde?«

Doch meine Worte brachten ihn nicht davon ab, die Aufgabe auszuführen, wegen der er hergeschickt worden war. Und als ich ihn fragte, ob es richtig sei, ein Kind ohne erkennbaren Grund zu schlagen, ob es richtig sei, wenn man zweimal für dieselbe ominöse Tat geschlagen wurde, ob das, was er gerade tun wolle, ohne den Zweck zu verstehen, richtig sei, hatte cr nur eine Antwort: »Deine Mutter hat mir gesagt, daß ich es tun soll.« Wenig später hielt er mir dann eine Lehrstunde über Nazi-Deutschland und die Folgen eines unmoralischen Kodex, der die Tugend des Befehlsgehorsams predigte. Meine Verwirrung wurde immer schlimmer.

Nur einmal konnte ich mich erinnern, daß Papas Prügel von einer Wut begleitet waren, die ich bis dahin nur an meiner Mutter gekannt hatte. Ich war noch ziemlich klein, als er mich wieder einmal schlagen sollte. Während ich mich darauf gefaßt machte, daß er vom Büro heimkäme, und mich gegen die Strafe wappnete, die mir drohte, nahm ich mir vor, diesmal nicht zu weinen. Ich beschloß, ihnen nicht die Befriedigung zu verschaffen, mich leiden zu sehen für ein Vergehen, das mir nicht erklärt worden war.

Papa marschierte zu meinem Zimmer, nachdem er an der Haustür von meiner Mutter seine Anweisung erhalten hatte, und befahl mir, zu ihm zu kommen. Ohne einen Einwand ging ich zu meinem Bett, wo er saß, und wartete darauf, daß er mich übers Knie legte. Dann schlug er heftig auf mich ein, vielleicht achtmal, und ich zuckte jedesmal zusammen und biß mich auf die Unterlippe. Doch ich weinte nicht. Nach einigen Sekunden, in denen ich keinen Laut von mir gab, sagte Papa ärgerlich: »Was ist los? War es nicht stark genug? Willst du noch mehr?«

Ich sagte nichts auf seine Fragen. Ich war immer noch über seine Knie geklemmt, und er schlug wieder auf mich ein, und zwar heftiger und länger als beim erstenmal. Während seine Hand allmählich in einem bestimmten Rhythmus auf meinen Po einschlug, verkniff ich mir das Losweinen, indem ich mir im Kopf immer wieder wie eine Litanei zum Schlag seiner Hand sagte, *ich weine nicht, ich weine nicht.*

Als er aufgehört hatte und ich immer noch nicht weinte, wurde er rasend. Seine Gesicht lief rot an, und sein Körper begann zu beben. Dann schrie er: »Ich schlag dich so lange, bis du weinst! Und du *wirst* weinen!«

Wieder versuchte ich mich auf den Takt seiner schlagenden Hand und nicht auf den Schmerz zu konzentrieren, doch ich konnte den Rhythmus nicht aufnehmen. Krampfhaft versuchte ich etwas anderes zu finden, worauf ich meine Gedanken richten konnte, aber alles, was ich fühlte, waren die vor Wut bebenden Beine unter mir und seine Hand über mir. Endlich weinte ich. Ich wußte nicht, warum es für ihn so wichtig war, meinen Willen zu brechen, und warum meine Entschlossenheit ihn so wütend gemacht hatte. Ich wußte nur, daß ich ihn noch nie so sehr gehaßt hatte wie an diesem Abend. Und ich habe es auch nie vergessen.

Aber wenn ich auch von meiner Mutter abgelehnt und von meinem Vater vor den Kopf gestoßen wurde, so fand ich doch Trost in der offensichtlichen Liebe meines Vaters zu mir. Wenn ich auch die Zielscheibe für das gemeine Verhalten meiner Mutter war, so war ich doch auch das Objekt der Zuneigung meines Vaters. Es waren die Liebe und Aufmerksamkeit meines Vater, die mich während all dieser Belehrungen über *Richtig* und *Falsch*, *Gerechtigkeit* und *Gnade*, über *Kapitalismus* und *Kommunismus*, *Individualismus* und *Kollektivismus* auf meinem Stuhl festhielten. Ich war von meinem Vater auserwählt für diese kostbaren Weisheiten, und ich genoß jede Sekunde. Ich dachte an die Zeit zurück, die wir allein verbracht hatten, und rief mir in Erinnerung, mit wieviel Geduld er mein Leben lenkte. Er schien immer Zeit für eine intellektuelle Diskussion oder ein Gespräch über Politik zu haben; er hatte Zeit für mich. Er war normalerweise ein Hort der Unbeschwertheit und Ruhe für mich und bewies mir, daß ich tatsächlich geliebt wurde.

Doch auch das Tröstliche, das in der Liebe meines Vaters lag, lief nicht ohne befremdende Momente ab. Wie ich mich auf meiner Zugfahrt nach New York erinnerte, war ich etwa neun Jahre alt, als ich davon aufwachte, daß mich mein Vater aus dem Bett hob. In der Wohnung war es dunkel und ruhig, und das merkwürdige Verhalten meines Vaters so spät in der Nacht verstörte mich.

»Wo gehen wir hin, Papa?« flüsterte ich, als wir am Bett meiner Schwester vorbeigingen.

»Psst«, war seine einzige Antwort.

Als wir das leerstehende Zimmer unseres Hausmädchens erreicht hatten, das an das Schlafzimmer von mir und meiner

Schwester angrenzte, setzte mich Papa auf das Bett und ging zur Tür, durch die wir gerade gekommen waren. Ich schaute zu, wie er die Tür schloß und zu mir aufs Bett kam. Dann fing er an, mich so seltsam zu küssen, wie er es noch nie vorher getan hatte. Mein Gesicht wurde naß von seinem Mund, und aus irgendeinem Grund, an den ich mich jetzt nicht erinnern konnte, war ich unfähig, mein Gesicht zu trocknen, als er mich weiter küßte. Ich konnte mich vage an seine Zunge auf meinem Mund erinnern, konnte jedoch nicht entscheiden, ob das die Ursache für das würgende Gefühl war, das mir so lebhaft im Gedächtnis geblieben war.

Während der Zugfahrt wollte ich mich unbedingt an Einzelheiten aus dieser Nacht erinnern, doch ich war schon froh, daß ich überhaupt irgendeine Erinnerung an diesen Vorfall hatte. Am nächsten Morgen war diese Nacht vollkommen vergessen und sollte erst einige Jahre später wieder lebendig werden. Doch auch wenn diese Nacht wieder in mein Bewußtsein zurückkam, barg sie doch viele Rätsel. Ich konnte mich nicht an die restliche Nacht erinnern und auch nicht daran, wie ich wieder in mein Bett gekommen war.

Das einzige, woran ich mich genau zu erinnern glaubte, war das, was mein Vater irgendwann während dieser Begegnung zu mir gesagt hatte.

»Wir wollen nie mit irgend jemandem darüber sprechen, Ellen. Sie würden es vielleicht nicht vestehen. Dein Bruder und deine Schwester könnten denken, daß du etwas Besseres bist als sie, und das würde ihnen sehr weh tun.«

Ich wußte nicht, ob diese Worte zu Anfang oder am Ende unseres Aufenthalts in dem Zimmer standen. Ich wußte nicht genau, wie lange dieser unausgesprochene Befehl, Stillschweigen zu bewahren, gelten sollte. Ich verstand nur die Botschaft und ein paar Worte, mit denen er sie formuliert hatte.

Vor dieser Nacht im Zimmer des Hausmädchens hatte mein Vater mich selten berührt. Er war kein Mensch, der seine Gefühle zeigte, und jede Art elterlicher Zärtlichkeit oder auch nur eine Umarmung schien ihm schwerzufallen. Doch als ich jetzt zurückdachte, kam es mir vor, als hätte er mich nach dieser Nacht noch seltener berührt als zuvor. Und aus irgendeinem seltsamen Grund, sogar in Anbetracht dessen, was passiert war, vermißte ich es. Er war meine Hauptquelle für Trost und Zuneigung, und jetzt war unser Verhältnis gespannt.

Die Erinnerung an die Zeit, als ich elf war, rief in mir die lebhaftesten Eindrücke an das aufkeimende Gefühl wach, unglücklich zu sein. Das war das Jahr, in dem meine schweren Depressionen und meine wachsende Verwirrung ihren Höhepunkt erreichten. Von meiner Mutter fühlte ich mich im Stich gelassen und von meinem Vater verraten. Ich fühlte mich allein, konfus, am Boden zerstört und suchte nach einem anderen Leben.

Soweit ich damals sah, hatte ich drei Möglichkeiten; die ersten beiden hatte meine Mutter oft vor mir ausgemacht. Ich konnte bleiben, wie ich war – ernst, nachdenklich, bedrückt, streitsüchtig – und damit war ich, bestenfalls, isoliert und ohne Freunde, schlimmstenfalls wurde ich für *anders* und verrückt gehalten. Oder ich konnte mich zusammenreißen und normal werden so wie sie. Bevor ich auf die dritte Möglichkeit gekommen war, hatte ich geraume Zeit damit verbracht zu überlegen, ob ich gern wie Mama wäre oder nicht. Ich hatte sie jahrelang beobachtet und prüfte diese Möglichkeit sorgfältig, wobei ich versuchte, mich nicht durch ihre besondere Feindseligkeit mir gegenüber beeinflussen zu lassen.

Ich sah zu, wie sie ihre Familie anbrüllte aus Gründen, die sie kaum verstehen konnten. Ich sah zu, wie sie sich durch die Tage fraß und von Jahr zu Jahr immer fetter wurde. Ich sah zu, wie sie in stummem Zorn oder keifend vor Wut durch die Wohnung fegte. Und ich sah zu, wie sie mit schizophrener Leichtigkeit zwischen blinder Wut gegenüber ihrer Familie und zuckersüßer Freundlichkeit gegenüber ihren Freunden wechselte. Diese drastischen Stimmungsschwankungen traten besonders dann auf, wenn es um Verwandte ging, die sie verabscheute. Sie konnte in ihren eigenen vier Wänden gnadenlos über ihre Verwandten fluchen und während der vierzig Minuten langen Fahrt zu deren Vorstadthaus wie versteinert schweigen, dann jedoch aus dem Auto steigen und Begrüßungen und Umarmungen zelebrieren, die vor Freundlichkeit gegenüber denen trieften, die sie haßte. Meine Verwirrung nahm zu. Und ebenso meine Verachtung.

Ich überlegte, ob ich meiner Mutter nacheifern sollte. Dann dachte ich über die andere Möglichkeit nach, nämlich so zu bleiben, wie ich war und der wachsenden Isolation und Frustration ins Auge zu schauen. Als ich schließlich diese Möglichkeiten gegeneinander abgewogen hatte und mir das Leben in einer Welt vorgestellt hatte, die Mama als normal und mich als gestört ansah, und nachdem ich über die Aussicht nachgedacht hatte, so zu werden wie sie oder in Zukunft noch mehr aushalten zu müssen, wußte ich, daß ich nicht glücklich werden würde. So kam ich auf meine dritte Alternative.

An einem Abend kurz nach meinem elften Geburtstag nahm ich eine Flasche aus dem Medizinschrank meiner Mutter und schluckte den Inhalt hinunter. Es war nichts Besonderes vorgefallen, das diese Handlung ausgelöst hatte. Ich hatte es weder spontan noch aus Wut oder Rache getan. Es war eher aus einem Zustand chronischer Depressionen heraus die natürliche Konsequenz einer sorgsamen Überlegung und die endgültige Zurückweisung der einzigen beiden Möglichkeiten, die ich für mich sah. Selbstmord war die Lösung, die ich selbst gefunden hatte. Und diese Nacht wollte ich ihn ausführen.

Es ist mir nie gelungen, mich an Einzelheiten dieser Nacht zu erinnern, und jetzt im Zug ging es mir nicht anders als die vielen Male, die ich früher schon darüber nachgedacht hatte. Ich hatte nur eine vage Vorstellung davon, daß ich auf der Allee hinter unserem Haus im Kreis herum ging, und noch vager davon, daß ich barfuß war. Zumindest wußte ich, daß ich kalte Füße gehabt hatte. Mein Vater hielt mich aufrecht, und während ich in meinem Nachthemd herumstolperte und ihn anbettelte, mich schlafen zu lassen, schubste er mich weiter im Kreis herum und zwang mich, wach zu bleiben. Ich überlebte diese Nacht – um danach meine Runden zu den Therapeutenpraxen aufzunehmen und bis zu meinem fünfzehnten Geburtstag noch zweimal diese dritte Lösung zu versuchen.

Ich hätte meinem neuen Therapeuten nicht mehr sagen können, wie meine früheren Therapeuten alle geheißen hatten. Ich war zu jung, es lag zu weit zurück, und ich bin nie lange genug bei einem von ihnen geblieben, um mich mit den Namen zu befassen. Da man mich gegen meinen Willen zu diesen Sitzungen geschleift hatte, saß ich normalerweise stumm auf dem Patientenstuhl, während mein Therapeut versuchte, mich zum Sprechen zu bringen. Nach jeder Stunde entließ mich der Therapeut frustriert, und einmal sagte er mir sogar, daß ich nicht mehr zur zweiten Sitzung zu kommen brauchte. Mein Schweigen sei Zeitverschwendung für ihn, hatte er gemeint.

Schließlich gaben meine Eltern diese fruchtlosen Aktionen auf, weil sie einsahen, daß man jemandem nur helfen konnte, wenn er sich helfen lassen wollte. Drei Jahre später wollte ich, allerdings unter einer Bedingung: Der Therapeut sollte eine Frau sein. Aus irgendeinem für mich damals unerfindlichen Grund hatte ich entsetzliche Angst davor, mit einem erwachsenen Mann in einem Raum allein zu sein. Meine Bedingung wurde erfüllt, und so begann eine zwei Jahre lange Therapie, die bis zur vorletzten Klasse meiner Highschool-Zeit dauern sollte.

In diesen Jahren ging es mir besser, nicht nur, weil meine Therapie mir half, sondern weil ich Interessen außerhalb meines Zuhauses hatte, die viel von meiner Zeit beanspruchten. Zwei Faktoren trugen dazu besonders bei: die Schule und meine Großmutter.

Ich liebte die Schule. Ich mochte fast alle Fächer und sah jedem Tag mit Begeisterung entgegen wegen der vielen neuen Gedanken, zu denen ich während dieser sieben Stunden angeregt wurde. Doch mein Unterricht war nicht der alleinige Grund dafür, daß ich mich insgesamt immer zufriedener fühlte. Ich hatte wenige, aber zuverlässige Freunde. Und ich hatte einen Freund – das erste männliche Wesen, vor dem ich mich nicht fürchtete, wenn ich mit ihm allein war. Die Zeit in der Schule, die Zeit mit Freunden danach und die Hausaufgaben am Abend lenkten meine Aufmerksamkeit auf konstruktive Beschäftigungen. Und das machte mich glücklicher, als ich je gewesen war.

Außerdem vertiefte sich in diesen Jahren die besondere Beziehung, die ich zu meiner Großmutter väterlicherseits hatte. Großmutter war die unverstellteste, freimütigste und offenste Frau, die ich kannte. Sie wurde oft von meiner Mutter, die ihr Verhalten heftig kritisierte, beschuldigt, grob und taktlos zu sein. Ich dagegen empfand sie nur als natürlich und ehrlich. Sie sprach aus, was sie dachte, und sie dachte selbständig. Dadurch wurde es für mich noch bedeutsamer, daß ich eine so wichtige Rolle in ihrem Leben spielte. Und ich wußte genau, wie wichtig ich für sie war. Sie ließ es mich spüren. Daher ging ich zu Großmutter, wenn ich mich geliebt fühlen wollte.

Und noch etwas verband mich mit meiner Großmutter. Sie war die einzige, die mir bestätigte, daß ich meine Eltern richtig einschätzte. Mama hatte versucht, Großmutter weiszumachen, daß sie sich um mich sorgte. Doch Großmutter merkte, daß meine Mutter schauspielerte. Darüber hinaus hatte Großmutter immer den Verdacht gehabt, daß innerhalb unserer vier Wände mehr vor sich ging, als man sehen konnte.

»Bei dir zu Hause passieren ziemlich schlimme Dinge«, sagte sie oft zu mir. »Irgend etwas stimmt einfach nicht.«

Nach den Kleinmädchenängsten, die ich mit in die Highschool nahm, daß niemand außer mir je wissen konnte, was bei uns in der Familie wirklich vor sich ging, war Großmutters instinktive Einsicht, daß da etwas verkehrt lief, für mich wichtig. Es sollte jedoch noch viele Jahre dauern, bis ich mich frei und mutig genug fühlte, einige ihrer Vermutungen zu bestätigen. Damals genügte es mir, daß sie mich ernstnahm.

Ich liebte und brauchte diese Stunden mit meiner Großmutter. Es war wichtig für mich, ein Gesicht zu sehen, das aufleuchtete, wenn ich durch die Tür kam; daß jemand fair und ehrlich und liebevoll mit mir umging. Es war ungeheuer wichtig für mich, daß sie mir Zeit widmete mit alten Photos,

Bildern, die sie vor langer Zeit gemalt hatte, und kleinen Kostbarkeiten, die sie über die Jahre gesammelt hatte. Großmutter gab mir das, was ich brauchte, und ich vergötterte sie. Und meine Gefühle wurden offen erwidert.

Meine Therapie machte von Anfang an gute Fortschritte. Ich konnte mich problemlos mit meiner Therapeutin unterhalten, doch als sie entschied, einige Sitzungen mit meinen Eltern abzuhalten, wurde meiner Offenheit schnell ein Riegel vorgeschoben.

Erst kurz bevor ich diese Therapie angefangen hatte, hatte ich mich schemenhaft wieder an den Vorfall mit meinem Vater im Zimmer des Hausmädchens erinnert. Und sie war die erste, der ich dieses Vorkommnis erzählte. Sie diagnostizierte meine Erinnerung als Freudsche Phantasie, die typisch sei für Mädchen vor der Pubertät. Doch da ich mir so völlig sicher war, daß der Vorfall so passiert war, wie ich ihn erzählt hatte, drängte sie mich, mit meinem Vater darüber zu sprechen.

Ich wartete, bis das Abendessen vorbei war und alle aus der Familie sich in ihre Zimmer zurückgezogen hatten, um fernzusehen, zu lesen oder Hausaufgaben zu machen. Dann rief ich vom Gang vor dem Schlafzimmer meiner Eltern aus nach meinem Vater und fragte ihn, ob ich ihn allein sprechen könnte. Es war der schlimmste Augenblick, den ich je erlebt hatte.

Als er zu mir in den Gang kam, dachte ich nicht daran, ins Wohnzimmer oder ins Eßzimmer zu gehen, wo wir uns hätten hinsetzen können. Ich mußte sofort anfangen, sonst hätte ich überhaupt nicht reden können.

»Papa, da war eine Nacht, ungefähr vor fünf oder sechs Jahren, als… «

»Ich weiß, welche Nacht du meinst«, unterbrach er mich. »Du hattest einen Alptraum. Erinnerst du dich, daß du immer Alpträume hattest? Nun, in der Nacht hattest du Alpträume, und deswegen habe ich dich ins Hausmädchenzimmer gebracht, damit du deine Schwester nicht aufweckst«, erklärte er.

»Ich hatte oft Alpträume, Papa«, unterbrach ich ihn jetzt

meinerseits. »Aber niemand hat mich deswegen je aus meinem Zimmer geholt.«

»Ich hatte immer den Verdacht, daß ich in dieser Nacht zu zärtlich zu dir war«, fuhr er hastig fort. »Ich habe mir immer Sorgen gemacht, daß ich zu weit gegangen bin und daß du es vielleicht nicht verstehst. Ich habe es danach sogar deiner Mutter erzählt. Ich habe ihr gesagt, daß du möglicherweise meine Zuneigung und meinen Trost falsch verstanden hast.«

»Trost?«

»Ja. Das war alles, was ich damit beabsichtigt hatte«, antwortete er.

Ich versuchte krampfhaft etwas zu sagen, das ihn dazu bringen konnte, laut auszusprechen, was ich so deutlich in seinem Verhalten zu erkennen glaubte.

»Reicht dir diese Antwort auf das, was du mich fragen wolltest?«

»Ja, Papa, du hast meine Frage beantwortet.« Das hatte er. Zumindest die entscheidende: Erinnerte ich mich an eine vorpubertäre Freudsche Phantasie oder an eine reale Situation? Die Frage, ob es nur mißverstandene väterliche Zuneigung war, wie mein Vater behauptete, beschäftigte mich in dem Moment nicht. Für mich – den Teenager, der so daran gewöhnt war, an der eigenen Wahrnehmungsfähigkeit und dem eigenen Geisteszustand zu zweifeln – zählte nur, daß ich nicht eine Phantasie für Realität gehalten hatte. Der Vorfall war passiert. Ich war von meinem Vater ins Hausmädchenzimmer getragen worden. Ich war auf eine Weise geküßt worden, daß mein Gesicht naß wurde und mein Vater sich dazu gedrängt fühlte, meiner Mutter davon zu erzählen. Er hatte in dieser Nacht etwas mit mir getan, was ihm klarmachte, auf welche Nacht ich anspielte. Er hatte in dieser Nacht etwas mit mir gemacht, was man »falsch verstehen« konnte.

Die Bilder und Gefühle waren zwar nur unvollständig in meiner Erinnerung, aber trotzdem überaus drastisch. Und ebenso drastisch waren die Worte meiner Therapeutin gewesen, ich hielte fälschlicherweise Phantasie für Realität, und die Worte meiner Mutter, daß Neurotiker Luftschlösser bauten und Psychoten darin lebten. Doch ich lebte nicht in einem Luftschloß.

Im Lauf der Zeit wuchs meine Unzufriedenheit über die bloße Bestätigung meiner Zurechnungsfähigkeit. Ich mußte wissen, ob jene Nacht sich tatsächlich so zugetragen hatte, wie ich sie in Erinnerung hatte. Da ich kein ausdrückliches Geständnis von meinem Vater hatte, blieb mir immer noch der Hauch eines Zweifels an meinem Erinnerungsvermögen. Und diese Zweifel wurden noch schlimmer, als mir klar wurde, daß mein Vater, falls mich mein Gedächtnis nicht im Stich gelassen hatte, entweder die Einzelheiten verdrängt oder mich angelogen hatte. Es sollten noch achtzehn Jahre vergehen seit unserem Gespräch, elf Jahre seit dieser Zugfahrt und zwölf Jahre seit der Geburt meines Kindes, bevor ich in der Lage war, ganz zu erfassen, wie absurd die Erklärungen meines Vaters waren. Ich dachte daran, wie oft mein Sohn getröstet werden mußte oder ich ihm einfach nur meine Liebe zu zeigen brauchte. Und ich erinnerte mich daran, wie unbelastet ich ihm diesen Trost und diese Zuneigung gegeben hatte, wie oft ich meine Arme fest um ihn geschlungen, ihn auf meinem Schoß gewiegt, sein entzückendes Gesicht geküßt und ihn manchmal mit meinen Umarmungen und Küssen fast erstickt hatte, wenn er so niedlich war, daß ich es kaum ertragen konnte. Und nie – nicht ein einziges Mal in über zwölf Jahren, kam es mir in den Sinn, daß er mein Verhalten falsch deuten könnte. Niemals habe ich mit seinem Vater darüber gesprochen, daß er meine Absichten möglicherweise mißverstehen könnte. Der Gedanke an so etwas wäre mir mehr als absurd vorgekommen; es wäre lächerlich gewesen.

Wie kamen Eltern dazu, so etwas zu denken? Ich kannte die Antwort, und ich würde mir nie wieder, nachdem ich fast zwei Jahrzehnte über die Worte meines Vaters nachgedacht hatte, den Kopf darüber zerbrechen.

4. Die erste Sitzung

Unten in der Vorhalle befand sich die Gegensprechanlage des Hochhauses. Ich fand den Namen LEONARD, L. F. auf der Liste mit den Nummern, nahm den Hörer des Tastentelefons ab und drückte die dreistellige Zahl neben dem Namen.

»Hallo«, hörte ich ihn sagen.

»Hier ist Ellen.«

»Ich bin im achten Stock«, erklärte er. »Aus dem Aufzug gehen sie nach links bis zum Ende des Gangs. Die Tür ist nicht abgeschlossen. Kommen Sie einfach herein und warten Sie.«

Mein Herz klopfte zum Zerspringen. Meine Handflächen waren schweißnaß, und ich atmete schwer. Es war soweit. Ich war fast da.

Ich folgte seinen Anweisungen und öffnete die Tür zu einem großen, fast quadratischen Raum, der als Vorzimmer, Aufenthaltsraum und Eßzimmer diente. Die Möbel waren modern und in Blautönen und Weiß gehalten.

Halblinks von mir standen zwei gleiche Sofas einander gegenüber senkrecht zu einer breiten Fensterfront, von der aus man über die 1. Straße zwischen 20. und 23. Straße blickte. Auf Glastischen waren ausgewählte zeitgenössische Skulpturen und Pflanzen aufgestellt und Lesestoff ausgelegt. Dieser Aufenthaltsraum wurde von einem riesigen blaugemusterten Läufer und einer Reihe niedriger weißer Regalelemente abgegrenzt, in denen Bücher, Ski- und Motorradzeitschriften und eine Sammlung des *National Geographic* gestapelt waren und die Stereoanlage stand, von der die Henry-Mancini-Melodie kam.

Ein kleiner skandinavischer Eßtisch mit vier Plastikstühlen stand gleich vorne auf dem bloßen Parkett. Auch im Korridor zur Diele auf der anderen Seite war Parkett verlegt. Der schmale Durchgang führte, so nahm ich an, zu einem Büro und zum Bad. Später erfuhr ich, daß es auch der Weg zum Schlafzimmer war.

Während ich immer noch in der Eingangstür stand und jede Einzelheit um mich herum registrierte, bemerkte ich direkt links von mir eine Tür, die in die Küche führte. Es war ein kleiner und sehr schmaler Raum, in dem es fast keine Farben gab bis auf einen blauen Teppich und ein paar kleine Grünpflanzen, die einen Kontrast zu den weißen Wänden und der Kücheneinrichtung bildeten.

Ich machte die Eingangstür hinter mir zu und ging zu einem der Sofas. Drei Männer standen redend und lachend beim Durchgang und bemerkten mich offensichtlich nicht. Plötzlich wandte sich einer von ihnen mir zu und sagte: »Also los.«

»Was?« antwortete ich.

»Fangen wir an«, sagte er.

Ich verstand immer noch nicht, was dieser Mann wollte. Als Antwort auf meinen verständnislosen Blick sagte er: »Ich bin Lonnie Leonard.«

Ich war verblüfft. Ich hatte ihn für einen Patienten gehalten. Er wirkte wie ein Patient. Ich war mir zwar nicht ganz sicher, wie ein Patient aussehen sollte, aber wie ein berühmter Arzt kam er mir jedenfalls nicht vor.

Er war vielleicht einen Meter siebzig groß und hatte einen schlanken, mäßig entwickelten Körperbau. Ich weiß nicht, warum ich ihn mir groß und hager vorgestellt hatte, aber es überraschte mich doch, daß er so klein und unauffällig war. Ich stand nur da, starrte ihn an und verarbeitete all meine widersprüchlichen Eindrücke von dem berühmten Dr. Leonard.

Dunkles Haar mit grauen Strähnen auf einem Kopf mit Geheimratsecken. Der kurzgeschorene Afrolook ließ seine Ohren viel zu groß für das schmale Gesicht wirken. Ich hätte ihn auf um die Vierzig geschätzt. In seinem Gesicht lag etwas Spitzbübisches. Es erinnerte mich an die Phantasiegnome, die ich als Kind in Bilderbüchern gesehen hatte. Es fehlte nur, daß seine Ohren spitz gewesen wären, dachte ich, dann hätte das Bild noch besser auf ihn gepaßt. Da begegnete ich seinem Blick und merkte, daß er mich dabei beobachtete, wie ich ihn anstarrte.

Es waren große, fast kreisrunde Augen. Wenn er seine Augenbrauen hob, schienen seine Augen aus den Höhlen zu quellen. Ich nannte diesen Blick bei mir selbst und später bei meinen engeren Freunden »Leonards Insektenaugen«.

»Sind Sie soweit?« unterbrach er meine Erstarrung.

Bei dieser Frage bemerkte ich zum ersten Mal einen leichten, aber deutlichen Südstaatenakzent. Das verstärkte nicht nur den Widerspruch zwischen meinen früheren Vorstellungen und der Wirklichkeit, sondern machte mir bewußt, daß ich ein Vorurteil hatte, von dem ich noch nichts wußte. Warum, fragte ich mich, zog ich eine negative Verbindung zwischen Intelligenz und Südstaatlern?

Ich ging zum Dieleneingang, wo er auf mich wartete. Als ich dort war, wies mich Dr. Leonard an, meine Schuhe auszuziehen. Da bemerkte ich, daß er barfuß war.

»Meine Teppiche«, antwortete er auf mein fragendes Gesicht.

Ich hatte meine Schuhe ausgezogen und folgte ihm ein paar Schritte in der mit goldfarbenen Teppichen ausgelegten Diele, als er sich plötzlich zu mir umdrehte, seinen rechten Arm zur Seite strecke und mir bedeutete, vor ihm in den Raum links von mir zu gehen. Ich betrat sein Sprechzimmer und wartete auf weitere Anweisungen.

Es war ein kleiner quadratischer, ebenfalls modern ausgestatteter Raum. Bücherregale, die vom Boden bis zur Decke reichten, verdeckten zwei Wände, ein Fenster bildete die dritte, und eine Tür, ein Stuhl und ein Aktenschrank nahmen die vierte ein. Ein Schreibtisch mit einem Stuhl auf jeder Seite ragte von einem der Regale in den Raum. Es gab, bemerkenswert für eine Therapeutenpraxis, keine Couch.

An der Wand zwischen zwei Regalbrettern hing ein Doktortitel. Die Universität von Arkansas und die kurze Erwähnung seiner Heimatstadt Little Rock ließen den schleppenden Tonfall lokalisieren, den ich gehört hatte.

Er sagte mir, ich solle mich auf den Stuhl mit der geraden Rückenlehne setzen; er selbst setzte sich auf den Drehsessel mit verstellbarer Rücklehne hinter dem Schreibtisch. Da bemerkte ich zum ersten Mal die Kamera, das Videogerät und die Bildschirme. Bevor ein weiteres Wort gesprochen wurde, schaltete er das Videogerät ein. Ich wurde jetzt aufgenommen.

»Jede Sitzung wird auf Video aufgezeichnet«, fing er an. »Sie kommen jede zweite Woche zur Sitzung, und in der freien Woche kommen Sie und schauen sich die Aufnahme der vorigen Sitzung an. Wenn Sie das wollen. Es besteht keinerlei Verpflichtung für Sie, sich die Bänder anzuschauen, aber ich empfehle es Ihnen dringend. Wie Sie wissen, berechne ich fünfunddreißig Dollar für jede Sitzung. Für das Anschauen der Bänder berechne ich zehn Dollar. Während die Sitzungen im Sprechzimmer abgehalten werden, werden die Bänder in der Küche angeschaut.«

»In der Küche?« fragte ich.

»Ja. Da steht ein kleines Sonygerät. Ich zeige Ihnen, wie Sie das Videogerät bedienen müssen, wenn Sie zum ersten Mal zum Anschauen kommen. Wie sie vielleicht schon gehört haben – oder rausgekriegt haben –, ich arbeite und wohne hier. Dieses Büro ist eigentlich eines von zwei Schlafzimmern in der Wohnung. Wenn Sie mich also einmal dringend erreichen müssen, brauchen Sie bloß meine Büronummer anzurufen. Wenn ich daheim bin, gehe ich ran. Wenn ich weg bin, nimmt mein Anrufbeantworter Ihre Nachricht auf, und ich rufe Sie zurück, sobald ich nach Hause komme.« Dann fügte er hinzu, wie um seine Methode zu erklären: »Ich habe keinen Antwortdienst, keine Sekretärin, keine Sprechstundenhilfe, auch keine Buchhaltung. Ich mache lieber alles selbst.«

Es gab noch weitere Regeln, doch die galten der Theapie selbst. Mit der Aufzählung dieser Regeln, so fühlte ich, hatte meine Sitzung richtig angefangen.

»Patient und Therapeut haben jeder eine Reihe von Pflichten zu erfüllen, wenn der Patient von der Therapie profitieren soll«, begann er. »Ihre erste Pflicht ist es, mir alles zu berichten, was sich in Ihrem Leben und in Ihrem Kopf abspielt. Alles.«

»Okay«, sagte ich, um ihm zu zeigen, daß ich zuhörte.

»Das ist meine erste Therapieregel. Wenn ich je herausfinden sollte, daß Sie mir irgendwelche Informationen vorenthalten haben, betrachte ich das als Grund, Sie rauszuwerfen.«

»Was?« Ich hatte gelegentlich Gerüchte gehört, daß Dr. Leonard Patienten von einem Tag auf den anderen wegen irgend etwas Schlimmem hinausgeworfen hatte, was in den Gerüchten allerdings immer ziemlich ungenau geblieben war. Konnte das ihr Vergehen gewesen sein? Daß sie ihrem Arzt nicht alles erzählten?

»Das ist mein voller Ernst. Die Therapie kann keine Fortschritte bringen, wenn Sie nicht Ihren Teil dazu beitragen. Deshalb ist das meine erste Therapieregel. Wenn ein Patient nicht daran interessiert ist, weiterzukommen und auf dieses Ziel hinzuarbeiten, habe ich keine Lust, meine Zeit zu verschwenden. Ich habe eine Warteliste von Patienten, die bei mir eine Therapie machen wollen, und ich will nur mit Leuten arbeiten, die wirklich bereit sind, sich zu ändern. Das ist ein Grund dafür, wieso die meisten meiner Patienten noch jung sind. Je jünger sie sind, desto eher sind sie willig und geeignet, sich zu ändern.

»So. Wissen Sie, was Selbstmonitoring ist?« fragte er, indem er das Thema und den Ton in seiner Stimme änderte.

»Ich denke schon«, antwortete ich. »Es bedeutet, daß man seine Gefühle beobachtet, um zu wissen, was in einem vorgeht. Richtig?«

»Nun, es bedeutet außerdem, daß man auf seine Gedankengänge achtet. Es meint nicht nur eine Überwachung der Gefühlsregungen«, erklärte er. Es ist ein Vorgang, bei dem Sie quasi von außen zuschauen, was in Ihnen vor sich geht. Sind Sie gut in Selbstmonitoring?« fragte er.

»Ich denke schon.«

»Jeder denkt, er ist es, aber die meisten sind es nicht. Doch Sie werden gut darin werden. Achten Sie auf alle Signale, die Ihnen Ihr Unterbewußtsein liefert. Überwachen Sie sie. Und dann kommen Sie her und besprechen, was dabei für Sie herausgekommen ist. Das ist Ihre Aufgabe. Noch irgendwelche Fragen?

»Nein.«

»Aber ich habe eine an Sie. Wie nennt man das, wenn jemand die Signale aus dem Unterbewußtsein ignoriert?«

Plötzlich hatte ich das Gefühl, daß ich getestet wurde. Doch aus meiner Lektüre über Objektivistische Psychologie und aus dem Ton in seiner Stimme wußte ich die Antwort darauf. »Vermeidung?« fragte ich unsicher.

Das war die Sünde, bei der Objektivisten nie ertappt werden wollten. Vermeidung war ungehörig, und selbst der kleinste Verdacht darauf hatte ein Verdammungsurteil und die soziale Exkommunikation zur Folge. Ich brauchte Dr. Leonard nicht erst zu fragen, was Vermeidung für die weitere Therapie bedeutete.

»Unnötig zu sagen, daß Sie draußen sind, wenn Sie Vermeidungsstrategien anwenden. Und natürlich sind Sie draußen, wenn Sie mich anlügen. Ich bin kein Gedankenleser. Ich kann keine Therapie mit einem Patienten machen, der mir unvollständige oder falsche Informationen liefert.« Er war zu Ende mit seinen Pflichten und Regeln für die Patienten. Er konnte zum Therapeuten übergehen.

»Meine Pflicht ist es, Ihnen dabei zu helfen, Ihre Gefühle und Gedankengänge zu erkennen. Meine Rolle ist die eines Lehrers, der Ihnen erklärt, welche dieser Vorstellungen, Gefühle und Gedankengänge richtig und gesund sind. Denken Sie daran, Gefühle kommen nicht aus einem Vakuum, sondern sind das Ergebnis der Voraussetzungen, die Sie bieten. Wenn Sie schlechte Bedingungen bieten, spiegeln Ihre Gefühle das folglich wider.«

Seine Worte waren vertrauter Objektivistenjargon. Nichtsdestotrotz wurde ich durch seine darin enthaltene Prämisse bestärkt: Es war möglich, daß ich mich änderte. Ich konnte glücklich sein.

»Zusammen werden wir darauf hinarbeiten, Ihre negativen Vorstellungen, Bedingungen, Gefühle und so weiter durch die positiven zu ersetzen, die ich Ihnen als Ersatz dafür vermitteln werde. Verstehen Sie?«

»Ja, ich verstehe.«

»Und schließlich bin ich dafür zuständig, Ihnen eine Rückmeldung für Ihre Fortschritte zu geben. Ich werde Ihnen sagen, wie Sie sich anstellen.«

Dr. Leonard erklärte nicht, welche Konsequenzen ihn treffen würden, wenn er in seiner Rolle nachlässig war.

Meine Stimmung hatte sich in den letzten zwanzig Minuten geändert. Ich war immer noch nervös, aber weniger vor Aufregung als vor Furcht. Ich hatte noch nie davon gehört, daß Therapiestunden auf Video aufgenommen wurden. Ich hatte noch nie von Regeln für den Therapieverlauf gehört. Ich hatte noch nie davon gehört, daß man barfuß in eine Sitzung ging. Doch bevor meine Angst völlig die Oberhand über meine Aufregung gewann, schlug die Sitzung einen neue Richtung ein.

Dr. Leonard begann, mir freundliche, sondierende Fragen über mich und über mein Leben zu stellen. Ebenso konzentriert wie teilnahmsvoll fragte er mich nach allem, von meinem Umfeld bis hin zu meinen momentanen Gefühlen, vom IQ bis zu meinen Hobbies.

»Warum suchen Sie therapeutische Hilfe? Haben Sie irgendwelche Symptome?«

Ich erzählte ihm von meinen Ängsten und Depressionen, und er drängte mich dazu, ihm mehr Informationen zu liefern. Er wollte konkrete Probleme wissen. Er wollte Einzelheiten.

»Mein offensichtlichstes Problem ist ein sexuelles«, erzählte ich ihm. »Ich kann keinen Orgasmus bekommen.«

»Haben Sie je darüber nachgedacht, daß Sie vielleicht mit dem falschen Mann verheiratet sind?« fragte er nüchtern.

Ich wollte nicht zugeben, daß das stimmte, und deshalb ließ ich die Frage vorerst offen.

»Außerdem habe ich ein Phobie. Eine Insektenphobie. Besonders gegen Spinnen und Kakerlaken.«

»Wie reagieren Sie, wenn Sie sie sehen?« wollte er wissen.

»Ich schreie oder renne weg.«

Er fragte mich nach meiner Ausbildung, und ich erzählte ihm von meiner Schulzeit und meinen eineinhalb Jahren auf dem College. Er fragte nicht, warum ich im zweiten Jahr abgegangen war, sondern fuhr fort mit anderen Fragen.

»Wie sieht Ihre familiäre Situation aus?« fragte er als nächstes.

»Meinen Sie meinen Mann und mein Kind oder meine Eltern und meine Geschwister?«

»Letzteres«, antwortete er.

Doch statt ihm zu erklären, was ich im Zug durchgegangen war, beschrieb ich ihm, wie mein derzeitiges Verhältnis zu meiner Mutter und meinem Vater aussah.

»Direkt bevor ich hierher gekommen bin«, erzählte ich ihm, »hat mich meine Mutter angerufen, um mir zu sagen, daß sie nichts mehr mit mir zu tun haben will. Sie sagte, sie und mein Vater würden mich verstoßen.«

»Hat sie gesagt, warum?«

»Zwischen meinem Bruder und mir besteht eine alte Feindschaft«, erklärte ich ihm, »und wir hatten während eines Abendessens bei meiner Mutter wieder gestritten. Ich war immer noch wütend auf ihn wegen unserer Auseinandersetzung, und er wollte plötzlich mein Baby hochnehmen; deshalb habe ich gesagt, ich will nicht, daß er meinen Sohn hält.« Ich wartete auf Dr. Leonards Antwort.

»Ja?« sagte er. »Weiter.«

»Das ist es.«

»Das ist was?« fragte er.

»Das ist der Grund, warum meine Mutter gesagt hat, daß sie mich verstoßen«, antwortete ich.

»Was?« Er war verwirrt. Aber schließlich kannte er meine Mutter nicht.

»Nach dem Abend – ich erinnere mich nicht, ob es am nächsten Morgen oder ein paar Tage später war – hat mich meine Mutter angerufen und mir gesagt, ich hätte meinem Bruder nicht verbieten sollen, mein Baby zu halten. Sie sagte weiter, sie und Papa hätten folglich beschlossen, daß sie nicht mehr mit mir verkehren könnten. Mein Mann war während des Gesprächs am Nebenanschluß. Weil ich aufgehört hatte zu reden, hat er sich zusammengereimt, was los war, und deshalb den anderen Hörer abgenommen. Er hat meine Mutter inständig gebeten, noch einmal darüber nachzudenken, was sie da macht. Er sagte ihr, daß das ein Problem sei, das zwischen Bruder und Schwester bereinigt werden müßte, und daß er sicher sei, daß das letztendlich auch passieren würde. Aber sie hat nicht zugehört. Und er hat es nicht verstanden.«

»Was hat er nicht verstanden?« fragte Dr. Leonard.

»Er hat nicht verstanden, daß sie bloß nach einer Entschuldigung gesucht hat.«

»Wie haben Sie sich dabei gefühlt?«

»Ich stand irgendwie unter Schock. Ich konnte einfach nicht glauben, was sie da machte. Ich konnte auch nicht glauben, daß mein Vater wirklich wußte, was sie vorhatte. Aber ich konnte mich mit ihr nicht auseinandersetzen. Ich habe einfach meinem Mann das Reden überlassen, vermutlich weil ich von vornherein wußte, daß es keinen Sinn hatte, sie umzustimmen. Ich habe in der Vergangenheit erlebt, wie extrem meine Mutter reagierte; weder mit Vernunft noch mit Tränen hätte man sie umstimmen können.«

Dr. Leonard sah neugierig drein. »Hat Ihre Mutter versucht zu erklären, warum sie sich mit einem Kind gegen das andere verbünden wollte?«

»Sie sagte, sie täte es, um meinen Bruder in Schutz zu nehmen. Daß sie ihn quasi im Stich lassen würde, wenn sie nicht zu ihm hielte.«

Er hatte aufmerksam zugehört, während ich sprach, und senkte den Blick nur, um sich Notizen in die Akte auf seinem Schreibtisch zu machen. Er hatte gelegentlich präzisierende Zwischenfragen eingeworfen, die zeigten, wie konzentriert er meinen Ausführungen zugehört hatte. »Aber sie hätte sich auf keine Seite schlagen und kein Kind im Stich lassen können«, überlegte er laut. »Hat sie erklärt, warum ihre Form des In-Schutz-Nehmens darin bestand, Sie zu verstoßen? Hat sie erklärt, warum er überhaupt in Schutz genommen werden mußte?«

Er schaute mir direkt in die Augen, während er sprach, und nahm seinen Blick nur von mir, um etwas zu notieren. Es war vermutlich die Konzentration, mit der er arbeitete, und die Aufmerksamkeit, mit der er zuhörte, die ihn attraktiver erscheinen ließ, als er durch seine rein äußerliche Erscheinung anfangs gewirkt hatte. Er begann ein Charisma zu bekommen, das von Klugheit, Erfahrung und Können herrührt. Und zum ersten Mal in dieser Sitzung erkannte ich etwas von dem, was mir meine Freunde so lange beschrieben hatten.

Mitten während seiner Befragung und nach meiner Schilderung dieses vergangenen Telefongesprächs, legte Dr. Leonard auf einmal seinen Stift auf den Schreibtisch, beugte sich, auf seine Unterarme gestützt, nach vorn, schaute mich direkt an, und fragte teilnahmsvoll: »Wie nahe sind Sie den Tränen?«

In diesem Moment spürte ich, daß mich die bloße Frage zum Weinen bringen würde. Ich fühlte mich verstanden. Ich hatte nicht gewußt, daß ich den Tränen nahe war, doch plötzlich wurde es mir bewußt. Er hatte es vor mir gewußt. Er hatte in mein Innerstes hineinsehen und meinen Schmerz erkennen können. Und es machte ihm etwas aus, daß ich litt. Es machte dem großen Dr. Leonard etwas aus.

Ich hatte versucht, bei meinen Schilderungen kühl und distanziert zu wirken, aber er hatte hinter meine Fassade geschaut. Seine Frage zeigte mir, wie scharfsichtig er war, doch sein Ton zeigte mir, wie sehr er außerdem mitfühlte. Mir wurde jetzt klarer, was seine Größe ausmachte, und meine Besorgnis über die Sitzung schwand. Es kam mir nicht in den Sinn, daß diese Frage einfach durch das, was ich gerade geschildert hatte, ausgelöst worden war beziehungsweise durch die Umstände, unter denen unsere Begegnung stattfand: eine Patientin, die therapeutische Hilfe suchte.

»Sehr nahe«, erwiderte ich.

»Ja«, sagte er wissend. Dann ging er wieder zur Tagesordnung über.

Anschließend zählte er eine Reihe psychischer Verfassungen auf und bat mich, mich hinsichtlich einer jeden einzuschätzen. Verdrängung. Schuldgefühle. Angst. Feindseligkeit. Ärger. Verbitterung. Dann legte Dr. Leonard wieder, genauso unerwartet wie das erste Mal, seinen Stift weg, lehnte sich über seinen Schreibtisch und schaute mich aufmerksam und teilnahmsvoll an.

»Ich weiß, daß unter dieser kühlen und beherrschten Schicht eine weiche, sanfte, fürsorgliche und liebevolle Frau steckt. Zusammen werden wir daran arbeiten, sie zutage zu bringen.«

Damit sprach er alle Facetten meiner Persönlichkeit an, von denen ich mir immer gewünscht hatte, daß die anderen Menschen sie entdeckten. Natürlich bin ich im Grunde warmherzig und liebevoll; natürlich bin ich sanft und fürsorglich, dachte ich. Aber woher wußte er das? Wie großartig mußte er tatsächlich sein, wenn er alle diese Eigenschaften erkannte, die so tief in mir verborgen lagen, daß sie gegen Gefahren von außen geschützt waren. Wieviel Einblick mußte er haben, wenn er diese Seiten an mir sah, die ich als meinen eigentlichen Charakter empfinde? Wieder hatte er mein Innerstes erkannt. Diesmal sah er die schönen Seiten, so wie er vorher den Schmerz gesehen hatte.

Bevor die Stunde zu Ende war, gab mir Dr. Leonard eine Hausaufgabe. Auf zwei mit Schreibmaschine geschriebenen Seiten standen achtundsiebzig unvollständige Sätze. Ich sollte die Sätze ergänzen und sie bei der nächsten Sitzung oder vorher abgeben. Ich wußte, ich würde meine Aufgabe noch am selben Tag erledigen. Schließlich wollte ich rasche Fortschritte machen. Ich wollte mich in die Arbeit hineinknien. Und ich wollte meinen Doktor beeindrucken.

Oben auf der Seite stand die Anleitung:

Weiter unten sind einige unvollständige Sätze aufgelistet. Lesen Sie sich jeden Satz durch und ergänzen Sie ihn zu einem vollständigen Satz, indem Sie das erste, was Ihnen einfällt, niederschreiben. Arbeiten Sie so schnell Sie können. Wenn Sie einen Satz nicht ergänzen können, machen Sie einen Kreis um die Nummer und versuchen Sie es später nochmals. Wenn nötig, benutzen Sie die Rückseite des Blattes und numerieren Sie jeden Satz genau, der dort ergänzt ist.

Ich trug das Datum vom 6. Januar auf der Seite ein und fing an. Viele Sätze sagten mir wenig, aber ich vollendete sie dennoch gewissenhaft.

SATZ 1: Ich... *singe*... gern.
SATZ 2: Wenn ich glücklich bin, ... *singe*... ich.

Einige Sätze spiegelten meinen momentanen Gemütszustand wider. Zum Beispiel zeigte sich mein Optimismus nach der Therapie, die ich an jenem Tag bei Dr. Leonard begonnen hatte:

SATZ 79: Ich glaube, die besten Jahre sind... *vor mir.*

In ähnlicher Weise drückten andere Sätze meine Absicht und meine Gründe für die Therapie aus und belegten gleichzeitig, worum sich mein Leben in jener Phase drehte.

SATZ 3: Ich möchte wissen, ... *warum ich nicht immer glücklich bin.*

SATZ 14: Am meisten wünsche ich mir... *glücklich zu sein – wirklich glücklich.*

SATZ 45: Ich könnte vollkommen glücklich sein... *wenn ich vollkommen glücklich wäre.*

SATZ 49: Was ich am meisten auf der Welt möchte, ist... *glücklich zu sein.*

Zwei Sätze indessen waren äußerst bedeutungsvoll. Damals schienen sie zwar nicht so wichtig zu sein, doch später, im Licht der kommenden Ereignisse, sollten sie sich als bedeutsam erweisen. Zusammen konnten sie fast als Vorsehung gelten, die mir zwar nicht prophezeite, was mir die Zukunft bringen würde, jedoch, wie ich auf diese Zukunft reagieren und mit ihr umgehen würde.

SATZ 5: Manchmal zwingen mich meine Ängste dazu... *so zu tun, als würde ich mich nicht fürchten.*

SATZ 63: Ich fühle mich schuldig, wenn ich... *keinen Spaß am Sex habe.*

Ich beendete alle achtundsiebzig Sätze an diesem Tag. Ich war zufrieden mit meiner Leistung und legte die Seiten fein säuberlich auf einen Tisch bei der Haustür. Nächste Woche, wenn ich mir die Videoaufnahme von meiner ersten Sitzung anschauen würde, wollte ich die Hausaufgabe mitnehmen. Denn mit der Post würde sie möglicherweise verlorengehen, und wenn ich sie erst zu meiner nächsten Sitzung mitnahm, sah es vielleicht so aus, als hätte ich die Aufgabe erst im letzten Moment erledigt. Mein Termin für die Durchsicht des

Videos schien der beste Zeitpunkt zu sein, Dr. Leonard diese erste von vielen schriftlichen Arbeiten abzuliefern.

Ich las die zwei Seiten mehrmals durch und kontrollierte sie auf Schreibfehler, Leserlichkeit und Grammatik. Ich wollte, daß meine Arbeit perfekt war.

Satz 59 las ich öfter durch als die anderen. Nicht, weil ich darin Mängel fand, sondern weil er mir das Gefühl von Ruhe und Zufriedenheit vermittelte. Er erinnerte mich daran, wie sicher ich mir über den Weg war, den ich ein halbes Jahr zuvor in Chicago eingeschlagen hatte. Er nahm mir jedes Schuldgefühl, daß ich meine Familie an die Ostküste gebracht hatte.

SATZ 59: Die Zukunft sieht für mich... *rosig*... aus.

Ich hatte unrecht.

5. Grundsteinlegung

Bei meiner vierten Sitzung hatte ich meinen Ehemann verlassen. Es war keine konfliktgeladene oder traumatische Trennung. Die Entscheidung war mir von Dr. Leonard weder nahegelegt noch ausgeredet worden. Es war schlicht und einfach richtig.

»Sind Sie in David verliebt?« frage Dr. Leonard in meiner dritten Sitzung.

»Natürlich liebe ich ihn«, erwiderte ich.

»Das war nicht die Frage. Sind Sie in ihn verliebt?«

Diese Frage hatte ich mir nie gestellt. Nie. Doch ich wußte sofort, wie die Antwort lautete.

Nach gängigen Vorstellungen führte ich keine schlechte Ehe. Keine Gewalt, kein Alkoholproblem, keine Dauerarbeitslosigkeit. David tat nichts, was mir einen Anlaß gegeben hätte, ihn zu verlassen, wenn er nicht damit aufhörte.

Wir waren gern zusammen, und es machte uns Spaß, beim Essen oder spätnachts im Bett über Gedanken und Probleme zu diskutieren. Wir hatten zwar nicht viele gemeinsame Interessen, aber die, die wir hatten, brachten uns einander nah. Selten waren wir uns näher, als wenn wir ein Konzert hörten. Rachmaninow und Saint-Saëns gaben uns ein Zusammengehörigkeitsgefühl, das wir sonst füreinander nicht empfinden konnten.

Schlimmstenfalls war unsere Ehe öde. Ohne tiefe und romantische Gefühle lebten wir so dahin, wie es von einem Ehepaar erwartet wurde. Wir stritten uns wegen persönlicher Dinge, und das war das einzig Leidenschaftliche, was es zwischen uns gab. Wir hatten wenig Sex in unserer Ehe, und der, den wir hatten, war mehr als unbefriedigend. Ich fühlte mich danach leer und einsam und flehte in mein Kissen um mehr Erfüllung.

David kümmerte sich um mich, wie es wohl ein Vater täte. Er maßregelte mich zwar schnell, wenn ich mich geirrt hatte, doch er war genauso großzügig mit Lob und Anerkennung, wenn mir etwas gelungen war. Er fand mich nicht hübsch oder sexy, sondern »niedlich« und »süß« und nannte mich oft »Kätzchen«, wenn ihn ein Ausdruck oder eine Geste ganz besonders rührte. Und wenn ich nachts nicht schlafen konnte, erfand er wunderbare Märchen über »Das Kätzchen und den Tiger« (letzterer war er), um mir beim Einschlafen zu helfen.

Er war kein unfreundlicher Mensch, aber seine Gefühlstiefe und sein Einfühlungsvermögen waren äußerst beschränkt. Er galt als derb und grob. Er war nicht absichtlich so; er konnte einfach nicht anders.

David war sehr belesen. Daß er nicht besonders intelligent war, kompensierte er durch sein ausgedehntes Wissen. Es schüchterte mich oft ein, wieviel er wußte, da er mir gegenüber die Rolle eines Lehrer spielte. Doch es befremdete mich, wie schlicht er argumentierte, da ich mich einer anderen Welt zugehörig fühlte und nicht verstehen konnte, wie er überhaupt in seiner überleben konnte.

Mein Mann liebte mich. Er liebte Dinge an mir, die niemand sonst überhaupt je zur Kenntnis genommen hatte. Er fand mich intelligent, sogar sehr. Er mochte meinen Witz und meinen Sinn für Humor und schätzte deshalb meine Gesellschaft. Ihm lag sehr viel an mir, und er zeigte es mir. Mit Worten, mit Gesten und mit Geschenken gab er mir das Gefühl, daß ich geliebt wurde.

Ich machte mir keine Gedanken darüber, was ich für David fühlte oder nicht fühlte außer dem Wunsch, ihn attraktiv zu finden. Er wirkte einfältig und sah nicht gut aus. Seine äußere Erscheinung war eher belustigend als ansprechend. Aber ich wußte irgendwo, daß er alles das verkörperte, was meiner Mutter gefallen würde. Er war gebildet, ehrgeizig, weiß und Jude – nicht notwendigerweise in dieser strengen Reihenfolge. Und so, immer noch auf der Suche nach Anerkennung und immer noch auf der Suche nach jemandem, der mich lieben würde, heiratete ich David.

An dem Tag, an dem ich neunzehn wurde, machte mir David einen Antrag, und ich nahm ihn an. Von diesem Tag im November 1969 an bis zu unserer Heirat im März 1970 hatte ich jeden Tag Magenschmerzen.

»Diese Nervosität ist normal«, versicherte mir meine Mutter. »Jede zukünftige Braut fühlt sich so.« Sie sagte, ihr sei es auch so gegangen.

Ich klammerte mich zäh an die Worte meiner Mutter und wartete darauf, daß mir der Tag nach der Hochzeit Entspannung brächte. Doch als dieser Tag mir nur eine unkontrollierbare Tränenflut brachte, versicherte mir meine Mutter, daß »jede frisch Vermählte am Tag nach ihrer Hochzeit so weint«. Wieder sagte sie, daß es auch ihr so gegangen sei. Doch die Entspannung stellte sich nie ein.

Schließlich fügte ich mich in die Ehe drein, und mein Magen beruhigte sich. Ich ließ das College sausen und arbeitete als Empfangsdame. Mein Mann ging tagsüber arbeiten und holte abends seinen Hochschulabschluß nach. Ich lernte kochen und bereitete pflichtbewußt ausgeklügelte Menüs für meinen neuen Ehemann zu. Ich kam soweit, mein Selbstwertgefühl aus meinem Steak Diana, aus meinem sauberen Küchenboden und meinem makellosen Bad zu beziehen. Ich lernte, eine gute Ehefrau zu sein.

Während meine Magenprobleme besser wurden, lullten mich leichte Depressionen ein. Ich fand mich mit deren Existenz ab und sagte mir, es sei in Ordnung. Ich betrachtete mein Leben als eine Rolle, die ich spielen mußte, und schaute auf meine Mutter als Vorbild, obwohl sie ein Vorbild war, das mein Kopf schon vor langer Zeit verworfen hatte.

Angstzustände unterbrachen die Langeweile in meinem Leben. Wenn ich über die Träume nachsann die ich früher gehabt hatte, war ich aufgewühlt und merkte das an rasendem Herzklopfen und einem quälenden Druck.

Ich erinnerte mich an meinen Traum, Jura zu studieren. Schon seit der Highschool hatte ich Anwältin werden wollen. Vielleicht schon vorher. In meiner Phantasie sah ich mich als Anwältin; ich las Bücher über Anwälte und konnte mir meine Zukunft nur als Anwältin vorstellen. Ein Teil von mir vergaß das nicht.

»Was hat Sie dazu gebracht, diesen Wunsch aufzugeben?« sollte mich Dr. Leonard zu einem späteren Zeitpunkt fragen.

»Ich weiß es wirklich nicht. Ein Punkt war, daß ich dachte, ich sei nicht intelligent genug.«

»Wer hat Ihnen das eingeredet?«

»Das weiß ich nicht.«

»Und glauben Sie das?«

»Eigentlich nicht«, antwortete ich.

»Irgendwo denken Sie es doch«, antwortete er. »Und was ist der andere Punkt?«

»Nur so ein Gefühl in mir, daß aus mir nichts Bedeutendes werden kann.«

»Wer hat Ihnen *das* eingeredet?«

Ich dachte an die Zeit zurück, als ich noch ein kleines Mädchen war. »Mama!« rief ich aufgeregt, während ich in der Küche nach ihr suchte. Ich hatte eine wichtige Entscheidung getroffen, die ich ihr mitteilen wollte. »Mama«, sagte ich, als ich sie entdeckt hatte. »Ich werde etwas Besonderes, wenn ich groß bin. Ich will irgend etwas Tolles machen!«

»Nein, das wirst du nicht!« gab sie barsch zurück. »Wenn du groß bist, wirst du eine bescheuerte Hausfrau werden wie wir alle!«

»Typisch meine Mutter«, sagte ich zu Dr. Leonard. »Typisch.«

»Mehr, als Sie ahnen«, sagte er wissend und teilnahmsvoll.

Erst die akuten Angstzustände und die immer tieferen Depressionen zeigten mir, daß meine Heirat mit David wohl ein Fehler gewesen war. Ich begann mir vorzustellen, wie ich mich fühlen würden, wenn ich von David geschieden wäre und wieder allein leben würde.

Genau zu dieser Zeit fing es wieder an, daß ich mich übergeben mußte. Jeden Morgen beim Aufstehen und manchmal mitten am Tag. Ich konnte nicht verstehen, warum meine Gedanken an eine Scheidung von David dieselben psychosomatischen Reaktionen hervorgerufen hatte wie meine damals bevorstehende Heirat. Vielleicht war ich physisch krank, kam mir schließlich in den Sinn, oder allergisch gegen Zahnpaste, da es morgens – direkt nach dem Zähneputzen – schlimmer als sonst war. Vielleicht war es überhaupt nicht psychosomatisch.

Ich lag flach auf dem Rücken, die Beine auf den Stützen, die Hand des Gynäkologen tief in mir, als er mir sagte, daß ich in der zehnten Woche schwanger sei. Das, so gluckste er in sich hinein, sei der Grund für meine Übelkeit. Zuerst schluchzte ich. Dann verwarf ich jeden weiteren Gedanken an eine Scheidung.

Ich versuchte nicht darüber nachzudenken, wie einsam ich mich in dieser Ehe fühlte, sondern versuchte mich an die Aussicht zu gewöhnen, daß ich den Rest meines Lebens mit David verbringen und bald Mutter werden würde. Und meine Depressionen wurden schlimmer.

So fürsorglich und liebevoll David in dieser Zeit auch war, ich konnte das Gefühl nicht loswerden, daß die Beziehung verhängnisvoll war. So hatte ich mir mein Leben nicht vorgestellt. Und es war vor allem nicht so, wie es meiner Ansicht nach sein sollte. Ich war im neunten Monat, als ich David von meiner Absicht erzählte, nach New York zu ziehen, um eine Therapie zu machen. Ob mit ihm oder ohne ihn, ich mußte dahin gehen, wo ich Hilfe bekäme. Er liebte mich zu sehr, um mich allein gehen zu lassen. Als er sagte, er werde sich an der Ostküste um Arbeit umsehen, rief ich Dr. Blumenthal an.

»Nein«, sagte ich fest, »ich bin nicht verliebt in meinen Mann.« Nach dieser Sitzung ging ich nach Hause und sagte David, daß ich mich scheiden lassen wolle.

Während ich mich daran machte, mich von vergangenen Fehlern zu lösen, verbrachte ich auch eine Menge Zeit damit, neue Beziehungen aufzubauen und alte wieder zu festigen. Fast alle meine Freunde waren nun Patienten von Dr. Leonard, und ein zentrales Thema einte sie: die Therapie bei und die Ehrfurcht vor Lonnie Franklin Leonard. Nicht, daß wir nicht auch andere Wertvorstellungen teilten. Doch, das taten wir. Aber die Wertvorstellung, die nicht unseren Therapeuten zum Inhalt hatten, kreisten normalerweise um die Theorie des Objektivismus. Meine Horizont verengte sich, und meine Welt schrumpfte. Objektivismus, Objektivisten, und Objektivistische Psychotherapie waren bald alles, was ich kannte. Und ohne mir dessen bewußt zu sein, erstickte ich einerseits unter den Regeln und propagierte sie gleichzeitig, was mir die Anerkennung der anderen »Objektivismusschüler« einzubringen schien.

Das Leben als Objektivismusschüler brachte ein ganzes System von Regeln und Vorschriften mit sich. Manchmal wurden sie von den Schülern selbst hergeleitet; dann wieder konnte man sie in den Vorträgen und Veröffentlichungen der Objektivisten finden. *Objektivisten*, im Unterschied zu *Objektivismusschülern* waren diejenigen, die Ayn Rand gewissermaßen zu Diplominhabern in ihrer Philosophie auserkoren hatte; jemand, der »befugt« war, sich für ihr Werk einzusetzen oder es auszulegen. Allan Blumenthal erhielt seine Befugnis von Ayn Rand, und Lonnie Leonard von Allan Blumenthal.

Wo auch immer sie ihren Ursprung hatten, es schien jedenfalls in der Objektivismustheorie für alle Lebenslagen Regeln darüber zu geben, was richtig und was falsch war. Es gab nicht nur eine richtige Politik und einen richtigen Moralkodex, sondern auch eine richtige Art Musik, eine richtige Art Kunst, eine richtige Art Inneneinrichtung, eine richtige Art zu tanzen. Es gab falsche Bücher, die wir nicht kaufen durften, und richtige, die wir kaufen sollten. Falsche Bücher waren von »unmoralischen« Menschen geschrieben, die wir durch unseren Kauf nicht unterstützen wollten. Es gab Stücke, die wir uns nicht anschauen, Platten, die wir nicht hören, und Filme, für die wir unser Geld nicht ausgeben sollten. Es gab richtige Verhaltensweisen für Parties und richtige Leute, die man dazu einlud. Und es gab natürlich richtige Psychotherapeuten. Und in allem, absolut allem, wurde man ständig beurteilt, ebenso wie von einem erwartet wurde, daß man alles um sich herum beurteilte. Und wenn man nicht über alles um einen herum ein Urteil abgab, wurde auch das beurteilt. Es war der ideale Nährboden für Verunsicherungen, Ängste und Neurosen.

Das erste Mal erlebte ich diese ungeahnte Praxis unter Objektivusmusschülern in den Wochen während meiner Einführung in das soziale Umfeld, das sich um diese Philosophie gebildet hatte, lange vor meinem Umzug nach New York. Ich war zu einer Party eingeladen. Eine Party bedeutete für Objektivisten offensichtlich etwas anderes als zu tanzen, Leute kennenzulernen, Musik zu hören oder zu lachen. Diese wie auch noch viele weitere Partys waren Diskussionsabende über Themen wie *Epistemologie, Metaphysik, Ethik* oder *Politik*. In der besagten Nacht ging das Gespräch auf Politik über, und da ich niemand war, der je eine gute Diskussion oder Debatte verließ, spielte ich den Advocatus Diaboli. Eine Woche danach bekam ich von der Gastgeberin einen Brief, in dem sie mein Verhalten »verurteilte« und mir mitteilte, daß diese Rolle »unmoralisch« sei.

Ich war am Boden zerstört. Da hatte ich endlich Menschen mit denselben Vorstellungen gefunden, und ich hatte es verpatzt. Ich hatte mich unmoralisch verhalten. Ich war wieder allein, weil meine neuen Freunde offensichtlich mehr über die Sache mit dieser Philosophie wußten als ich. Und sie wußten, daß ich ein schlechter Mensch war. So schlecht, daß man mich nie wieder zu einer Party einladen würde.

Ich erholte mich von dieser Episode, als ich eine neue Gruppe von Objektivismusschülern kennenlernte. Diesmal war ich umsichtiger, aber anscheinend nicht umsichtig genug. Obwohl ich nicht verdammt wurde, als ich David heiratete, »boykottierten« einige unserer objektivistisch ausgerichteten Freunde unsere Hochzeitsfeier. Die Gründe: Ellen hatte keine berufliche Karriere. Ich wußte nichts von dieser Regel, aber anscheinend kannten die anderen sie, und David und ich wurden entsprechend beurteilt, allerdings ging es nicht so weit, daß wir verdammt wurden.

Zu der Zeit, als ich nach New York zog und mit den Leuten in Kontakt war, die in der Hauptstadt der objektivistischen Lehre gelebt hatten, lernte ich, daß es, wenn überhaupt, nur wenige Dinge gab, die von einem moralischen Urteil ausgenommen waren. Man lief ständig Gefahr, alle seine Freunde zu verlieren. Und wenn man diese Freunde verlor, verlor man das beste, was man auf der Welt hatte. Sie waren vertrauenswürdig und ehrlich. Sie waren ehrgeizig und intelligent. Sie waren schöpferisch und moralisch integer. Sie waren eben Schüler der Objektivistischen Theorie.

Am Anfang unterschied sich Dr. Leonards Patientenumfeld nicht von dem großen Kreis von Objektivisten, die ich schon kannte. Allenfalls waren sie noch extremer, zumindest wenn sie mich für psychisch normal einschätzten. Sie lebten nach all den Regeln und fällten ihre Urteile mit der gleichen Selbstgerechtigkeit. Der Unterschied allerdings war, daß wir einen realen Helden hatten, dem wir nacheifern konnten. Dr. Leonard behauptete, der stabilste Mensch zu sein, den er kenne, und er forderte uns auf, uns an ihm ein Beispiel zu nehmen.

»Haben Sie keine Fehler?« fragte ich schon früh.

»Nun, wenn Sie welche entdecken, sagen Sie es mir. Aber ich glaube nicht, daß Sie welche finden«, antwortete er.

So brachten wir ihm mehr als Respekt und Verehrung entgegen. Wir waren ihm treu ergeben. Bedingungslos.

Zum Beispiel hatten wir gehört, daß Dr. Leonard einen entfernten Bekannten von uns aus der Therapie hinausgeworfen hatte. Wir kannten keine Einzelheiten, nur daß er entlassen worden sei und den Vorfall schamhaft verheimliche. Meine Freunde und ich sprachen kein Urteil aus, aber der Ton, in dem über die Angelegenheit diskutiert wurde, verriet genausoviel wie irgendwelche Worte. Zweifellos hatte unser Bekannter etwas Unmoralisches getan. Welche Sünde er auch immer begangen hatte, sei es, daß er gelogen oder etwas verdrängt hatte, Dr. Leonard hatte in seinem ausgedehnten Gerechtigkeitssystem diesen Mann für unwürdig befunden, seine Behandlung, seine Zeit und seine Berühmtheit in Anspruch zu nehmen. Schließlich gab es eine lange Reihe von Leuten, die sich weiterentwickeln, glücklich sein, vollkommen ausgeglichen werden wollten.

Falls wir ein Unbehagen empfanden, weil wir, wenn auch unausgesprochen, über eine Situation urteilten, von der wir keine Fakten kannten, so wurde es überschattet durch das Gefühl moralischer Überlegenheit, weil wir zu denen gehörten, die würdig waren, unter *seiner* Obhut bleiben zu dürfen.

In den Monaten bald nach meiner ersten Sitzung ging Dr. Leonard dann daran, uns von den Zwängen der objektivistischen Regeln zu befreien.

»Er hat mir gesagt, es sei nichts Schlimmes dabei, sich ein

Baseballspiel anzuschauen oder am Sonntagnachmittag Fußball zu schauen«, erzählte mir ein Patient.

»Er hat mir gesagt, Rock 'n' Roll tanzen sei in Ordnung«, berichtete ein anderer.

»Dr. Leonard sagt, einige dieser Dinge sind fakultativ und haben nichts mit Richtig oder Falsch zu tun«, sagte ein dritter.

Dr. Leonard erlaubte seinen Patienten einige Dinge, die sie gern taten und die ihnen die objektivistische Theorie ausgetrieben hatte. Das machte ihn zu einem »Rebellen« und zu einem noch größeren Helden. Er wußte nicht nur genug, um die Regeln zu durchschauen; er wußte sogar genug, um zu verstehen, wann es in Ordnung war, gegen sie zu verstoßen, ohne dabei unmoralisch zu handeln. Er lehrte uns, daß wir an die objektivistische Theorie gekettet und in ihren Gesetzen gefangen seien, ohne daß es uns bewußt war. Und er sagte uns auch, daß er uns befreien könne, und wir wollten ihm daraufhin überallhin folgen.

Meine eigene Therapie in diesen ersten Monaten war einerseits dadurch gekennzeichnet, daß mein Vertrauen in Dr. Leonard wuchs, ich mich jedoch andererseits ihm gegenüber immer unbehaglicher fühlte. Die Vertrauenssituation entstand ganz natürlich aus dem, was wir Patienten ihm in der Therapie offenbarten, und durch die Unterstützung und das Verständnis, das er uns dafür im Gegenzug gab.

»Aber meine Therapeutin hat mir gesagt, daß das eine Freudsche Phantasie gewesen sei«, erklärte ich ihm, nachdem ich ihm von der Nacht mit meinem Vater im Hausmädchenzimmer erzählt hatte. Ich wartete darauf, was er sagen würde.

»Diese Art psychologischer Mist war ziemlich verbreitet in der Zeit, von der Sie sprechen – wann war das, vor fünf oder zehn Jahren etwa?«

»Ja«, antwortete ich erstaunt. »Die Therapie war vor ungefähr sieben Jahren.« Ich machte eine Pause und fragte dann: »Sie wollen sagen, Sie glauben, daß es wirklich passiert ist? Sie glauben also, es ist real und nicht Phantasie?«

»Oh, ja, es ist real«, antwortete er entschieden. »Es ist real.«

Er glaubte mir. Einfach so. Ich war schon darauf gefaßt

gewesen, meine Wahrnehmungsfähigkeit zu verteidigen, von dem Gespräch zu erzählen, das ich auf Drängen meiner Psychologin mit meinem Vater geführt hatte, und darauf zu beharren, daß ich wußte, wovon ich redete. Doch er glaubte mir. Erst als er mir glaubte, wurde mir bewußt, wie wichtig es für mich gewesen war, daß man mir in diesem Punkt glaubte.

Jedes Unbehagen, das ich empfand, schrieb ich meiner Neurose zu: ein unbewußter Widerstand, meine Probleme auszusprechen, sagte ich mir. In fast allen Situationen, die in mir negative Gefühle gegenüber Dr. Leonard hervorriefen, entschied ich zu seinen Gunsten und gab mir Schuld. Schließlich war er der Arzt und psychisch vollkommen gesund, und ich war die Patientin, für die das nicht galt. Das trug dazu bei, mein Vertrauen in die Richtigkeit meiner Gefühle und den Glauben an mein Urteilsvermögen weiter zu untergraben. Es vergrößerte auch meine Abhängigkeit von meinem Therapeuten, da ich allmählich seine Meinungen und Ratschläge an die Stelle meines eigenen gesunden Menschenverstands setzte.

Immer noch weckte meine Therapie Unsicherheiten und Zweifel. Zum Beispiel pflegte Dr. Leonard nach einer besonders ergiebigen Sitzung, in der ein Konflikt gelöst oder ein Gefühl ausgelotet worden war, die rhetorische Frage zu stellen: »Wo glauben Sie, könnten sie sonst diese Art Hilfe für Ihre Probleme finden?«

Wenn ich merkte, daß ich gleich wütend auf ihn werden würde, fragte er in ähnlicher Weise: »Können Sie woanders hin gehen?« Seine Fragen zeigten mir zweierlei: wie schlecht ich seiner Meinung nach dran war und daß mir niemand außer ihm helfen konnte, das zu ändern. Beides zusammen ergab eine seltsame Mischung aus dankbarem Ausgeliefertsein.

Die Therapie war für uns alle der wichtigste Teil unseres Lebens, und wir waren stolz darauf. Wir waren jung, und die meisten von uns standen am Berufsanfang. Wir verdienten im allgemeinen noch wenig, doch finanzielle Probleme wurden lässig als geringer Preis für das bessere Leben, das uns erwartete, in Kauf genommen. Dr. Leonard wurde mit dem Verzicht auf teurere Lebensmittel oder auf eine bessere Wohnung bezahlt. Wir wohnten in Wohngemeinschaften und die,

die lieber allein wohnten, entschieden sich für das Leben in einer Mietskaserne. Die Mahlzeiten für einen Tag wurden so gestreckt, daß sie für zwei Tage reichten; manchmal fiel das Essen ganz aus. Doch kein Opfer war zu groß. Wir waren uns einig, daß wir das lohnendste Ziel verfolgten.

Dr. Leonards Talente gingen über die Fähigkeit hinaus, in unsere Vergangenheit zu blicken und die Narben zu erkennen, die sie hinterlassen hatte. Er tat mehr, als die Ursache für längst vergangene Verletzungen auszumachen. Er tat mehr, als nur mitzufühlen, zu trösten und sich um uns zu kümmern; mehr, als nachzuforschen, zu befragen und zuzuhören. Er hielt Vorträge.

Ich hatte von diesen Vorträgen schon gehört, bevor ich meine Therapie bei ihm angefangen hatte. Meine Freunde hatten sich bewundernd geäußert über die Erkenntnisse, die Dr. Leonard auf dem Gebiet der Psychologie gewonnen hatte. Er würde, so behaupteten sie weiter, mit seinen Beiträgen den ganzen Berufszweig revolutionieren. Wie glücklich fühlten wir uns, ein Teil dieses Neulands zu sein.

Die Vorträge waren, soweit wir das durch einen Vergleich unserer Aufzeichnungen ausmachen konnten, ziemlich standardisiert. Die Anwendung der Vorträge auf die persönliche Situation jedes einzelnen kam zwar stets, doch sie waren unverbindlich und hatten keinen Bezug zu dem Patienten, der sie hörte.

Diese Stunden liefen ganz anders ab. Statt sich Notizen zu machen, benützte Dr. Leonard seinen Stift, um seine zentralen Aussagen zu illustrieren und graphisch darzustellen. Aus dem sanften, aktiven Zuhörer wurde ein selbstgefälliger, autoritärer Redner. Und er war viel ungeduldiger, wenn ein Patient einen Gedanken nicht nachvollziehen konnte, als wenn seine Erinnerung blockiert war.

Oft dauerten die Vorträge die ganze Sitzung, oder sogar noch länger. Es war notwendig, wenn nicht gar Voraussetzung, daß der Patient sich Notizen machte, während er das Video von dieser Sitzung anschaute. Manchmal mußte man die Aufnahme zwei oder dreimal anschauen, um die Stunde ganz zu verstehen. Er hielt einen Vortrag über Feindseligkeit,

Werte, Karriere und darüber, wie wir die neuen Gedanken, die er uns lehrte, an die Stelle der alten einbauen sollten, von denen wir uns zu lösen versuchten. Doch der bedeutsamste Vortrag war für mich der über »Romantische Liebe«.

»Jeder stellt einen bestimmten Prozentsatz von jemandes Wunschpartner dar«, begann er. »Jeder beliebige Mann zum Beispiel, dem Sie auf der Straße begegnen, Ellen, hat vielleicht fünf Prozent oder hundert Prozent von dem, was Sie suchen.«

»Was macht Sie so sicher, daß einer überhaupt fünf Prozent ausmachen könnte?« unterbrach ich ihn.

Er war sichtlich verärgert. »Er hat immerhin einen Schwanz, oder nicht? Das muß schon ein paar Prozent wert sein!«

Durch Antworten wie diese lernte ich bald zu erkennen, wann Zwischenfragen unangebracht waren – und das waren sie meistens.

Mit einem schärferen Ton in der Stimme setzte er die Unterrichtsstunde fort. Er formulierte seine erste Aussage neu und machte weiter.

»Wenn jemand mit jemandem verheiratet ist oder mit jemandem geht, der weniger als die hundert Prozent des gewünschten Idealpartners darstellt, muß man zunächst feststellen, welcher Prozentsatz tatsächlich erfüllt wird – oder umgekehrt, welcher Prozentsatz fehlt. Nehmen wir einmal an«, sagte er zu mir, »daß eine Frau ihren Mann bei fünfundachtzig Prozent ansiedelt. Dann fehlen ihr fünfzehn Prozent.«

»Sie sollte diese fünfzehn Prozent suchen«, fuhr er fort. »Wenn sie das nicht tut, bedeutet das, daß sie sich mit weniger zufrieden gibt, als sie völlig glücklich machen würde.«

Dr. Leonard erklärte, sie könne mit ihrem momentanen Partner zusammenbleiben und weiter nach den fehlenden fünfzehn Prozent suchen, aber die bessere Lösung sei, ihren Ehemann zu verlassen. Denn eine solche Situation, behauptete er weiter, mache es ihr schwer, genug Energie für ihre Suche aufzubringen.

Man konnte leicht feststellen, wann Patienten, die eine

Beziehung hatten, bei dieser Lektion angelangt waren. Plötzlich schätzten sie sich gegenseitig in Prozentanteilen ein und bildeten eine Art offene Beziehung, um sich auf die Suche nach den fehlenden Prozentanteilen machen zu können, oder sie lösten ihre Beziehung ganz, um den perfekten Partner schneller zu finden.

»Männer sind von Natur aus polygam«, behauptete er. »Bei den Frauen bin ich mir nicht so sicher.«

»Wie können Sie bei den Männern so sicher sein?« fragte ich ihn.

»Indem ich mir meine eigene Verfassung anschaue«, antwortete er. »Da ich der einzige vollkommen ausgeglichene Mann bin, den ich kenne, ist es legitim, daß ich aus mir selbst das Anschauungsmaterial für Forschungszwecke beziehe. Ich bin gesund, und ich bin polygam, deshalb liegt Polygamie höchstwahrscheinlich in der Natur des Mannes.«

Das führte ihn zu einer Diskussion über die Ereignisfolge in einer normalen Liebesbeziehung.

»Wie die Reihenfolge in einer normalen Liebesbeziehung aussieht, darüber habe ich absolut keinen Zweifel«, sagte er. »Der Mann spielt die wichtigste Rolle in einer Liebesbeziehung. Ein Mann kann in eine Frau eindringen, ob sie dazu bereit ist oder nicht, ob sie will oder nicht. Sie muß nicht einmal erregt sein. Also ist er physiologisch der *Initiator*. Die sexuellen Gefühle einer Frau entstehen als Reaktion auf den Mann«, erklärte er. »Also wird der Mann in einer weiteren Hinsicht initiativ. Sie ist nicht nur hinsichtlich ihrer sexuellen Befriedigung von ihm abhängig, sondern in jedem sexuellen Gefühl überhaupt.«

Das alles führte ihn zu dem Schluß, daß es eine romantische Verbindung geben konnte, wenn eine Frau einen Mann liebte, das heißt, wenn sie auf ihn ansprach und ihn bewunderte und der Mann sich von ihr einfach lieben ließ. Sein Genuß käme daher, daß sie ihm ihre Liebe zeigte; ihrer käme daher, daß er ihre Liebe zuließ. Gegenseitige Liebe wäre nicht notwendig. Eine ganze Zeitlang nicht.

Zu dieser Zeit brachten mich meine Selbstzweifel dazu, jede Information über mich, die seinen Worten widersprach, als neurotisch abzutun, und meine sexuelle Unbedarftheit und Unerfahrenheit brachten mich dazu, die Ausgewogenheit der »Fakten« und Schlußfolgerungen meines Therapeuten zu akzeptieren. Viele Jahre später allerdings sollte ich durch Gespräche mit einer Freundin, die meine eigene Sexualität für normal erklärte, und durch eine Liebesbeziehung allmählich mehr über die menschliche Sexualität erfahren. Erst da konnte ich erkennen, wie wenig dieser Arzt über die weibliche Sexualität wußte, und mich über die Märchen empören, die er erzählte.

Er schloß mit einer Bemerkung, die wie eine selbstverständliche Wahrheit wirkte.

»Je besser, gesünder und schöpferischer der Mann ist, desto stärker spricht eine richtige Frau auf ihn an, stärker als auf einen Mann mit weniger positiven Eigenschaften. Eine Frau, die auf einen solchen Mann nicht anspricht, wenn sie ihm begegnet, hat ein Problem.«

Erst im Nachhinein stellte sich heraus, daß er mit dieser Bemerkung sagen wollte, ich müßte *eigentlich* auf ihn ansprechen.

Dadurch daß ich ihm meine Vergangenheit offenlegte und Hilfe und Verständnis bei ihm fand, wuchs mein Vertrauen in Dr. Leonard. Den Vorrang, den ich seinen Urteilen gab, das Gefühl dankbaren Ausgeliefertseins, das ich wegen seiner Bemerkungen am Ende einer Sitzung empfand, und mein unerschütterlicher Wunsch, glücklich zu sein und vollkommen gesund, machte aus Vertrauen Abhängigkeit.

Dieses Vertrauen und diese Abhängigkeit, die sich zwischen dem 6. Januar 1972 und dem 5. April desselben Jahres entwickelten, legten den emotionalen Grundstock für das, was dann kommen sollte. Die Stunde über Romantische Liebe lieferte den intellektuellen Hintergrund dazu.

6. Der erste Zusammenstoß

5. April 1972

Ich kam kurz vor acht Uhr abends, um meine Videoaufnahme anzuschauen. Die Küchentür war geschlossen, das hieß, daß der Patient, der um sieben seinen Termin hatte, noch drin war. Als ich zum Sofa ging, um mich hinzusetzen, erblickte ich einen weiteren Patienten, der ebenfalls wartete. Ich wußte, daß die Sieben-Uhr-Sitzung Dr. Leonards letzter Termin war; sie mußte bald zu Ende sein. Wenn dieser Patient nicht seine Therapiestunde während der Abendessenszeit des Doktors hatte, dann waren wir zu zweit herbestellt, um unsere Aufnahmen gleichzeitig anzuschauen. Oder noch schlimmer, dachte ich, ich war vielleicht am falschen Tag oder zur falschen Zeit gekommen.

Videostunden, die auf acht Uhr anberaumt waren, hielten Dr. Leonard nicht vom Abendessen ab. Er nahm fast alle Abendmahlzeiten im Restaurant ein. Oft blieb ich zwischen acht und neun allein in seiner Wohnung und schaute mir meine Aufnahme an, während er zum Essen ging. Die Küche schien viel öfter für die »Klapsmühlenstunden« benutzt zu werden, wie wir sie nannten, als zum Kochen.

Kurz nach acht ging die Küchentür auf, und der Patient, der den Vorführraum besetzt hatte, verließ die Praxis. Als der andere Patient und ich aufstanden, kam Dr. Leonard aus seiner letzten Therapiestunde.

»Ich glaube, da hat jemand einen Fehler gemacht«, sagte ich zu ihm. Und beteuerte dann, daß es nicht meiner war.

»Nein«, antwortete er freundlich lächelnd. »Sie«, sagte er zu dem anderen Patienten gewandt, »gehen in die Küche. »Und Sie«, sagte er, indem er zur mir schaute, »folgen mir.«

Er führte mich in sein Sprechzimmer, wo das Gerät, auf dem immer meine Stunden aufgezeichnet wurden, mir diesmal meine Sitzung abspielen sollte. Das war mir angenehm. Der Patientenstuhl in seinem Büro war viel bequemer als der

Barhocker in der Küche. Und die Umgebung war anheimelnder und sicherer; das war der Ort, wo meine Therapie mit Dr. Leonard stattfand.

Es hatte außerdem etwas Kindlich-Abenteuerliches, nach der Arbeit, wenn es dunkel geworden war, in Dr. Leonards Wohnung zu sein. Es war ein ganz ähnliches Gefühl wie bei den seltenen Gelegenheiten, wenn meine Eltern mir erlaubt hatten, länger als sonst aufzubleiben, so daß ich mich noch ein paar Minuten unter ihren Gästen aufhalten konnte. So unwichtig eine Einladung für sie auch war, ich fühlte mich als etwas Besonderes. In diesen fünf Minuten konnte ich so tun, als sei ich ihnen ebenbürtig.

Dr. Leonard vertraute mir, wenn er mich allein in seinem Büro ließ. Er vertraute mir, wenn er mich allein mit seinem Aktenschrank, seinen Mappen mit Notizen und seinen Unterlagen ließ. Mich hatte er aufgefordert, die Behaglichkeit seines Büros zu genießen, nicht den anderen Patienten. War ich also nicht etwas Besonderes? Konnte man das nicht als ein Zeichen ansehen, daß wir uns auf einen gleichberechtigen Status zubewegten?

Da ich mit der Funktionsweise des Videogeräts nicht vertraut war, ließ ich mir von Dr. Leonard das Band starten. Bevor er zum Essen ging, erklärte er mir, wie ich das Band zurückspulen sollte, wenn ich fertig war. Das Band lief, doch ich bekam nur wenig mit von den ersten fünfzehn Minuten. Ich war gedanklich beschäftigt mit den Gefühlen, die ich hatte, nur weil ich hier war, und damit, daß ich tatsächlich hier sein durfte. Ich war verwundert darüber, wie stark ich seine Persönlichkeit in diesem Büro spürte, obwohl er nicht da war. Ich fühlte mich ebenso sicher, wie wenn er mir gegenüber hinter dem Schreibtisch saß und mir Verständnis und Orientierungshilfe bot. Ich hatte dasselbe tröstliche Gefühl, wie wenn er mich beruhigte und meine Tränen trocknete. Ich empfand dieselbe Ehrfurcht vor seiner Klugheit, wenn ich seine Bücher anschaute, wie wenn er mir einen Rat gab. Die Assoziationen, die dieser Raum barg, übten eine große Macht aus. Doch ich wich nicht zurück vor dieser Macht, sondern ergab mich ihr und geriet in ihren Bann. Ich entspannte mich in meinem Stuhl in der Gewißheit, daß mir hier nichts geschehen konnte.

Erst nachdem ich meine Aufmerksamkeit wieder auf das Band gerichtet hatte, das immer noch lief, merkte ich plötzlich, daß das Zufriedenheitsgefühl, das ich empfunden hatte, allmählich schwand. Angst verdrängte plötzlich das Gefühl der Behaglichkeit. Ich hatte den dringenden Wunsch, nach Hause zu laufen, nicht zum Bus oder zum Bahnhof, sondern den ganzen Weg heim bis nach Yonkers. Ich wußte, daß ich dazu weniger Zeit gebraucht hätte, als wenn ich auf den Zug gewartet hätte. Dann begann ich zu hyperventilieren. Ich versuchte, den Rest der Aufnahme anzuschauen, doch ich war unfähig, mich auf den Bildschirm zu konzentrieren.

Als das Gerät mit der Wiedergabe meiner Aufnahme fertig war, war mein Zustand noch schlimmer geworden. Ich raffte mein Notizbuch, meinen Stift und meinen Geldbeutel zusammen und stürzte zur Bürotür, ohne mein Band zurückzuspulen, wie wir das eigentlich tun sollten.

Meine Füße und meine Finger waren taub geworden vom heftigen Atmen. Ich war benommen, und meine Panik wuchs. Als ich die Tür öffnete und Dr. Leonard nackt im Vorraum direkt vor seinem Büro stehen sah, blieb ich daher nicht stehen. Weder beachtete ich ihn, noch reagierte ich überrascht oder erschrocken. Ich hatte nur ein Ziel im Sinn und rannte weiter zur Wohnungstür.

»Halt!« sagte er befehlend und bittend zugleich. »Sie sind nicht in der Verfassung, nach Hause zu gehen.« Er rührte sich nicht vom Fleck.

Ohne ihn zu beachten, packte ich meinen Mantel, der in der Eingangshalle an einem Haken hing, und ging hinaus. Ein Schließmechanismus ließ die Tür hinter mir zufallen, während ich zum Aufzug ging.

Immer noch nackt, bis auf ein Handtuch, das er sich über die Schulter geworfen hatte, folgte er mir auf den Gang. Dann standen wir vor dem Aufzug, ich hyperventilierend und er nackt. Er legte seinen linken Arm um mich, faßte mich mit seinem rechten Arm am Ellbogen und führte mich in seine Wohnung zurück.

»Ich will, daß Sie sich hinlegen«, sagte er fest und doch sanft. Er geleitete mich zum Ende der Diele, an seinem Büro, am Badezimmer gegenüber von seinem Büro vorbei in sein Schlafzimmer. Er führte mich zum Bett, wo er mich zuerst hinsetzte, dann hob er meine Beine vom Boden und legte mich hin. Immer noch nackt saß er neben mir.

»Atmen Sie langsam«, wies er mich an. Er sagte mir, ich solle mich darauf konzentrieren, in langen und tiefen Zügen zu atmen und dabei zu zählen. »Wenn Sie Ihren Atem nicht unter Kontrolle bekommen, muß ich ihnen eine Tüte zum Hineinatmen holen«, sagte er warnend.

Allmählich wurde mein Atem ruhiger.

»Ich wollte gerade duschen gehen, als Sie aus meinem Büro gekommen sind. Ich lasse Sie ein paar Minuten allein und mache zu Ende, was ich vor ein paar Minuten tun wollte. In Ordnung?«

Als er knapp zehn Minuten später zurückkam, hielt er einen Drink in der einen und sein Handtuch in der anderen Hand.

»Hätten Sie gerne etwas von meinem Drink?« fragte er.

»Nein. Nein, danke«, erwiderte ich.

Dann ging er hinaus, um sein Handtuch loszuwerden.

Als er wiederkam, wies er mich an, meine Bluse auszuziehen, während er ein Stethoskop hervorholte.

»Ich kann mich nicht vor Ihnen ausziehen«, erwiderte ich schüchtern.

»Zunächst einmal«, sagte er streng, »bin ich Arzt. Ich habe schon Untersuchungen gemacht, lange bevor ich als Psychiater gearbeitet habe. Zum zweiten: Vertrauen Sie mir nicht?«

Langsam zog ich meine Bluse aus, und er kontrollierte meine Körperfunktionen.

»Wer paßt auf Ihr Baby auf?« fragte er.

»David bleibt bei ihm, solange ich hier bin.«

»Sie können heute nacht nicht heimgehen. Ich rufe ihn an und richte ihm aus, daß Sie heute hier bleiben. Es ist die Telefonnummer in Ihrer Akte, stimmts?«

»Es geht mir wieder gut«, sagte ich beharrlich. »Ich bin sicher, ich schaffe es nach Hause.«

Doch er hörte mir nicht zu; er ging aus dem Schlafzimmer, um von seinem Büro aus David anzurufen.

Als Dr. Leonard wieder zu mir kam, hatte er ein nachgefülltes Glas dabei, aus dem er mir wieder zu Trinken anbot. Das Angebot beunruhigte mich, da er so etwas vorher noch nie getan hatte. Es schuf eine Vertrautheit zwischen uns, die ich nicht kannte. Eine Vertrautheit, die es nicht einmal während der halben Stunde gab, als er nackt war.

»Nein. Danke, nein«, antwortete ich, während ich über die Angelegenheit nachdachte.

Er bemühte sich nicht, seinen nackten Körper zu verhüllen oder zu erklären, warum er nackt war. Er war nicht verlegen. Nicht einmal beunruhigt. Er benahm sich nicht anders, als wenn er vollständig angezogen gewesen wäre. Und wenn ich an seinen nackten Ausflug nach draußen auf den Flur dachte, fragte ich mich, ob er überhaupt wußte, daß er nackt war.

Aber das mit dem Drink war etwas anderes. Den Drink konnte man nicht als ein zufälliges zeitliches Zusammentreffen erklären; das war absichtlich herbeigeführt. Er verhielt sich anders mit dem Drink in der Hand, während er sich ohne Kleider nicht anders verhielt. Hier waren nicht ein Arzt und eine Patientin, die zufällig in einem ungünstigen Augenblick zusammengetroffen waren. Es ging überhaupt nicht um einen Arzt und eine Patientin. Ärzte bieten ihren Patienten keinen Drink im Bett an.

»Nein«, wiederholte ich. »Nein, ich glaube wirklich, daß ich heimgehen sollte.« Man merkte mein Unbehagen, und es war mir peinlich, daß man es merkte.

»Okay. Ich dachte bloß, es könnte Ihnen helfen, sich zu entspannen«, erklärte er.

Entspannen? War das Angebot ein medizinischer Ratschlag gewesen? Hatte der Drink einen streng medizinischen Zweck? Natürlich! Wie konnte ich nur denken, daß es irgend etwas anderes war! Ich schämte mich, daß ich so die Nerven verloren hatte.

Statt des Drinks gab er mir eine Beruhigungstablette. Während ich ruhig dalag, flitzte Dr. Leonard hinaus und herein. Er bewegte sich zwischen seinem Büro und dem Zimmer, wo ich mich entspannte, hin und her und fragte regelmäßig, wie es mir ging.

Er blieb nackt. Seine unglaubliche Lässigkeit gab mir zu verstehen, daß psychisch gesunden Menschen Nacktheit nicht peinlich war. Nur Neurotikern wie mir, vermutete ich. Ich darf es nicht zeigen, sagte ich zu mir. Dann gab ich mir den langfristigen Auftrag, diesen Teil meiner Psyche in Ordnung zu bringen.

Als er wieder einmal kurz ins Schlafzimmer kam, bemerkte er, daß es ihm nichts ausmache, sich um mich zu kümmern, daß er sich jedoch bei aller Großzügigkeit nicht in seinen Gewohnheiten stören lasse. Er werde seinen Lebensstil nicht ändern; ich würde mich einfügen müssen.

Ich nahm an, das sollte sich auf die Tatsache beziehen, daß er keine Kleider trug. Ich hörte ihm mit derselben bedingungslosen Hinnahme zu, mit der ich fast alles tat, was er mir sagte.

Um elf Uhr schaltete er den Fernseher ein, um die Nachrichten anzuschauen. Ich lag immer noch genauso da, wie er mich eineinhalb Stunden zuvor hingelegt hatte. Er saß am Fußende des Bettes und quatschte während der Sendung, indem er die Berichterstattung der Tagesereignisse und die vorhandene oder auch fehlende Qualität des Jouralismus auf diesem speziellen Kanal kommentierte. Dann meldete er Zweifel an mit offenkundiger Verachtung in der Stimme, ob eine der Reporterinnen etwas im Fernsehen zu suchen habe.

»Sie ist zu häßlich für ein visuelles Medium«, verkündete er. »Es gibt nur eine Möglichkeit für eine solche Frau, es im Fernsehen zu etwas zu bringen.« Er machte eine Pause und fügte dann hinzu: »Aber wenn man genauer darüber nachdenkt, wer würde sie *so* wollen?«

Ich konnte auf das, was ich da hörte, nicht reagieren, denn ich durchlebte dabei alle grausamen Momente meiner Kindheit, wo ich als zu häßlich, zu fett oder zu groß verspottet worden war. Dieser Schmerz blockierte nicht nur jede Antwort, die ich vielleicht zu äußern im Sinn hatte, sondern mußte außerdem mein Urteilsvermögen erschüttern. Ich konnte nicht sicher sein, daß meine Reaktion rational war, daher konnte ich auch nicht sicher sein, daß sie richtig war. So sagte ich nichts.

Nach den Nachrichten brachte er mir eine zweite Beruhigungstablette und ein Glas Wasser. Nachdem er das Glas ins Bad zurückgestellt hatte, kroch er ins Bett und verkündete, daß es Zeit sei zu schlafen.

Im selben Bett schlafen? Wir sollten zusammen im selben Bett schlafen? Ich wußte nicht, ob ich Angst haben oder mich als etwas Besonderes fühlen sollte. Ich rutschte an den äußersten Rand des Bettes, legte meine Arme gerade an meinen Körper an, schloß meine Augen und wünschte Gute Nacht.

»Wollen Sie so schlafen?« fragte er.

»Wie denn?«

»Mit allen Kleidern?« antwortete er.

Jetzt wußte ich Bescheid. Ich hatte Angst.

»Mir ist ganz bequem. Wirklich.«

»Ziehen Sie sie aus«, befahl er sanft.

»Nein, es geht schon. Wirklich.«

»Vertrauen Sie mir nicht, Ellen?«

»Doch, natürlich«, antwortete ich abwehrend. »Das ist es nicht.«

»Genießen Sie denn das Gefühl der Nähe in unseren Therapiestunden nicht?« fragte er.

»Doch, natürlich. Aber wo ist der Zusammenhang?«

»Wenn Sie die Nähe während unserer Sitzungen genießen, sollten Sie versuchen, diese Nähe hier zu empfinden. Jetzt.«

Panik begann mich zu übermannen, und es kostete große Anstrengung, sie zu verbergen.

»Ich finde es wirklich ganz bequem so«, versicherte ich ihm. »Ich schlafe immer so.« Ich log.

»Wenn Sie mir wirklich vertrauen, dann möchte ich, daß Sie es mir zeigen.«

»Könnte ich es nicht nur bis zum Slip zeigen?« Ich kicherte nervös, um anzudeuten, daß ich es nur halb ernst meinte.

»Schämen Sie sich für Ihren Körper?« fragte er.

»Nein.«

»Dann vertrauen Sie mir also nicht.«

»Nein. Ich meine, nein, das ist es nicht.«

»Wollen Sie mir nicht nah sein?«

»Das hat damit nichts zu tun. Warum kann ich mich Ihnen nicht in meinen Kleidern nah fühlen?« fragte ich ihn.

Er gab keine Antwort. Statt dessen stellte er ein Ultimatum.

Es war nicht das Ultimatum selbst, das mir zeigte, daß ich in dieser Angelegenheit keine Wahl hatte, sondern der ungeduldige, mißbilligende und unheilschwangere Tonfall, in dem es gestellt wurde.

»Wenn Sie Ihre Kleider nicht ausziehen, können Sie nicht in diesem Bett schlafen.« Dann fügte er hinzu: »Und um diese Zeit können Sie nirgends sonst mehr hingehen.«

Die Sache war offensichtlich wichtig. Ich konnte bloß nicht sagen, ob es für ihn wichtig war oder ob er als mein Therapeut dachte, daß es für mich wichtig sein sollte. Ich fühlte mich selbst kurz davor, verurteilt zu werden.

»Bemühen Sie sich«, wies er mich an. »Kämpfen Sie sich einfach durch diese Ängste durch.«

Er beobachtete mich nicht, während ich mich auszog. Und er schaute mich nicht an, als ich fertig war. Ich deckte mich mit dem Laken zu, da keine Decke da war.

»So ist es besser«, schien er zu seinem Kissen zu sagen. Dann sagte er zu mir: »Wenn Sie um eins noch nicht schlafen, wecken Sie mich.«

»In Ordnung«, sagte ich. »Gute Nacht.«

»Gute Nacht«, murmelte er, als ob er bereits einschlafen würde.

Ich lag nackt und erstarrt im Bett meines Therapeuten und versuchte, mich mit angenehmen Gedanken zu entspannen:

Das ist doch wirklich ganz schön, nicht wahr. Ich liege hier nackt mit dem Menschen, der mich besser als irgend jemand sonst auf der Welt kennt. Das ist freizügig und vertrauensvoll und nah. Das ist gut.

Und was für ein Kompliment das ist. Er sorgt sich so um mich, daß er mich über Nacht bei sich aufnimmt, mir Ratschläge gibt, mir einen Drink anbietet, mir Beruhigungstabletten gibt und sein Bett mit mir teilt.

Ich sollte mich schämen, daß ich mich gegen ihn gesträubt

hatte, daß ich so panische Angst hatte und daß ich ihm in seiner Freizeit so viel Arbeit machte.

Nachdem diese Worte immer wieder in meinem Kopf gekreist waren, dachte ich mir, daß ich mich schämen sollte, immer noch soviel Angst zu haben.

Ich konnte mich nicht entspannen, und ich konnte nicht schlafen. Ich schwankte zwischen Unsicherheit über die Situation und zwanghafter Ruhe. Als es mir gegen ein Uhr immer noch unmöglich schien zu schlafen, prüfte ich, daß das Leintuch mich völlig bedeckte, und weckte meinen Arzt.

»Es ist ein Uhr«, flüsterte ich. »Und ich schlafe immer noch nicht.«

Schnell stand er vom Bett auf und ging zu seiner Kommodenschublade. Dann ging er zum Waschbecken im Bad, wo ein Glas mit Wasser füllte. Er kam mit zwei Beruhigungstabletten und dem Glas zurück.

»Aber das sind vier Beruhigungstabletten in nicht mal vier Stunden«, erinnerte ich ihn.

»Das ist in Ordnung«, versicherte er mir.

Ich nahm die Tabletten, und er legte sich wieder ins Bett. Wie die Minuten vergingen, wußte ich, daß ich jetzt einschlafen würde. Ich wurde schläfrig und empfand allmählich ein Gefühl der Sicherheit und nicht mehr Angst in der Stille, die wieder im Schlafzimmer einkehrte. Ich konnte Dr. Leonards Atem hören; er war tief und gleichmäßig. Sein Körper bewegte sich nicht bis aus das Heben und Senken seines Rückens, wenn er ein- und ausatmete. Von der Straße drangen die Verkehrsgeräusche herauf wie eine weit entfernte, gedämpfte Sinfonie und brachte Trost in die Erinnerung an eine Realität, die über die Mauern der Therapie und meiner Ängste hinausreichte. Ich fühlte mich schwach. Ich fühlte mich friedlich.

Ich konnte nich länger als ein paar Minuten geschlafen haben, als ich durch eine Bewegung im Bett aufwachte. Ich öffnete meine Augen und sah, wie Dr. Leonard, auf Hände und Knie gestützt, mich anstarrte.

Bevor ich ein Wort sagen konnte, sprang er auf mich und legte seine Arme eng um mich.

»Kämpf mit mir«, befahl er mir flüsternd.

»Was? Was?« stammelte ich. »Was tun Sie da?«

»Kämpf mit mir!« befahl er lauter als beim ersten Mal.

Er preßte sich jetzt fester an mich und schlang seine Arme um meinen Rücken.

»Ich will nicht mit Ihnen kämpfen, Dr. Leonard.«

Er löste sich gerade lange genug von mir, um das Laken zurückzureißen, und nahm sofort wieder seine Position zwischen meinen Beinen ein. Er drückte meine Schultern aufs Bett und höhnte: »Kannst du nicht ringen?«

»Nein. Das kann ich nicht«, weinte ich.

»Hat dir niemand beigebracht, hä? Macht nichts, du kannst es. Wehr dich einfach. Kämpf einfach.«

Ich verstand es nicht. Ich verstand nicht, was er da tat oder was er von mir wollte. War das irgendein psychologischer Test? War das ein Beispiel dafür, wie natürlich Männer ihre Gefühle ausdrückten? Warum tat er mir das an?

Mit scharfer Stimme wiederholte er seinen geflüsterten Befehl. »Kämpf mit mir, verdammt noch mal! Kannst du dich denn überhaupt nicht wehren?«

Damit schob er sich auf mich und preßte seine Erektion gegen meine Vagina, drang jedoch nicht in mich ein. »UND JETZT WEHR DICH!« schrie er »Versuch loszukommen!«

Ich begann mich zu wehren, nicht aus Gehorsam, sondern aus Entsetzen. Je erbitterter ich kämpfte, um mich zu befreien, desto härter schloß er seinen Griff um mich.

»Weiter«, drängte er. »Genau. Wehr dich!«

Ich wehrte mich heftiger. Sein Penis drang noch immer nicht in mich ein, und er entfernte ihn auch nicht aus seiner bedrohlichen Position. Er schien diese Entfaltung verhaltener Macht offensichtlich zu genießen.

»Bitte lassen Sie mich los«, bettelte ich.

Er löste seinen Griff von mir und wälzte sich von mir herunter. Zurückgelehnt und auf seine Ellbogen gestützt, schaute er mich an und lächelte. Da wußte ich, daß es noch nicht vorbei war.

Er nahm mich bei der Taille und rollte mich auf sich, so daß ich mit dem Rücken auf seiner Brust lag. Dann umfaßte er mit den Händen meine Brüste und flüsterte wieder: »Kämpf mit mir, Ellen, kämpf.«

Vielleicht, so dachte ich, denkt er, daß ich das irgendwie genieße. »Ich will nicht mit Ihnen kämpfen, Dr. Leonard«, sagte ich zu ihm. »Mir macht das wirklich keinen Spaß.« Ich versuchte es ruhig zu sagen und ohne mir die Panik, in der ich mich tatsächlich befand, anmerken zu lassen.

Er streichelte meine Brüste heftiger, bis ich ihm sagte, wie weh er mir tat.

»Dann kämpf und mach dich los«, wies er mich an.

Ich hörte auf, mich zu wehren, hörte auf zu betteln. Ich hörte auf zu weinen. Mein Körper erschlaffte auf seinem, meine Arme fielen zur Seite, und mein Kopf rollte auf eine Seite. »Ich kann nicht«, flüsterte ich in verwirrter Ergebenheit. »Ich kann Sie nicht aufhalten.«

Damit rollte er mich auf den Rücken und nahm seine Stellung über mir wieder ein, mit der die Episode begonnen hatte. »Ich wollte, daß du mit mir kämpfst«, sagte er ärgerlich. »Ich dachte, du würdest verstehen, was ich wollte, aber du hast es nicht verstanden. Ich dachte, du wüßtest, was du machen solltest, aber du wußtest es nicht.«

Hier wurde ein Urteil gefällt. Ich war hinter den Erwartungen zurückgeblieben die er in mich gesetzt hatte, und ich verstand nicht, wo oder warum. Ich wußte nur, daß ich als psychisch unvollkommener und weit unter dem Niveau eingeschätzt wurde, als er mich vorher angesiedelt hatte. Ich war nicht in der Lage gewesen, ihn zu verstehen, und das war ganz klar ein Symptom für einen Defekt in meiner Psyche.

»Ich verstehe überhaupt nichts, Dr. Leonard. Was habe ich falsch gemacht?«

Meine Frage und meine Gefühle erinnerten mich schmerzhaft an meine Vergangenheit. Ich hatte nie erwartet, solche Erfahrungen mit meinem Objektivistischen Therapeuten nochmals durchmachen zu müssen. Daß das doch der Fall war, gab mir das Gefühl, daß die Welt aus den Angeln geriet.

»Du wirst es beizeiten verstehen«, sagte er ohne irgendeinen tröstlichen Beiklang. »Du wirst es verstehen, wenn du

gesund bist.« Seine Antwort war schroff, und seine Gereizt-
heit legte mir nahe, an diesem Punkt nicht weiter zu bohren.

Er rollte sich auf die Seite und drehte mir den Rücken zu.
Ich fing hemmungslos zu schluchzen an. Wieder einmal fühlte ich mich verwirrt und schuldbeladen für unbekannte Vergehen in einer Welt, ich ich als übersichtlich, verständlich und
entgegenkommend hätte erfahren sollen.

Ich kroch aus dem Bett und in den entferntesten Winkel
des Zimmers, wo ich nackt auf dem Boden sitzen blieb und
so leise weinte, wie ich konnte, aus Angst, seinen Schlaf zu
stören.

Mama hatte vielleicht doch recht, schloß ich in der Dunkelheit von Dr. Leonards Schlafzimmer. Es war tatsächlich
etwas nicht in Ordnung mit mir, etwas, das mich daran hinderte, die gesunden Menschen um mich herum zu verstehen.
Meine Verwirrung war tatsächlich eine Folge meiner eigenen
defekten Psyche. Wie hätte ich mir sonst diese Gefühle erklären können, die ich für überwunden hielt, als ich von meiner
Mutter wegging? Wie sonst, außer allen um mich herum die
Schuld zu geben: meiner Mutter, meinem Vater und jetzt Dr.
Leonard? Das war unmöglich, urteilte ich. Schließlich war er
ein objektivistischer Psychotherapeut. Er war ein rationaler,
vernünftiger und geistig vollkommen gesunder Mensch. Meine Einschätzung seiner Person fiel ganz anders aus als die
meiner Mutter.

Nein, dachte ich, wenn ich nicht fähig bin, sein Verhalten
heute Nacht nachzuvollziehen, dann liegt das Problem sicher
bei mir.

Mit dem Sonnenaufgang kam es mir draußen weniger gefährlich vor als in Dr. Leonards Wohnung. Ich zog mich an
und ging zum Hauptbahnhof, sicher, daß ich ihn nicht gestört
hatte, seit ich sein Bett verlassen hatte.

Als ich dieses Mal zur Eingangstür ging, hyperventilierte
ich nicht. Ich war nicht wie betäubt von zuviel Sauerstoff,
und ich war nicht benommen. Diesmal war ich wirr, erschöpft
und angeekelt. In meinem Kopf hämmerte es, und ich weinte
immer wieder hemmungslos. Ich hatte das Gefühl, die ganze
Welt sei verrückt geworden. Genauer gesagt, ich selbst.

Seine Worte klangen mir in den Ohren: daß ich verstehen würde, wenn ich psychisch gesund geworden wäre. Angesichts meiner quälenden Verwirrung war sein Trost eher eine Anklage gegen meinen momentanen Geisteszustand als ein Grund zu hoffen. Und er hatte, so urteilte ich, allen Grund für so eine Anklage, denn ich war nicht fähig gewesen, den berühmten Dr. Leonard zu verstehen. Schlimmer noch, er hatte mich in Schrecken versetzt.

Ich war nicht fähig gewesen, ihm ganz leicht und natürlich zu zeigen, wie sehr ich ihm vertraute; noch immer konnte ich die Verlegenheit darüber fühlen, daß ich meine Kleider ausgezogen hatte. Ich hatte nicht verstanden, was er wollte oder was ich hätte tun sollen. Ich hatte nichts verstanden. Absolut nichts.

Eines Tages, so nahm ich mir vor, werde ich psychisch so gesund sein, daß ich verstehe, was letzte Nacht geschah.

7. Die Entwicklung zur Frau

12. April 1972

Mein Verdauungssystem war schon immer der deutlichste Gradmesser für meine psychische Verfassung, und so war es auch nach der Nacht in Dr. Leonards Schlafzimmer. Übelkeit und Erbrechen, Magenkrämpfe und Durchfall erinnerten mich unablässig daran, daß Dr. Leonard dachte, ich sei zu krank, um die Ereignisse jener schicksalhaften Nacht zu verstehen. Und sie erinnerten mich des weiteren daran, daß ich nicht in der Lage war, sie zu bewältigen.

In der Woche zwischen der Videostunde in seinem Büro und meiner nächsten Sitzung hatte ich Schuldgefühle und Angstzustände. Ich brauchte Hilfe. Was sich automatisch übersetzte in: Ich brauchte Dr. Leonard.

Ich fühlte den inneren Aufruhr nicht ständig. Die Zeit, in der ich mich um meinen Sohn kümmerte und mit ihm spielte, führte mich an einen Ort, zu dem Dr. Leonard keinen Zugriff hatte. Ob es mein Bedürfnis war, allem zu entfliehen, oder die Fähigkeit meines Sohnes, meine ganze Aufmerksamkeit ausschließlich auf sich zu lenken, wenn wir zusammen waren, oder beides, darüber bin ich mir nicht klar. Doch wenn es Zeit für sein Schläfchen war oder ich ihn abends ins Bett brachte, kehrten meine Gedanken zurück zu der Nacht in Dr. Leonards Schlafzimmer.

»Ich leide unter extremen Stimmungsschwankungen«, erzählte ich ihm während unserer Sitzung. »Einmal bin ich in Hochstimmung und glücklich und plappere Babysprache mit meinem Sohn, und von einer Minute auf die andere muß ich weinen und bin verwirrt und verängstigt. Ich fühle mich so durcheinander und voller Schuldgefühle über das, was hier passiert ist. Ich habe andauernd Durchfall, und manchmal muß ich mich auch übergeben.«

»Du wirst dich besser fühlen, sobald du verstehst, was ich wollte«, erklärte er.

»Nun ja, ich habe irgendwie gehofft, daß Sie mir das jetzt sagen könnten. Ich muß es unbedingt wissen, und ich glaube nicht, daß mein Magen besser wird, bevor ich es nicht erfahre«, sagte ich zu ihm.

»Du wirst es beizeiten verstehen.«

»Aber ich will es jetzt wissen. Ich muß es jetzt wissen.«

»Du wirst es verstehen, wenn du psychisch in Ordnung kommst. Dann wird keine Erklärung nötig sein.«

Ich dachte einen Augenblick nach und suchte nach einem neuen Vorstoß, der ihn dazu bringen würde, mir zu sagen, was ich wissen mußte.

»Also, dann sagen Sie mir, was Sie so verärgert hat«, sagte ich flehentlich.

»Das war kein Ärger«, antwortete er.

»Was war es dann?« fragte ich überrascht.

Er weigerte sich zu antworten.

»Wenn du soweit bist, daß du verstehst, was ich in dieser Nacht wollte, Ellen, dann bist du auch in der Lage, meine Reaktion zu verstehen. Wenn dieser Zeitpunkt gekommen ist«, fuhr er fort, »wirst du diejenige sein, die sich ärgert, daß du so eine Gelegenheit verpaßt hast.«

»Wann wird dieser Zeitpunkt kommen?«

»Wenn du es verstehst«, sagte er ungeduldig.

»Aber ich brauche *jetzt* eine Antwort!«

»Was für eine Antwort willst du?« fragte er herausfordernd. »Was für eine Antwort willst du von mir?«

»Sagen Sie mir, was Sie in dieser Nacht von mir erwartete haben«, beharrte ich.

»Das wirst du verstehen, wenn es dir psychisch besser geht.«

»Warum waren Sie danach so – aufgebracht?« drang ich weiter.

»Wenn du die Antwort auf deine erste Frage gefunden hast, hast du auch die Antwort auf deine zweite«, erwiderte er.

So kam ich nicht weiter. Ich beschloß, ihm eine andere Frage zu stellen.

»Warum ich?«

Meine Frage beunruhigte ihn.

»Darauf werde ich nicht antworten. Außerdem solltest du das nicht wissen wollen«, gab er zurück.

»Was?« Ich war nicht sicher, ob ich richtig gehört hatte.

»Denke in deiner eigenen Zeit darüber nach«, sagte er und versuchte, dieses Gespräch zu Ende zu bringen. »Du habst genug Informationen, um es herauszufinden. Alles, was ich sage, ist: Es hätte dir genügen sollen, daß du da warst.«

Als ich es schließlich aufgab, ihn zu einem Gespräch zu drängen, das er offensichtlich nicht wollte, schloß er das Thema ab, indem er sich dafür entschuldigte, daß er meine Persönlichkeit für weiter fortgeschritten eingeschätzt hatte, als sie tatsächlich war.

»Dafür übernehme ich die Verantwortung«, sagte er. »Ich habe gedacht, du bist sexuell reifer und weiblicher, als du dich dann gezeigt hast. Eine richtige Frau hätte gewußt, was sie tun sollte. Zumindest hätte sie mich sexuell anziehend gefunden.«

Dann bestand er darauf, daß wir zu anderen »für eine Therapiestunde geeigneteren Themen« übergehen sollten. Er fragte mich, was in meinem Leben sonst noch passierte.

»Meine Mutter und mein Vater sind wieder in mein Leben zurückgekehrt«, teilte ich ihm mit.

»Nun, das ist eine gewaltige Veränderung. Wie ist das gekommen?«

»Ich habe meinen Vater angerufen«, erklärte ich ihm.

»Wie ist das Gespräch gelaufen?« fragte er.

»Toll. Ich meine, es hat wirklich geklungen, als sei er glücklich, von mir zu hören. Ich glaube nicht, daß er weiß, was meine Mutter letztes Jahr am Telefon zu mir gesagt hat. Ich meine, wir haben nicht darüber gesprochen oder so, aber er hat sich auf jeden Fall nicht wie ein Vater angehört, der seine Tochter nie mehr sehen will. Er war wirklich beunruhigt, als er von meiner Trennung gehört hat. Das war ganz schön hart für ihn.«

»Und deine Mutter?« fragte er.

»Da mein Vater so glücklich war, von mir zu hören, glaube ich nicht, daß meine Mutter an ihrer ursprünglichen Position festhalten kann«, antwortete ich.

So unterhielten wir uns weiter, bis Dr. Leonard mich davon unterrichtete, daß wir über die Zeit waren. Als er sich hinter seinem Schreibtisch erhob, äußerte ich mich schnell noch ein letztes Mal für diesen Tag.

»Sie sollen nur wissen, daß ich Sie sexuell anziehend finde«, sagte ich zu ihm. Ich hoffte, er würde mich nun nicht mehr so niedrig einstufen. Und ich hoffte, er würde wieder anfangen, mich als eine feminine Frau zu sehen. In der Zwischenzeit wollte ich hart daran arbeiten, meine Worte tatsächlich als wahr zu empfinden und ein psychisch vollkommen gesundes weibliches Wesen zu werden.

In den Wochen nach dieser Sitzung ging ich im Kopf wieder und wieder seine Worte durch. War ich nicht weiblich, weil ich ihn nicht wirklich sexuell anziehend fand? War ich unreif, weil ich nicht verstehen konnte, was er wollte? War ich neurotisch, weil ich das Bedürfnis hatte, zu wissen, warum er gerade mich herausgepickt hatte?

In den folgenden Stunden versuchte ich das Problem nicht *zu* oft zur Sprache zu bringen. Das Thema verärgerte ihn schrecklich, und meine Bemühungen führten zu nichts. Ich klagte über immer größere Magenprobleme, und wir verbrachten einen großen Teil meiner vierzehntägigen Stunde damit, nach Ursachen für meine Schmerzen zu suchen – anderen Ursachen als den wahren.

Seine Einschätzung von mir lastete mir mehr auf der Seele als das Ereignis, auf das sich diese Einschätzung gründete. Ich konnte nicht umhin, Dr. Leonards Urteil über mein Verhalten in jener Nacht zu akzeptieren, und ich schwor mir hoch und heilig, hart daran zu arbeiten, diesen Teil meines Wesens zu verändern.

»Was hältst du von mir als Mann?« fragte er manchmal während der Sitzung.

»Sie sind der idealste Mann, den ich kenne«, sagte ich dann zu ihm. Und ich glaubte es.

»Welche Gefühle löst das in dir als Frau aus, Ellen?«
pflegte er weiter zu fragen.

»Ich fühle mich dann als sexuelles Wesen«, sagte ich darauf.

Ich wußte zwar, daß es gelogen war, aber ich wußte, daß es die richtige Antwort war. Er nickte und lächelte dann immer so verständnisvoll.

»Kannst du das anders ausdrücken? Kannst du mir sagen, *wo* du das fühlst?« fragte er.

Gewöhnlich brachte ich es nicht fertig, zu sagen, was er hören wollte. Doch manchmal antwortete ich: »In meiner Vagina.«

Dann pflegte er zustimmend zu lächeln.

Eines Nachmittags wartete ich gerade auf meine Stunde um vier Uhr, als Dr. Leonard aus der rückwärtigen Diele in den Aufenthaltsraum kam. Es war immer noch Mittagessenszeit, und kein Patient war bei ihm. Für meine Stunde war es noch zu früh, und ich fragte mich, warum er hergekommen war.

»Es ist noch nicht soweit«, teilte ich ihm mit.

»Wie wäre es, wenn du mir den Rücken massierst? Ich hatte vor kurzem erst Probleme damit.«

Obwohl ich mich bei seiner Bitte unbehaglich fühlte, zeigte mir die Art, in der er sie geäußert hatte, und vor allem die vorangegangenen Diskussionen, daß ich mir das ganz intensiv wünschen müßte. Er fragte mit einer solchen Selbstverständlichkeit, daß ich mein Unbehagen einfach ignorierte.

»In Ordnung«, erwiderte ich, wobei ich versuchte, meine Antwort ebenso beiläufig klingen zu lassen. Ich wartete darauf, daß er sich neben mich auf das Sofa setzte, da verschwand er wieder in der Diele, aus der er gekommen war.

»Kommst du?« rief er aus dem hinteren Teil der Wohnung.

Ich blieb wie angewurzelt auf der Sofakante sitzen, während ich zu entscheiden versuchte, was ich tun sollte. Bevor ich zu einem Entschluß kommen konnte, kam er in die Diele zurück, streckte seinen Kopf um die Ecke und sagte: »Also los, ich warte auf dich.« Dann verschwand er wieder.

Langsam erhob ich mich und machte mich auf den Weg zu seinem Schlafzimmer, als würde ich in Zeitlupe von einer äußeren Macht gezogen.

Er lag mit dem Gesicht nach unten mitten auf seinem Bett. Nackt. Sein Kopf war dem Schlafzimmereingang abgewandt. Als er merkte, daß ich an der Tür stand, sagte er mir, wo sein Rücken wehtat und wie er massiert werden wollte.

Ich nahm auf der Bettkante Platz und streckte mich, um bis zu seinen Schultern zu reichen. Während ich seinen Nacken und oberen Rücken massierte, bewegte er sich nicht und gab keinen Laut von sich. Einige Minuten verstrichen so, dann brach er das Schweigen.

»Setz dich rittlings auf mich«, befahl er mir.

»Das wäre nicht bequem«, erklärte ich, um die Distanz zu rechtfertigen.

»Es muß immerhin bequemer sein als deine jetzige Position«, sagte er.

»Nein, bestimmt nicht.«

Er widersprach nicht. Statt dessen rollte er sich schnell herum und schaute auf mich, um meinen Blick einzufangen, und dann auf seinen Penis. Er sagte nichts und wartete auch nicht darauf, daß ich etwas sagte, sondern nahm meine linke Hand und umschloß mit meinen Fingern seinen erigierten Penis. Mit seiner Hand führte er meine und bewegte sie bloß ein paarmal auf und ab. Plötzlich zog er seine Hand zurück und ejakulierte.

Ich war nicht mehr nervös oder erschrocken, sondern wie gelähmt. Selbst als er mir ein Kompliment darüber machte, wie weiblich ich allmählich würde, konnte ich nichts empfinden. Bestenfalls war ich erleichtert, daß er mit mir zufrieden war.

»Das nächste Mal mußt du lernen, die Hand drüberzuhalten, damit wir keine solche Sauerei machen«, sagte er nicht besonders mißbilligend, als er aus dem Bett sprang.

»Du mußt nicht mehr in den Aufenthaltsraum zurück; du kannst in meinem Büro auf mich warten«, rief er von seinem Badezimmer aus.

»Kann ich Sie zu dem fragen, was gerade passiert ist?« fragte ich ihn zu Beginn meiner Stunde.

Seine gute Laune änderte sich schlagartig. »Wir waren uns nah«, erklärte er, wobei er schon seine Ungeduld zeigte. »Kommst du damit nicht zurecht?«

»Natürlich kann ich Nähe aushalten, aber ich verstehe nicht, was es mit dem Sex auf sich hat.«

»Liebst du mich nicht? Vertraust du mir nicht? Genießt du es nicht, ganz offen mit mir zu sein?« Er war jetzt eindeutig verärgert.

»Doch, natürlich«, antwortete ich, denn eine andere Antwort war nicht möglich.

»Also?« fragte er, wie um darauf hinzuweisen, daß keine weitere Diskussion nötig – oder erlaubt sei.

Zum damaligen Zeitpunkt hätte mir eigentlich schon klar sein müssen, was dieser Ton in seiner Stimme zu bedeuten hatte. Und ich hätte in der Lage sein müssen zu erkennen, daß jede weitere Frage zu weit gehen würde. Aber ich drang weiter in ihn.

»Ist das eine Art Therapie, eine Art Experimentaltherapie, die Sie mit mir machen?«

Langsam erhob er sich hinter seinem Schreibtisch, wobei er mich mit seinem Blick festhielt. Sein Gesicht spannte sich, und sein Körper wurde steif. Er stützte sich auf seine Handflächen, um mir so nahe wie möglich zu kommen, während der Tisch als Puffer zwischen uns blieb.

»Was – glaubst – du – eigentlich –, was – ich – für – ein – Mensch – bin?« fragte er langsam, bedächtig und sehr wütend.

Meine Verwirrung und mein Wunsch zu verstehen wichen augenblicklich der Angst. Ich war tatsächlich zu weit gegangen, hatte zu heftig gedrängt. Und ich hatte die falsche Frage gestellt.

»Antworte mir?« verlangte er, nachdem ein paar Sekunden verstrichen waren.

»Es tut mir leid. Wirklich.« Ich meinte es ernst. »Ich habe bloß nach einem Strohhalm gegriffen. Weil ich es unbedingt verstehen wollte, habe ich bereitwillig jede Antwort in Betracht gezogen, auch die absurdeste. Ich habe wirklich nicht gedacht, daß es zur Therapie gehört. Ich wollte mich nur vergewissern.«

Er stand jetzt aufrecht da. Er streckte seinen linken Arm gerade zur Seite, deutete auf die Bürowand, die auch zu seinem Schlafzimmer auf der anderen Seite gehörte, und sagte: »*Das* da ist eine Sache… «, ließ dann seine linke Hand nach unten sinken, zeigte auf seinen Schreibtisch und fuhr fort: »… und *das* wieder eine andere.«

Ich sagte ihm, ich hätte verstanden, aber das hatte ich nicht.

Während der folgenden Wochen und Monate mußte ich meine eigenen Erklärungen für die Ereignisse meiner jüngsten Vergangenheit mit Dr. Leonard finden. Ich sagte mir, daß ich meinem Therapeuten offensichtlich besonders viel bedeutete. Ich war auserwählt worden als die, die seiner Zuneigung wert war und seine kostbare Zeit außerhalb der Arbeit verdiente. Es war nicht schwer, zu dieser Schlußfolgerung zu kommen, da wir beide den Glauben an eine Philosophie teilten, die die Wichtigkeit von Kriterien wie Selektion, Unterscheidungsvermögen und Achtung vor dem Sex lehrte. Vor dem Hintergrund dieser Richtlinien und »Regeln« der Objektivistischen Philosophie hatte dieser vollkommene Mann mich ausgewählt, seine Zeit, sein Bett und seinen Körper mit ihm zu teilen. Das *mußte* etwas bedeuten.

Daß ich nicht in der Lage war, auf ihn anzusprechen, war symptomatisch für eine unterschwellige Neurose, folgerte ich. Es mußte so sein, denn jede gesunde Frau hätte ohne Umschweife und uneingeschränkt auf diesen Idealmann angesprochen. Ich konnte es nicht riskieren, ihn durch irgendeine unpassende Umgangsweise mit dieser Situation zu verärgern oder zu befremden, denn sobald ich einmal seinen Standard geistiger Gesundheit erreicht hätte, wäre ich dankbar für seine Aufmerksamkeit und begierig, sie verstandes- und gefühlsmäßig zu erwidern.

Er war der Held in meinem Leben, der geduldig auf den Tag wartete, an dem ich ihn uneingeschränkt verehren konnte. Und allmählich begann ich seine Geduld schätzen zu lernen, ebenso wie das Kompliment, das die Einladungen in sein Schlafzimmer enthielten.

Diese vernunftmäßigen Erklärungen halfen mir dabei, mein Verhalten gegenüber Dr. Leonard zu steuern, doch mein

Alltagsleben außerhalb seiner Wohnung zu managen, half mir eine andere Methode.

Ich hätte nicht mit Freunden über andere Themen reden, meinem Baby ungeteilte Liebe und Fürsorge geben, einkaufen, Rechnungen bezahlen oder meine Wohnung putzen können, wenn ich nicht angefangen hätte, meine Verwirrung über meine Beziehung mit Dr. Leonard von meinem übrigen Leben abzutrennen. Anfangs mußte ich sein Bild und all meine verbleibenden Fragen aus meinem Kopf verdrängen. Ob ich meinen Sohn badete oder ein Waschbecken schrubbte – immer wenn Dr. Leonard mir in den Sinn kam, drängte ich ihn aus meinem Bewußtsein und konzentrierte mich noch stärker auf das, was ich gerade tat. Dann verselbständigte sich diese Technik, und ich mußte mich nicht mehr anstrengen, ihn aus meinem Denken zu eliminieren, er verschwand einfach. Und schließlich schlich er sich nicht mehr in Bereiche ein, wo er nicht hingehörte.

Doch wenn ich allein war und jede Nacht vor einer Sitzung nahm er meine Gedanken wieder ein, und meine Angstgefühle wurden unerträglich.

Wenn ich an dem Morgen, an dem ich meine Stunde hatte, in den Zug stieg, war ich emotional angespannt und gleichzeitig gewappnet für die intensive Arbeit, die während der Stunde mit ihm von mir erwartet wurde. Den Tränen nahe stieg ich in den Zug, einerseits begierig, zu meinem Arzt zu kommen, damit er mich vor dem Zusammenbruch bewahrte, andererseits voller Angst davor, ihm zu begegnen, aus Gründen, die, wie ich mir sagte, bloß Zeichen für meine tiefsitzende Neurose waren. Ich brauchte für die Fahrt immer etwas länger, weil ich so häufig zur Toilette mußte, da meine Durchfallanfälle schlimmer geworden waren. Und ich war erschöpft von der vorangegangenen schlaflosen Nacht. So betrat ich Dr. Leonards Büro als Wrack, das darauf wartete, daß etwas mit ihm geschah.

Dr. Leonard schien erfreut darüber zu sein, wie leicht meine Tränen flossen und wie sehr mein Schmerz schon *an der Oberfläche* war. Meine Therapie wurde zu einer Verbindung aus den künstlichen Anstrengungen meinerseits, nach einer anderen Ursache für diese Angstzustände zu suchen als der, die ich als die wahre Ursache kannte, und teilnahmsvoller Beratung durch meinen Therapeuten bei eben den Ursachen, die er als die wahren Gründe bezeichnete. Er konnte aus seinem Blickwinkel die Wahrheit nicht herausfinden und ich konnte sie nicht benennen, da mein Blickwinkel von Angst beherrscht war.

Dennoch bewältige Dr. Leonard diese Zeit anscheinend mit Geduld und Verständnis. Er trocknete meine Tränen, beruhigte mich, wenn ich an meinem Geisteszustand zweifelte, und nahm mich in den Arm, wenn ich mich hilflos und verängstigt fühlte. Letzteres tat er nicht nur, um mich zu trösten, sondern auch um mir dabei zu helfen, Verlassenheits- und Einsamkeitsgefühle zu zerstreuen, die ich aus meiner Vergangenheit mit mir herumschleppte. Und während er mich in seinen Armen wiegte, flüsterte er mir ermutigende Worte zu.

»Gib dich ruhig diesen Kleinmädchengefühlen hin«, sagte er dann sanft. »Laß dich von diesen Gefühlen leiten und schau, wohin sie dich bringen.«

Diese Freundlichkeit und Zärtlichkeit nährten, auch wenn sie sich auf relativ unwichtige Dinge bezogen, meine Bewunderung und stärkten mein Vertrauen in ihn.

Gelegentlich wagte ich einen Vorstoß, um etwas herauszubekommen, doch jedesmal, wenn ich das tat, zog ich mir seinen Zorn zu. Ich spürte, daß in demselben Menschen, der mich so tröstlich umarmte und mir väterliche Hilfe gab, ein furchtbares Gewaltpotential schlummerte. Einige Zeit später sollte ich einen Zwischenfall miterleben, der meine Vermutungen bestätigte. Und ganz intuitiv hörte ich auf, Fragen zu stellen, um mich selbst zu schützen. Nur wußte ich das zu dem Zeitpunkt noch nicht.

Es wurde gängige Praxis, daß Dr. Leonard nackt herumlief, und er begrüßte die ersten Patienten, die morgens oder nach dem Mittagessen kamen, auf diese Weise. Allerdings wußten nur weibliche Patienten um dieses Schauspiel.

Die Frauen sprachen unbeschwert und beiläufig auf kleinen Parties und Zusammenkünften über das, was sie mit eigenen

Augen gesehen hatten. Es war bald allgemein bekannt, daß Dr. Leonard sich vor einer ausgewählten Gruppe von Frauen nackt zeigte, die sich alle geschmeichelt fühlten, weil sie dazugehörten. Zuerst war ich überrascht darüber, daß das Thema öffentlich besprochen wurde. Doch schließlich akzeptierte ich die Unterhaltungen und beteiligte mich daran, genauso wie ich gelernt hatte, seine nackten Begrüßungen zu akzeptieren – mit derselben Lässigkeit, wie er und seine übrigen Patientinnen es taten.

In diesen Frühlings- und Sommerwochen verbrachte ich eine Menge Zeit damit, mich an verschiedene Dinge zu gewöhnen. Ich gewöhnte mich an eine, wie ich fand, absonderliche Art Sex mit meinem Therapeuten. Ich gewöhnte mich daran, auf meine Fragen keine Antworten zu bekommen. Ich gewöhnte mich an eine Psychotherapie, die bestimmte Themen für tabu erklärte. Ich gewöhnte mich daran, daß mir mein Therapeut nackt die Tür öffnete. Und ich gewöhnte mich daran, daß andere Frauen genauso begrüßt wurden und daß sie sich dabei offensichtich wohlfühlten. Damals verstand ich noch nicht recht, daß das gar nicht Gewöhnung war. Sondern daß ich vielmehr alle ungelösten Konflikte, wann immer sie auftraten, aus meinem Denken verbannte und die damit einhergehenden Zweifel, Unbehagen und Ängste hinunterschluckte. Doch ich glaubte, daß es mir langsam besser ging.

Zum Sommer hin bot mir Dr. Leonard einen Job als Hausmädchen an. Ich hatte ihm in einer früheren Stunde von meinen finanziellen Problemen wegen der Therapie erzählt. Auch die Zugfahrkarten und die Ausgaben für den Babysitter saugten mich aus. Das Angebot kam mir nicht so ungewöhnlich vor; es klang vielmehr großzügig und freundlich. Und ich war dankbar für die Gunst, die er mir gewährte.

Er wies mich an, Freitags zu kommen, dem Wochentag, auf den er keine regelmäßigen Sitzungen legte. Er wollte mir fünfundzwanzig Dollar plus Taxigeld für sechs Stunden Hausarbeit bezahlen, die Arbeiten, für die seine Zugehfrau zu alt war. Ich nahm den Job an.

An meinem ersten Arbeitstag sollte ich die Rohrleitungen unter Waschbecken und Toilette polieren, die Badezimmerfliesen von Kalkresten sauberscheuern und die Teppiche saugen. Letzteres nicht mit einer angehängten Saugbürste, sondern mit der Schlauchdüse am Gehäuse.

»Du muß dich hinknien und jeden Zentimeter Teppich so saugen.« Und er machte es vor.

Er sagte, daß die Arbeit, wenn man sie richtig machte, mehrere Stunden dauern müßte. Dann erklärte er mir, in welcher Richtung er die Velourfasern liegen haben wollte, wenn ich fertig war. Er ließ seine Hand über den goldfarbenen Plüsch gleiten und sagte, daß er ihn nicht *so* sehen wolle. Dann fuhr er mit seiner Hand in die Gegenrichtung und machte mich auf die unterschiedliche Schattierung aufmerksam; so wollte er ihn haben.

In regelmäßigen Abständen kontrollierte er, was ich machte, deutete hier und dort auf einen Zentimeter, der sich nicht in die richtige Richtung legte, inspizierte auch die Wasserrohre im Bad sorgfältig, wobei er sich auf den Boden legte, um zu prüfen, ob sie glänzten.

»Sie müssen glänzen«, sagte er mit Betonung auf dem Wort *müssen*. Darin lag der ganze Zweck des Jobs.

Ich war um halbzwei mit Saugen und Polieren fertig und er um die gleiche Zeit mit der Arbeit in seinem Büro. Er kam in den Vorraum, wo ich den Staubsauger zusammenpackte, und sagte mir, ich solle den Apparat liegen lassen und mit ihm kommen. Er steuerte auf sein Schlafzimmer zu.

Er ging, völlig bekleidet, zum Kopfende des Bettes, und tätschelte auf die Stelle neben sich, wo ich mich hinsetzen sollte. Er sagte mir nicht, wo ihm sein Rücken wehtat, und gab mir auch keine Anweisungen, wie ich ihn anfassen sollte, oder führte auch nicht meine Hand zu seinem Penis. Statt dessen nahm er meine beiden Hände in seine und redete zu mir. Er redete lange zu mir.

Zuerst sprach er darüber, wie wunderbar es ist, mit jemandem offen und vertraut zu sein. Ich hatte das hier schon so oft gehört, aber diesmal wirkte es anders. Diesmal war er angezogen.

Dann fing er an, über sich zu erzählen. Seine medizinische Ausbildung habe er an der Universität von Arkansas absolviert, sagte er. Das wußte ich schon von dem Doktortitel, der in seinem Büro hing. Er hatte die Universität von 1955 bis 1959 besucht. Dann erklärte er weiter, daß er sein medizinisches Praktikum am Marinehospital in San Diego absolviert habe und von dort zur Marineschule für Luftfahrtmedizin nach Pensacola in Florida gegangen sei, wo er eine Ausbildung als Chirurg gemacht habe. Seine Erfahrung bei der Marine schien ihm nicht mißfallen zu haben, da er ein paar Geschichten aus dieser Zeit voll Wärme und Humor erzählte.

Dann sprach er kurz von seiner Zeit als Assistent am Bellevue Hospital in New York. An diese Jahre zwischen 1966 und 1969 schien er sich nicht so gerne zu erinnern. Er hatte viel an dem auszusetzen, was er bei seinen Kollegen gesehen hatte, und ging dann zu weniger bedeutenden Themen über.

Er arbeitete kurze Zeit als psychologischer Berater bei IBM, aber diese Erfahrung war einscheinend nicht weiter erwähnenswert. Danach hatte er sich darangemacht, die erfolgreiche Privatpraxis aufzubauen, die er jetzt hatte.

Er sprach über seine beiden gescheiterten Ehen. Aus der ersten waren zwei Söhne hervorgegangen. Die Buben lebten in Arkansas bei ihrer Mutter, über die er nur sehr wenig sagen konnte. In zweiter Ehe war er mit einer Physikerin in New York City verheiratet gewesen, und die Ehe war, wie er sagte, von Anfang an ein Fehler gewesen. Sie dauerte nicht einmal ein Jahr.

Dr. Leonard machte Dr. Blumenthal für das Scheitern seiner zweiten Ehe verantwortlich. Er sagte, Dr. Blumenthal und die Objektivistische Psychologie überhaupt würden nicht richtig verstehen, welche zentralen Probleme es in einer Beziehung gebe. Dr. Blumenthal, so erklärte er, sei sein Mentor auf dem Gebiet der Objektivistischen Psychologie gewesen, und das Weltbild, das er dort gelernt habe, sei zur Basis seiner Ehe geworden. Doch er habe das Weltbild falsch verstanden; und entsprechend verlief dann die Ehe.

Er erzählte mir, daß er rein zufällig nach seinem Dienst bei der Marine nach New York gekommen sei. Er hatte eine Münze geworfen. Denn er konnte sich nicht zwischen der

Ostküste und der Westküste entscheiden. Eines war Kopf, das andere Zahl. So war seine Entscheidung gefallen.

Dann schweifte er ab und sprach über seine Mutter und seinen Vater, über den er sehr grob redete. Er schloß Geschichten aus seiner Kindheit an und ein paar, die noch nicht weit zurücklagen und das Verhältnis zu seiner Familie betrafen. Dann hörte er auf zu reden und hielt nur weiterhin meine Hände fest. Er lehnte sich zurück und schloß die Augen.

In diesem Augenblick fühlte ich mich ihm näher als je zuvor. Ich hatte keine Angst; ich war nicht einmal nervös. Und ich hatte aufgehört, argwöhnisch darüber nachzudenken, was er wohl als nächstes tun würde. Er hatte sich vor mir geöffnet, und das gab mir das Gefühl, für ihn eine ganz besondere Rolle zu spielen. Er hatte mir persönliche Dinge erzählt, die nicht für die Öffentlichkeit bestimmt waren. Er vertraute mir. Und in diesem überaus entspannten Augenblick vertraute ich ihm auch.

Er schlug die Augen auf und sah mich an. Dann ließ er meine eine Hand los und legte die andere auf seine Hose, wo ich seine Erektion spüren konnte.

»So fühlt er sich an, wenn er erregt ist«, sagte er. »Würdest du ihn gern sehen?«

Er redete mit mir, als wäre das meine erste sexuelle Erfahrung. Er sprach zu mir fast wie zu einem Kind. Ich antwortete ihm nicht; ich wußte, daß es keine Rolle spielte, wie meine Antwort ausfiel.

Nachdem er seine Kleider ausgezogen hatte, legte er meine Hand auf seine Brust und sagte mir, ich solle so leicht über seinen Körper streichen, daß meine Finger ihn fast kitzelten. Er führte meine Hand jeden Zentimeter entlang: erst über seine Brust, dann über seine Waden, seine Schenkel und dann über seinen Penis. Er bewegte weiterhin meine Hand für mich, aber gab mir trotzdem Anweisungen. Es war fast, als würde er zu sich selbst sprechen. Nachdem er ejakuliert hatte, berührte er mich nicht. Es ließ sogar meine Hand los, die er so lange gehalten hatte.

Er bat mich nicht, sofort zu gehen. Statt dessen lud er mich ein, zu ihm in die Badewanne zu steigen, was ich ablehnte.

Als er von seinem Bad zurückkam, nahm er auf dem weißen Stuhl an der Wand Platz und rief mich zu sich hinüber.
Er sagte mir, ich solle mich zu seinen Füßen auf den Boden
setzen.

Jetzt nahm er wieder meine Hände und sprach weiter über
Offenheit und Nähe. Es unterschied sich überhaupt nicht von
dem Gespräch an diesem Nachmittag oder von den anderen
in diesem Jahr. Ich konnte jedoch nicht erkennen, ob er wirklich wollte, daß ich verstand, worauf es ihm ankam, oder ob
er sich nicht mehr daran erinnerte, daß er mir das alles schon
erzählt hatte. Es spielte eigentlich auch keine Rolle; ich hätte
ihn sowieso nicht unterbrochen.

Er bezahlte mir die sechs Stunden, für die ich zum Arbeiten
angestellt worden war. Ich lehnte das Geld ab, aber er wandte
ein, daß er mich gebeten habe, diese sechs Stunden einzupla-
nen, und daß ich dafür bezahlt werden sollte, gleichgültig, ob
sie ausgenutzt wurden oder nicht. Ich fühlte mich, als sei ich
für erwiesene sexuelle, nicht für Putzdienste bezahlt worden,
und ich sagte ihm das. Er lachte.

»Das ist lächerlich«, sagte er. Dann entschuldigte er sich
brüsk. Er habe es eilig, sagte er, mit seinem Tagesablauf
weiterzumachen.

Solche Begegnungen wurden während des Sommers immer häufiger. Ich wurde zum Bleiben eingeladen nach Ein-
Uhr-Stunden, die zu Ende waren, wenn seine Mittagspause
anfing. Ich wurde in sein Schlafzimmer gebeten, wenn ich
ein paar Minuten vor einer Sitzung oder einer Videobesichti-
gung um vier Uhr ankam. Dasselbe galt für die Stunde um
zehn Uhr, seine erste Arbeitsstunde. Und ich wurde einige
Male eingeladen, die Nacht bei ihm zu verbringen. Diese
Begegnungen waren nicht regelmäßig und auch nicht vorher-
sehbar. Sie waren nur häufig.

Die Stimmung beim Sex zwischen uns wechselte nie. Er
küßte mich nie, streichelte mich nie, nahm mich nie in die
Arme. Er zeigte keinerlei Interesse daran, daß ich Lust empfand. Statt dessen behauptete er, meine ganze Lust würde
daraus entstehen, daß ich ihm Vergnügen bereitete.

»Eines Tages«, sagte er zu mir, »wenn du eine richtige Frau

bist, wirst du in der Lage sein, einen Höhepunkt zu bekommen, bloß wenn du mich beobachtest, wie ich dich mit meinem Zeigefinger zu mir herwinke.«

So akzeptierte ich seine Anweisungen im Bett, ohne zu fragen – und ohne Lustempfinden. Und ich bemühte mich, eine richtige weibliche Frau zu werden, wie er sie beschrieb.

Dann kam eine Zeit in diesem Sommer, wo er nicht mehr damit zufrieden war, daß ich ihn masturbierte, obwohl er einmal auf meine Frage antwortete, warum er nie mit mir schlafen wollte: »Du hast diese Belohnung noch nicht verdient, Ellen.« Ich hatte jedoch die Belohnung verdient, ihn mit dem Mund zu befriedigen.

Wieder wies er mich an, was ich mit ihm machen sollte. Sobald er einmal die Fellatio bei unseren Zusammenkünften eingeführt hatte, wollte er selten etwas anderes. Er schob mein Gesicht dahin, wo er es haben wollte, und hielt es fest, während er seine Wünsche äußerte. Und wenn es vorbei war, machte er mir immer ein Kompliment über meine wachsende Weiblichkeit und wie schön es sei, das zu beobachten. Er zollte mir Anerkennung, und ich war froh.

8. Verurteilt

Sein Verhalten wurde im Laufe des Sommers immer unverständlicher. Gedächtnislücken und Phasen geistiger Verwirrung markierten eine auffallende Abweichung von seiner normalen Klarsichtigkeit.

Einmal zum Beispiel entdeckte ich beim Betreten seines Schlafzimmers im Anschluß an eine Sitzung auf der Kommode eine geöffnete Kosmetiktasche mit den Cremes und Schminksachen einer Frau. Er hatte mir nie ausdrücklich gesagt, daß es keine anderen Frauen in seinem Leben gäbe, aber aus irgendeinem Grund hatte ich angenommen, daß er mich darüber informiert hätte, wenn da jemand gewesen wäre. Von der Trennung von seiner zweiten Frau hatte er mir erzählt, als ob das für mich von Belang sein müßte. Und ich nahm an, daß das Auftreten einer neuen Frau für mich genauso wichtig hätte sein sollen.

»Wem gehort das?« fragte ich eher neugierig als vorwurfsvoll. Schließlich hatten wir keine Abmachung zwischen uns getroffen, und er war, so erinnerte ich mich, von Natur aus polygam.

»Ich will nicht wieder darüber diskutieren«, antwortete er.

»Wieder? Wann haben wir denn darüber diskutiert?« fragte ich.

Er wiederholte seine Weigerung, über diese Angelegenheit zu sprechen, und fügte hinzu, daß einmal genügen sollte.

»Aber wir haben nie darüber gesprochen.« Ich fragte mich, ob ich den Verstand verloren hatte.

Halb verwundert und halb ärgerlich verkündete er, daß wir gerade vor ein paar Wochen eine ausführliche Diskussion über diese neue Frau gehabt hätten. Ich stritt ab, daß wir je ein derartiges Gespräch geführt hätten, denn ganz sicher hätte ich mich daran erinnert. Aber auch als wir außerhalb des Schlafzimmers über das Thema diskutierten, blieb er hart.

»Ich glaube, wir sollten an deinem mangelhaften Gedächtnis arbeiten«, sagte er. »Es sagt eine Menge darüber aus, was du mit Informationen machst, die du nicht hören willst.«

Aber ich beharrte auf meiner Überzeugung, daß die Diskussion, auf die er anspielte, nie zwischen uns stattgefunden hatte. Also »wiederholte« er sich widerstrebend.

Er habe, erzählte er, eine Frau kennengelernt, zu der er eine ernste Beziehung entwickele. Sie verbringe immer mehr Zeit bei ihm in der Wohnung, und das werde notwendigerweise einige der Freiheiten beeinträchtigen, die er bis vor kurzem mit mir hatte. Er habe jetzt das Gefühl, wie schon zwei Wochen zuvor, als er es mir zum ersten Mal erzählt hatte, daß ich ein Recht darauf hätte, diese neue Entwicklung der Lage zu kennen.

»Was habe ich gesagt, als Sie mir das zum ersten Mal erzählt haben?« fragte ich sarkastisch.

»Du hast gesagt, du würdest die Beziehung mit mir fortsetzen, da ich dieser anderen Frau kein Ausschließlichkeitsversprechen gegeben hätte.«

Fünf Jahre später sollte ich erfahren, daß er genau dieses Gespräch tatsächlich geführt hatte. Genau, wie er sich erinnert hatte. Aber es war mit einer anderen Patientin gewesen!

Es gab außerdem Momente während und nach unseren sexuellen Begegnungen, wo es schwierig wurde zu unterscheiden, ob er mit sexuellen Phantasien beschäftigt war, oder ob er den Kontakt zur Realität verloren hatte. Diese Momente traten auf, nachdem wir von der Masturbation zum oralen Sex übergegangen waren. Er fragte oft: »Siehst du, was dir entgangen ist?«, als ob jedes Mal mein erstes Mal gewesen wäre. Manchmal fragte er auch: »Also, was hältst du vom Lutschen?« unmittelbar, nachdem er mich angewiesen hatte, ihn oral zu befriedigen. Oder: »Du hast nie gewußt, daß Sex so viele Variationen hat, nicht?«, wo doch die sexuellen Praktiken von mal zu mal praktisch nicht variierten. Das verstörte mich nicht nur, weil er aus meinen Erzählungen in den Therapiestunden wußte, daß mir oraler Sex nicht neu war, sondern vor allen Dingen, weil oraler Sex mit ihm eine so häufige Praktik gewesen ist. Doch jedes Mal tat er weiterhin so, als wäre es für mich das erste Mal gewesen. »Also, was hältst du von unserer kleinen Entdeckung?« hörte ich oft.

Anzeichen für seine geistige Verwirrung traten auch bei

manchen seiner Anweisungen vor dem Sex auf. Kurz nachdem die Fellatio für uns zur Gewohnheit geworden war, legte er großen Wert darauf, daß ich seinen Samen schluckte. Als er mir das erste Mal befahl, das zu tun, erklärte er, daß richtige Frauen in dem Moment, wo der Samen ihren Gaumen traf, einen Orgasmus erleben könnten. Ich hatte noch nie eine solche Erfahrung gemacht, aber meine Vergangenheit war, wie ich mich erinnerte, eine unweibliche, keine, von der man psychologische Prinzipien über den Zustand psychischer Gesundheit ableiten konnte. Also erlaubte ich mir keinerlei Widerspruch gegen sein Wissen.

Jedesmal, wenn er mich dann anwies, den Samen zu »schlucken«, folgte dieselbe Geschichte über den weiblichen Orgasmus, der von dem Gefühl des Samens am Gaumen ausgelöst würde. Jedes Mal redete er, als hätte es kein vorhergehendes Mal gegeben. Jedes Mal redete er, als ob dieses Mal das erste Mal für uns gewesen wäre. Hatte er es vergessen? Oder war es eine Phantasievorstellung: Fellatio mit einer Jungfrau? Ich wußte es nicht, und ich fragte auch nicht danach. Ich wußte, daß mir das alles eines Tages klar werden würde, eines Tages, wenn ich psychisch gesund war.

Sein merkwürdiges Verhalten machte meine Verwirrung über unsere Vergangenheit und Gegenwart nur noch schlimmer. Immer noch zerfressen von Angst und Schuldgefühlen mühte ich mich ab, ihn zu lieben, um psychisch vollkommen gesund zu sein. Und manchmal, wenn Zweifel und Ängste mich überkamen, fragte ich ihn, was für eine Art Beziehung wir hätten.

»Wir gehen nicht miteinander, aber wir teilen ein Bett. Wir haben keinen Geschlechtsverkehr, aber ich befriedige Sie mit dem Mund. Ich esse nicht mit Ihnen, aber ich bade mit Ihnen. Das gehört nicht zur Therapie, haben Sie mir einmal gesagt. Aber ich muß wissen – was es dann ist?«

Ich rechnete nie ernsthaft damit, eine Antwort von ihm zu bekommen, und er enttäuschte mich nie.

Es wurde für mich immer frustrierender und quälender, daß ich nicht verstand, was Dr. Leonard das alles bedeutete, was *ich* Dr. Leonard bedeutete. Daß unsere Beziehung so unbeständig und unkalkulierbar war, verwirrte mich noch mehr. An welchen Tagen würde ich in sein Schlafzimmer eingeladen werden? Würde er mich nach dieser Sitzung sehen wollen? Nach dieser Videostunde? Würde er wollen, daß ich über Nacht blieb? Würde er mich überhaupt nicht sehen wollen? Bedeutete das, daß ich etwas getan hatte, was ihm mißfiel?

Als ich einmal sein Schlafzimmer verließ, sagte er, ich solle beim nächsten Mal fragen, ob ich bleiben könne; er wollte, daß die Idee von mir kam. In Erinnerung an seine Bitte fragte ich ihn in der darauffolgenden Woche, ob ich nach der Stunde bleiben könne, und suchte in seinen Augen nach Zustimmung.

»Nein«, antwortete er statt dessen. »Aber laß dich dadurch nicht davon abhalten, wieder zu fragen.«

Als die Videostunde der folgenden Woche zu Ende war, wartete ich im Aufenthaltsraum auf ihn. Und nachdem der Patient, der zu dieser Stunde seinen Termin hatte, gegangen war, fragte ich ihn, ob ich während seiner Mittagspause bleiben könne.

»Wozu?« fragte er neckisch.

Während des überraschten Schweigens, das folgte, merkte ich, daß ich tatsächlich antworten sollte.

»Um mit Ihnen zu spielen?« antwortete ich in fragendem Ton, als ob ich mich bei ihm erkundigen wollte, ob das die richtige Antwort war.

Nachdem er mir durch einen Wink bedeutet hatte, ihm ins Schlafzimmer zu folgen, sagte er, er wünsche das nächste Mal, daß meine Antwort deutlicher ausfalle. Er wollte nicht, daß ich sagte »mit Ihnen spielen«. Er wollte, daß ich genau benannte, was ich mit ihm tun wollte. Vielleicht konnte ich das deswegen nicht, weil er mir immer sagte, was ich tun sollte, *nachdem* ich in seinem Schlafzimmer war. Und das enttäuschte ihn.

Das verwirrendste und verletzendste, was ich während dieser Zeit erlebte, passierte kurz vor Sommerende. Wieder hatte er mich gebeten, die Initiative für die nächste Begegnung zu ergreifen, und deshalb fragte ich, ob wir uns im Anschluß an meine Sitzung treffen könnten. Dieses Mal spielte er keine Spiele. Er war einverstanden, fügte jedoch hinzu, daß es ihm am Abend lieber sei. Ich solle mich, sagte er, darauf einstellen, über Nacht zu bleiben.

Zu unserer verabredeten Zeit um halbneun öffnete er mir die Tür. Er war nackt und hatte einen Stift in der Hand. Er bat mich, ins Schlafzimmer zu gehen und auf ihn zu warten; er müsse im Büro noch eine Arbeit zu Ende bringen. Ich wartete fast eineinhalb Stunden, bis er zu mir kam. Diesmal hatte er einen Drink in der Hand.

Er legte sich aufs Bett, immer noch nackt, immer noch mit dem Glas in der Hand. Er sei müde, aber »trotzdem geil«, sagte er. Ob ich das schnell erledigen könnte, fragte er. Er wolle schlafen.

Er sagte mir, was er wollte, und ich führte es aus, wie ich es immer tat. Innerhalb von ein paar Minuten war es vorbei. Eine Zeitlang lag er ruhig da; dann stand er wortlos auf und ging mit einem der Kissen aus dem Schlafzimmer. Als er zurückkam, hatte er nichts mehr in der Hand.

»Ich will heute nacht allein schlafen«, sagte er. »Ich habe auf dem Sofa im Aufenthaltsraum ein Bett für dich hergerichtet.«

Ich zog mich in mich selbst zurück, wie so oft, wenn ich unsagbar verletzt war. Ich sagte nichts, sondern marschierte pflichtbewußt ins Wohnzimmer. Meine Kleider nahm ich mit, da er am Morgen, wenn ich ging, um den ersten Zug zurück nach Yonkers zu erwischen, nicht gestört werden wollte.

»Warum wollten Sie, daß ich heute Nacht hierbleibe?« fragte ich ihn ruhig.

»Nicht ich wollte mich mit dir treffen. Du wolltest dich mit mir treffen«, antwortete er.

Bestürzt über diese verdrehte Interpretation der Ereignisse, nahm ich seine Bemerkung hin und fragte, warum er mir erlaubt hatte, mich selbst einzuladen.

»Ich wollte dich nicht enttäuschen«, antwortete er.

Er ging wieder in sein Bett, und ich blieb vor dem Wohnzimmerfenster stehen, nur von der Dunkelheit in seiner Wohnung eingehüllt. Ich schaute den Autos und Fußgängern unter mir zu und horchte auf die Geräusche, die ihre Bewegung verursachte. Und meine Einsamkeit wurde noch quälender durch die Betriebsamkeit auf den Straßen. Ich wollte nach Hause. Ich wollte mein Baby in den Arm nehmen und in meinem eigenen Bett schlafen. Ich wollte unter den ruhigen Vorstadtgeräuschen schlafen und die Sirenen und Lichter in einer anderen Welt lassen. Ich war einundzwanzig Jahre alt und kam um vor Heimweh.

Ich weinte, bis ich wußte, daß ich würde einschlafen können. Dann schaute ich auf meine Uhr und zählte noch vier Stunden, bis der erste Zug nach Yonkers vom Hauptbahnhof abfahren würde. Ich schloß meine Augen auf dem Sofa, das für mich zum Bett gemacht worden war, und schwor mir, nie wieder eine Nacht in dieser Wohnung zu verbringen. Ich tat es nie mehr.

In meiner Beziehung mit Dr. Leonard fand ich keine emotionale oder sexuelle Befriedigung. Meine Erfüllung lag nur in dem Wissen, daß ich seine Zustimmung fand. Ich war nicht in ihn verliebt noch machte er mich an. Ich arbeitete einfach auf den Tag hin, an dem es soweit wäre und die Anzeichen meiner neu erworbenen psychischen Gesundheit sich bemerkbar machen würden. Doch gegen Ende des Sommers kam eine Zeit, wo mein Bedürfnis, zu lieben und geliebt zu werden, für mich zunehmend wichtig wurde und dadurch ein Konfliktpotential mit Dr. Leonard lieferte. Ich hatte einen anderen Mann kennengelernt.

»Meine Beziehung mit *Jack* wird ernst«, erzählte ich ihm in einer Sitzung. »Ich glaube, ich habe mich in ihn verliebt.«

Jack war ein Freund aus Chicago. Als er noch mit einer ehemaligen Freundin und ich mit meinem ehemaligen Mann zusammen war, hatten wir uns ab und zu getroffen. Jetzt sahen wir einander in einem anderen Licht und stellten fest, daß wir mehr als nur Freundschaft füreinander empfanden. Auch Jack war ein Patient von Dr. Leonard.

Ich erklärte Dr. Leonard weiter, daß unsere Bettbeziehung selbstverständlich aufhören müsse.

»Warum ist das so selbstverständlich?« wollte er wissen. »Bist du nicht in der Lage, zwei Männer gleichzeitig zu lieben?« fragte er, als ob das völlig normal wäre. »Bist du nicht Frau genug, zwei Männer zu lieben?«

»Aber ich hätte zu große Schuldgefühle, wenn ich mit Ihnen weitermachen würde, während ich eine tiefere Beziehung mit Jack aufbaue.«

»Warum solltest du dich schuldig fühlen?« fragte er leicht ärgerlich. »Hast du ein Ausschließlichkeitsversprechen gebrochen? Hast du eine Abmachung verletzt? Was genau glaubst du falsch zu machen?«

Ich hatte keine Antworten, die so überzeugend klangen wie seine rhetorischen Fragen.

»Siehst du irgendeinen vernünftigen Grund, warum eine Frau nicht mehr als eine sexuelle Beziehung haben sollte, bis ihr klargeworden ist, welcher Mann ihre Bewunderung mehr verdient?« fragte er. »Das ist der einzige Weg, wie sie zu einer sachlich begründeten Entscheidung kommen kann«, fuhr er fort.

Ich saß in der Falle, und ich wußte es. Es war klar, daß Dr. Leonard sich selbst für den bewundernswerteren Mann hielt. Und es war ebenfalls klar, daß das auch meine Ansicht sein müßte, wenn es *seine* Ansicht war. Dr. Leonard war der vollkommene Mann; Jack war sein Patient und stand erst am Anfang. Dr. Leonard war das lebende Beispiel für das vollkommene Glück, nach dem wir alle strebten; Jack war immer noch auf der Suche. Die richtige Frau sollte auf den idealen Mann ansprechen. Ich wagte nicht zu sagen, daß ich das nicht tat.

»Wie steht es damit, daß Sie dann eine sexuelle Beziehung mit der Freundin eines Patienten hätten?« fragte ich.

»Das ist eine Angelegenheit nur zwischen der Patientin und mir«, sagte er streng. »Wenn ich nicht glauben würde, daß ich in Jacks Therapie objektiv bleiben kann, würde ich ganz sicher meine Beziehung mit dir beenden. Aber das ist nicht der Fall, also habe ich nicht die Absicht, mich noch weiter mit der Sache zu befassen.«

So lief unsere Beziehung weiter wie bisher. Die morgendlichen und nachmittäglichen Ausflüge in den hinteren Teil seiner Wohnung, wo ich ihm den Rücken massierte oder seinen Penis stimulierte, setzten sich noch ein paar Wochen fort, bis ich fühlte, wie ich innerlich zerfiel. Wieder einmal wurde ich von Schuldgefühlen aufgezehrt.

Ich wappnete mich für die Sitzung, in der ich ihm sagen wollte, daß das ein Ende haben müsse. Ich spielte durch, wie ich ihm sagen würde, daß mich das erste halbe Jahr immer noch beschäftigte. Es weckte immer noch Zweifel und Ängste, wann immer ich darüber nachdachte, und ich war immer noch nicht fähig gewesen, meine offenen Fragen zu klären. Ich wollte ihm sagen, daß ich sicher war, daß ich diese Ereignisse schließlich verstehen würde, wenn ich mich weiterhin in der Therapie sehr anstrengte. Aber zwei Männer zur gleichen Zeit, das war etwas anderes.

Ich wollte ihm erklären, daß ich das Gefühl hatte, Jack zu betrügen. Dann wollte ich ihm sagen, wieviel mir Jack bedeutete und daß ich diese Beziehung nicht aufs Spiel setzen wollte. Ich wollte ihm sagen, daß mir klar war, was mir Jack bieten konnte und was uns miteinander verband; doch was ich mit ihm, Dr. Leonard, hatte, nun – ich wußte nicht einmal, was das war.

Ich wollte ihm sagen, daß ich mit den Schulgefühlen nicht mehr fertig wurde. So einfach war das. Was auch immer das für ein Zustand zwischen uns war, er mußte ein Ende haben. Das war die ganze Geschichte.

Als ich diese Sitzung antrat, auf die ich mich so gründlich vorbereitet hatte, war mir die Angst ins Gesicht geschrieben. Wieder war ich ausgelaugt von einer schlaflosen Nacht und zahlreichen Gängen zur Toilette. Aber ich sagte ihm, was ich zu sagen hatte, wenn auch nicht so entschlossen wie am Morgen während meiner letzten Probe unter der Dusche, und er hörte aufmerksam zu.

»Hast du das Gefühl, du hast dir den besseren Mann ausgesucht?« fragte er, als ich am Ende war.

Er wollte mich wieder in die Falle locken, und ich war sofort eingeschüchtert.

»Nein, natürlich nicht.« Welche Antwort war sonst möglich? »Jack gibt mir eben die Beständigkeit und Verläßlichkeit, die ich in einer Beziehung brauche, und Sie können mir das nicht geben.«

Er dachte einen Augenblick darüber nach und sagte dann: »Ich denke, manchmal ist es vielleicht legitim, situative Kriterien über die Qualität zu stellen.«

Damit war das Problem erledigt.

Nicht meine gesamte Therapie und mein gesamtes Leben waren auf meine sexuelle Beziehung mit Dr. Leonard fixiert. Ich versuchte, soviel Normalität wie möglich aufrechtzuerhalten, und zu einem großen Teil gelang mir das auch. Niemand hätte geahnt, unter welchem Gefühlschaos ich innerlich litt. Ich hatte schnell gelernt zu trennen. Das war es, glaube ich, was mir ermöglichte zu funktionieren, gut zu funktionieren – und vielleicht zu überleben.

Mein Privatleben kreiste darum, für meinen Sohn und mich ein Leben unabhängig von meinem Ex-Mann einzurichten. Im August war ich in der Lage, die Umzugskosten aufzubringen, die mit der räumlichen Trennung von David anfielen. Mein Sohn Eric und ich zogen in eine kleine Wohnung in Mount Vernon in New York. Zum ersten Mal waren wir wirklich unabhängig. Bis dahin wurde meine Trennung dadurch markiert, daß ich auf dem Fußboden im Kinderzimmer oder auf dem Sofa im Wohnzimmer schlief, das ich mir endlich kurz vor meinem Umzug gekauft hatte.

Die Sorge um Eric füllte meine Tage aus. Tatsächlich war nur wenig Platz für irgend etwas anderes, was mich manchmal von den anderen Leuten isolierte. Ich war die einzige von meinen Freunden, die ein Kind hatte, und ich war eine der wenigen unter meinen Freunden, die nicht in Manhattan wohnte. Daher war es nicht so sehr meine freie Entscheidung als vielmehr durch die Umstände bedingt, daß Eric zeitweise tagelang meine einzige Gesellschaft war.

Ich nehme an, daß die meisten Eltern so fühlen wie ich, doch ich fand wirklich, daß Eric ein bemerkenswertes Kind war. Er war nicht nur das schönste Kind auf der Welt, sondern es machte auch unheimlich Spaß, mit ihm zusammen zu sein. Wir verbrachten unsere Zeit auf dem Spielplatz hinter unserem Wohnblock oder gingen in die Läden in der Nähe, sahen uns »Sesamstraße« an oder lasen Märchenbücher. Und manchmal, wenn es Zeit war, ihn ins Bett zu bringen, ich mich aber noch nicht von ihm trennen wollte, beobachtete ich Eric einfach in seinem Bettchen und weinte über das Wunder, das er für mich war. Es war, wie ich mich erinnere, zum großen Teil eine wunderschöne Zeit für mein Baby und mich.

Meine Zeit mit Eric war sowohl Nahrung für meine Seele als auch Flucht vor dem anderen Leben, das ich führte – dem Leben mit Dr. Leonard. Dort gab es keine Urteile und Verurteilungen, und statt über Richtig und Falsch zu urteilen, kicherten wir und umarmten uns. Er gab mir einen festen Halt und einen Mittelpunkt. Ich bin nicht sicher, ob es daher kam, weil ich mich so sehr an ihm freute, oder weil ich wußte, wie sehr er mich brauchte. Ich weiß nur, daß er es tat.

Meine Isolation wurde zeitweise unterbrochen, als Jack aus Manhattan in eine Wohnung in der Nähe des Hauses in Mount Vernon zog, wo ich wohnte. Wir verbrachten die meisten Abende zusammen, aber so sehr ich auch in Jack verliebt war, erkannte ich doch an den Reibungspunkten in unserer Beziehung, daß er für mich kein Partner auf Dauer war. Ich bemühte mich immer noch, aus der Rolle auszubrechen, die ich in der Ehe übernommen hatte. Ich wollte nicht jemandes Köchin, Hausmädchen und Wäscherin sein. Jack seinerseits war nicht dazu geneigt, seinen Teil der Hausarbeiten zu erledigen. Außerdem ließ er sich gerne bedienen. Wir waren nicht gerade füreinander geschaffen.

Während dieser Zeit war das Verhältnis zu meinen Eltern recht stabil. Sie kamen sogar zu mir auf Besuch, einmal vor meinem Umzug nach Mount Vernon und einmal danach. Und sie hatten mich mehrmals nach Chicago eingeladen. Doch einige Dinge im Verhältnis mit meiner Mutter änderten sich nie.

Genau zu der Zeit erhielt ich einen Anruf von meiner Mutter, die mir eine gute Nachricht mitteilen wollte. »Dein Vater und ich fahren mit der ganzen Familie nach Afrika und Israel!« kündigte sie an.

»Mach keine Witze«, antwortete ich verblüfft. Ich wußte nicht, ob noch eine Pointe kommen sollte oder ob wir tatsächlich eine so ausgefallene Reise machen würden. Ich war nicht auf das gefaßt, was wirklich dahintersteckte.

»Dein Vater und ich haben schon lange über eine solche Reise geredet«, sagte sie. Sie plapperte meistens einfach drauf los vor lauter Aufregung. »Wir haben gedacht, das wäre eine wunderbare Reise für unsere Kinder«, fuhr sie fort.

»Wann? Wann fahren wir?« fragte ich vorsichtig.

»Du nicht, Ellen«, antwortete sie. »Dein Bruder und deine Schwester.«

Ich konnte nichts sagen. Der Grund für meine Sprachlosigkeit war natürlich nicht, daß ich nun nicht Afrika und Israel sehen würde. Es war die Selbstverständlichkeit, mit der Mama von ihrer »ganzen Familie« oder »unseren Kindern« redete und mich nicht einbezog.

»Natürlich«, konnte ich schließlich antworten. »Wie dumm von mir«, dachte ich.

»Die Reise dauert zwar nicht lange, aber wir würden uns sehr freuen, wenn du uns zum Kennedy-Flughafen bringen würdest«, fügte sie hinzu.

Während dieser Zeit beschäftigte ich mich weiter mit meiner Therapie und damit, Antworten auf die vielen alten Fragen zu finden. Obwohl ich nie mit irgend jemandem über die Zusammenkünfte mit meinem Arzt gesprochen hätte, fand ich doch auf Partys Gelegenheit, meine Zweifel über Dr. Leonards nackte Begrüßungen an der Eingangstür loszuwerden. Natürlich äußerte ich meine Zweifel nie direkt. Nur die dahinterliegenden Fragen.

»Was halten Sie davon?« fragte ich etwa eine der Frauen, die erwähnt hatte, sie habe Dr. Leonard im Adamskostüm gesehen. Ich suchte in ihrem Gesicht nach irgendwelchen Hinweisen darauf, daß sie dieselbe Unsicherheit, Nervosität und Unruhe empfand, die ich so angestrengt zu unterdrücken und so sorgfältig zu verbergen versuchte. Und ich suchte nach Zeichen, die mir verrieten, daß sie ihn nicht nur nackt gesehen hatte. Bis auf eine fanden es alle Frauen *wunderbar*, daß er sich nicht schämte. Schließlich überwand ich mich, es genauso zu sehen.

Die eine Ausnahme, die ich kennenlernte, zeigte mir, in was für einem schweren Konflikt ich tatsächlich steckte. Nachdem ich diese Frau gefragt hatte, was sie über Dr. Leonards nackte Auftritte vor seinen Patientinnen dachte, stellte ich fest, daß sie eine der wenigen war, die diese Zurschaustellung nicht nur nie erlebt hatte, sondern gar nichts davon wußte. Als sie bei dieser Eröffnung merklich unruhig wurde, ertappte ich mich dabei, wie ich sie zu beschwichtigen versuchte, indem ich Dr. Leonards Verhalten rechtfertigte. Je mehr sie sich aufregte, desto ausführlicher versuchte ich ihr zu erklären, warum es notwendig war, daß er nackt in seiner Wohnung herumstolzierte. Doch meine Worte trafen auf taube Ohren, und bald darauf beendete sie ihre Therapie. Jahre danach noch fühlte ich mich schuldig, weil ich dazu beigetragen hatte, daß sie sich die beste Therapie versagte, die es gab. Dr. Leonard hielt meine Schuldgefühle für angebracht und wohlverdient.

Doch erst als Dr. Leonard in meine Therapiesitzungen das Nacktsein als festen Bestandteil einführte, begann das unterschwellige Grollen eines ständig schwelenden Konflikts in mir zum Ausbruch zu drängen. Er beschäftige sich mit einer »innovativen« Therapieform, sagte er, nachdem er *Der Urschrei* gelesen hatte. Zu Anfang hatte er sich nur nach den Techniken gerichtet, die in diesem bekannten psychologischen Werk beschrieben wurden; ich mußte mich mit ausgebreiteten Armen und Beinen auf den Boden legen, und er arbeitete mit mir darauf hin, verdrängte Erlebnisse wieder ins Bewußtsein zu befördern.

Verdrängungslösung, erklärte er, heißt, ein Ereignis oder Gefühl zu durchleben und ins Gedächtnis zurückzuholen, das normalerweise (aber nicht immer) außerhalb des Bewußtseins blockiert ist, weil das Ereignis oder Gefühl bei seinem ersten Auftreten mit Schmerz gekoppelt war. Dr. Leonard wollte die Patienten mit Hilfe der Techniken, die er in *Der Urschrei* gelernt hatte, und mit Hilfe seiner eigenen Fragen aus der Gegenwart in eine vergangene Zeit zurückführen, einen Zeitpunkt, in dem das für die Patienten einschneidende Ereignis oder Gefühl lag. Er wollte versuchen, mit den Patienten gemeinsam diese blockierte Erinnerung für sie lebendig zu machen.

Es war nicht ungewöhnlich, daß eine Stunde mit Dr. Leonards Anweisung begann, mich auf den Fußboden zu legen, damit wir »Gefühle erforschen« konnten. Er stellte die Kamera so ein, daß sie auf den Boden gerichtet war, wo ich lag, kam hinter seinem Schreibtisch vor und setzte sich ein Stück weiter weg auf den Boden. Dann führte er mich, ganz ähnlich wie ein Hypnotiseur, zurück in die Zeit, als ich sechzehn Jahre alt war, dreizehn Jahre, elf, zehn, acht...

»Rufe jetzt deinen Vater«, wies er mich etwa an. Oder: »Sage deiner Mutter, wie du empfindest, wenn sie dich schlägt.« In dieser Weise fingen unsere Erforschungsstunden an.

Gelegentlich, allerdings nicht oft, waren diese Sitzungen effektiv. In meiner Vergangenheit gab es vieles, was zutage befördert werden mußte, und wenn ich nach diesen Erfahrungen suchte oder als Reaktion auf ihre Entdeckung weinte, hielt Dr. Leonard mich manchmal fest. Sanft, väterlich und beruhigend wiegte er mich in seinen Armen und gab mir damit zu verstehen, daß mir hier nichts geschehen konnte. Ich genoß diese Augenblicke voll Sicherheit und Geborgenheit. Obwohl sie mich auch schmerzlich an eine Zeit erinnerten, wo ich mich nach einer solchen Bestätigung gesehnt hatte, gaben sie mir doch Gelegenheit, dieses Bedürfnis jetzt zu stillen. Und sie gaben mir die Sicherheit, daß Dr. Leonard sich um mein Wohlergehen sorgte. Diese Stunden zeigten mir, daß er nur mein Bestes im Sinn hatte, daß er mir nie etwas zuleide tun würde, daß ihm etwas an mir lag.

Bald nachdem er diesen neuen Weg in der Psychotherapie eingeschlagen hatte, führte er seine eigene Technik ein, die, wie er behauptete, den Zweck hatte, den Prozeß der Bewußtmachung von verdrängten Ereignissen zu beschleunigen.

Es war im Spätherbst, als ich zu dieser besonderen Sitzung kam. Ich nahm auf dem Patientensessel in seinem Büro Platz und schaute ihm zu, während er die Kamera einstellte und das Aufnahmegerät einschaltete. Er setzte sich auf seinen Platz hinter dem Schreibtisch und bat mich, meine Kleider abzulegen – »und zwar alle«.

»Was?« fragte ich.

»Zieh deine Kleider aus«, wies er mich an. »Ich will eine

neue Technik ausprobieren. Ich denke, sie wird dir helfen, Verdrängtes schneller heraufzuholen.«

Ich stand auf. Doch ich zog mich nicht aus. Ich konnte fühlen, wie mir das Blut durch den Körper schoß. In meinem Kopf drehte sich alles, und das Atmen fiel mir plötzlich schwer. Ich setzte mich wieder hin.

»Ich kann das nicht«, sagte ich zu ihm.

Er blieb ruhig, zu meiner großen Überraschung. »Ich will, daß du mir vertraust«, sagte er. »Vertraust du mir?«

»Ja.«

»Ich will, daß du offen zu mir bist«, sagte er. »Willst du das?«

Ich antwortete nicht.

»Würde es dir leichterfallen, wenn ich es für dich täte?« fragte er.

Ich stellte andere Möglichkeiten nicht zur Debatte und auch nicht sein Recht, die Alternativen so zu beschränken. Sich ausziehen oder ausgezogen werden. Ich konnte mich nicht dazu überwinden, es selbst zu tun, also entschied ich mich für die zweite Möglichkeit.

Während die Kamera immer noch lief, ging er auf mich zu und trat hinter meinen Sessel. Von hinten schob er meine Bluse hoch und streifte sie mir über Kopf und Arme. Dann hakte er meinen BH auf und legte ihn über meine Bluse auf den Boden. Er trat vor mich hin und bedeutete mir, indem er mich bei den Händen nahm, daß ich aufstehen sollte. Als er seine Hände auf den Gummibund meines Rocks legte, sagte ich ihm, daß ich mich vollends allein ausziehen würde.

Nackt stand ich vor meinem Therapeuten und seiner Kamera. Ich fühlte mich ohnmächtig und erniedrigt, und ich schämte mich gleichzeitig für diese Gefühle. Vertraute ich diesem Mann etwa nicht?

Er forderte mich auf, mich hinzulegen, und fing an, seine Fragen zu stellen, um mich zeitlich zurückzuführen. Ich versuchte, mich auf seine Fragen zu konzentrieren, aber ich konnte nur seinen Blick und den der Kamera auf meinem Körper wahrnehmen. Diese Stunde führte zu nichts, aber er schien dennoch stolz auf mich zu sein.

In darauf folgenden Sitzungen zur Verdrängungsbewältigung weigerte er sich anzufangen, bevor ich mich nicht ganz ausgezogen hatte. Oft brauchte das über die Hälfte meiner Stunde bei ihm.

»Ich kann nicht«, sagte ich.

»Du willst nicht«, gab er dann zurück.

»Ich *kann* nicht. Ich kann mich nicht ausziehen«, sagte ich beharrlich.

»Du willst dich nicht ausziehen«, sagte er dagegen.

»Ich mache alles, was Sie für mich für das beste halten, aber *das* kann ich einfach nicht.«

»Du willst nicht«, wiederholte er.

»Ich habe aber das Gefühl, ich *kann* nicht!« protestierte ich.

Er drängte mich dazu, diese irrationalen Ängste zu überwinden, die mich daran hinderten, das zu tun, was für mich richtig war. Wenn er geduldig und sanft darauf beharrte, fühlte ich mich schuldig, weil ich eine so schwierige Patientin war. Wenn er frustriert und ärgerlich darauf bestand, war ich eingeschüchtert und verängstigt. So oder so war ich am Schluß nackt.

Ich wußte nie, wann solche Nacktsitzungen stattfinden würden. Würde in dieser Sitzung Verdrängungsbewältigung betrieben werden oder würde es eine Vortragsstunde sein? Die Unsicherheit machte mich schon im voraus noch nervöser. Die Sitzungen selbst erinnerten mich ständig an eine Vergangenheit, die nicht sterben wollte; und die Fragen und Zweifel, die ich so viele Monate zu ignorieren versucht hatte, beherrschten nun meine Therapie – und mein Leben.

Im November 1972 hörte ich zum erstenmal etwas über berufliche Verhaltensrichtlinien, die von medizinischen und psychiatrischen Organisationen aufgestellt worden waren. Damals erfuhr ich erstmals, daß sexuelle Beziehungen zwischen dem Therapeuten und der Patientin als Verstoß gegen die Berufsnormen angesehen wurden, die von der Amerikanischen Psychiatrischen Gesellschaft, der APA, bekanntgegeben worden waren. Diese Information erwies sich als Wendepunkt in meiner Beziehung zu Dr. Leonard.

Vorher hatte ich die sexuellen Handlungen zwischen Dr. Leonard und mir nie als eine Frage beruflicher Indiskretion oder als Verletzung ethischer Normen betrachtet. Jetzt, wo ich gehört hatte, daß Mitglieder seines Berufszweigs in dieser Frage einen solchen Standpunkt vertraten und diese Handlungen verurteilten, kamen mir zum ersten Mal Zweifel an Dr. Leonard.

Ich fragte mich, ob meine Unfähigkeit, mit der ersten Nacht in seinem Bett fertigzuwerden, wirklich ein Zeichen meiner mangelnden geistigen Gesundheit war. Ich fragte mich, ob meine Unfähigkeit, einen Höhepunkt zu empfinden, wenn er in meinen Mund ejakulierte, tatsächlich ein Zeichen für unterentwickelte Weiblichkeit war. Ich fragte mich, ob mein Widerstand und mein Widerwille wirklich Anzeichen einer Neurose gewesen waren. Ich hinterfragte alles.

Und dann fragte ich mich, ob es möglich sein konnte, daß der großartige Dr. Leonard etwas falsch gemacht hatte. Konnte es sein, daß er einen Fehler gemacht hatte? Konnte es sein, daß das alles daher rührte, daß er die Berufsrichtlinien seines Fachs nicht kannte? Oder suchte ich nach einem Sündenbock für meine eigene Unfähigkeit, mit dem inneren Aufruhr umzugehen, den unsere Beziehung in mir verursacht hatte?

Wenn er in allem richtig gehandelt hatte, dann, so dachte ich, war meine fortdauernde innere Unruhe ein eindeutiges Zeichen für grundlegende psychische Instabilität und für eine Neurose. Auf der anderen Seite aber bestand die vage Möglichkeit, daß das *sein* Problem, *sein* Irrtum, *seine* falsche Beurteilung war. Und wenn dem so war, mußte ich die Therapie bei ihm abbrechen. Er war so weit gegangen mit mir, daß es kein Zurück mehr geben konnte.

Ich mußte es wissen. Wer war hier im Irrtum? Ich mit meinem neurotischen Zustand oder er mit seiner Urteilskraft? Ich wußte, daß ich emotional zu sehr verstrickt und zu durcheinander war, um in dieser Angelegenheit Klarheit schaffen zu können. Ich brauchte Hilfe. Der einzige Mensch, an den ich mich immer um Hilfe gewandt hatte, hatte es beständig abgelehnt, mit mir über die spezielle Beziehung zwischen uns zu sprechen. Im übrigen konnte man sich nun nicht mehr darauf verlassen, daß Dr. Leonard das erforderliche Wissen oder die nötige Objektivität hatte. Ich würde, so beschloß ich, Dr. Blumenthal anrufen.

Ich glaube, Dr. Blumenthal erkannte meinen Namen wieder, als ich ihn anrief, aber ich erinnerte ihn dennoch an unser Gespräch vor eineinhalb Jahren, wo er mir Dr. Leonard empfohlen hatte. Er sagte, er erinnere sich daran, und ich erzählte ihm, daß ich seinem Rat gefolgt und bei Dr. Leonard in Therapie gegangen sei.

»Warum rufen Sie mich dann an?« wollte er wissen.

»Weil ich nicht weiß, ob ich weiter bei Dr. Leonard in der Therapie bleiben sollte«, erwiderte ich.

Bevor ich weiterreden konnte, unterbrach er mich. »Solange Sie noch Patientin bei Dr. Leonard sind, kann ich mit Ihnen nicht darüber sprechen.«

»Sie verstehen mich nicht richtig«, erklärte ich. »Gewisse Umstände machen es mir unmöglich, dieses Dilemma mit Dr. Leonard zu besprechen. Ich habe es zwar versucht, aber Dr. Leonard will nicht darüber diskutieren, und jetzt muß ich mit jemand anderem darüber reden.«

»Bitte sagen Sie nichts mehr. Es wäre nicht richtig von mir, Ihnen einen Rat zu geben, während Sie bei einem anderen Arzt in Behandlung sind.«

Doch ich fuhr trotzdem fort. »Zwischen meinem Theapeuten und mir ist *etwas*, und ich will nur von Ihnen wissen, ob dieses *etwas* in Ordnung ist. Wenn es in Ordnung ist, habe ich keinen Grund, von Dr. Leonard wegzugehen. Aber wenn nicht, werde ich die Therapie bleiben lassen. Ich muß einfach wissen, ob das, was er tut, richtig ist oder nicht.«

Ich wollte ihm gerade erklären, was das etwas war, als er mich unterbrach. »Ich weiß, wovon Sie sprechen, Ellen. Aber ich kann Ihnen da einfach nicht helfen.«

»Nein, ich glaube nicht, daß Sie wissen, wovon ich rede, Dr. Blumenthal. Was ich Ihnen zu sagen versuche, ist... «

»Ich weiß genau, wovon Sie reden, Ellen, und ich will dazu nichts mehr sagen. Sie können mich gerne anrufen, nachdem

Sie mit Ihrer Therapie bei Dr. Leonard aufgehört haben, dann werde ich mit Ihnen sprechen.«

»Aber ich will nicht aufhören, wenn er nichts falsch gemacht hat. Wenn das Problem bei mir liegt, sollte ich bei Dr. Leonard bleiben und es durchstehen. Deswegen muß ich wissen, ob es an mir liegt oder an ihm.« Ich hoffte auf ein Zeichen, einen Hinweis auf das, was er dachte.

»Es tut mir leid. Das ist alles, was ich sagen kann. Auf Wiedersehen.« Und er legte auf.

»Scheren Sie sich zum Teufel«, sagte ich in den toten Hörer.

An diesem Abend war ich mit Jack verabredet, aber ich war mit den Gedanken woanders. Ich war zerstreut und depressiv, und das merkte man.

»Jack.« Ich wagte einen direkten Vorstoß. »Findest du es in Ordnung, wenn ein Arzt sexuellen Kontakt mit einer Patientin hat?«

Er wurde bleich. In ihm spiegelte sich die Verblüffung über eine Frage, die völlig unvorbereitet kam, und gleichzeitig die Erkenntnis, was die Frage bedeutete. Sein ungläubiger Blick sagte mir, daß ich die falsche Person gefragt hatte.

Er bestürmte mich mit Fragen, wollte so viele Dinge wissen. Und ich, in meiner Panik, daß ich die Büchse der Pandora geöffnet hatte, gestand ihm nicht einmal seine erste Frage zu: »Warum fragst du, Ellen?«

Er wußte es, aber ich konnte nicht bestätigen, was er ahnte. Er wurde zunehmend verstörter und drang in mich. Doch ich weigerte mich weiterhin zu antworten.

»Wenn du auf meine Fragen nicht antworten willst, dann tut es vielleicht Dr. Leonard«, sagte er frustriert.

»Nein!« bettelte ich. »Bitte, sag ihm bloß nicht, daß du etwas vermutest.« Ich war in Panik. Ich hatte das Gefühl, ich müsse Dr. Leonard gegen das Urteil, das ich in Jacks Augen las, in Schutz nehmen und verteidigen, und ich müsse mich selbst schützen vor Dr. Leonards Wut.

Es war zu spät. Jetzt war es schon passiert.

»Es tut mir leid, Ellen«, sagte er, »aber ich weiß nicht, ob ich mit meiner Therapie weitermachen kann, wenn Dr. Leonard das nicht widerlegen oder erklären kann, was ich jetzt denke.« Er müsse, sagte er, in seiner nächsten Stunde mit Dr. Leonard darüber sprechen.

5. Dezember 1972

Meine Sitzung lag eine Woche vor der von Jack. Ich war dankbar, daß ich das Glück hatte, denn ich dachte, es sei besser, wenn ich Dr. Leonard selbst erzählte, was passiert war, als wenn Jack in seine Stunde marschierte und bei einem unvorbereiteten Dr. Leonard damit herausplatzte.

Inzwischen hatte ich vergessen, was mich dazu gebracht hatte, Jack als ersten zu fragen. Ich hatte vergessen, daß ich eine Entscheidung treffen wollte, und wußte nichts mehr von dem Dilemma, in dem ich gesteckt hatte. Ich hatte die Sache mit der Berufsethik vergessen und die Zweifel an seinem Verhalten. Ich hatte nur noch Schuldgefühle und Angst: Schuldgefühle, weil ich Dr. Leonard hintergangen hatte, und Angst vor den Konsequenzen.

»Ich muß mich bei Ihnen entschuldigen«, fing ich in der Stunde an. Dann erzählte ich ihm von meinem Abend mit Jack.

Er saß zurückgelehnt in seinem Sessel und hatte die Füße auf dem Tisch. Den Ordner auf seinem Schoß, hatte er angefangen, etwas in meine Akte zu schreiben, als ich zum Sprechen ansetzte. Jetzt legte er den Ordner und seinen Stift langsam auf den Schreibtisch zurück.

»Weiter«, sagte er feierlich.

So gut ich konnte, erklärte ich ihm, was mich zu der Frage an Jack veranlaßt hatte. »Sie wissen, wie durcheinander und beunruhigt ich nach dieser ersten Nacht in Ihrem Bett war. Und jedesmal, wenn ich daran dachte und Sie sich geweigert haben, mit mir darüber zu sprechen oder meine Fragen zu beantworten, bin ich noch unruhiger geworden. Zum Schluß ist es so schlimm geworden, daß ich sogar die Möglichkeit in Betracht gezogen habe, daß Sie etwas Ungehöriges mit mir gemacht haben.« Dann erzählte ich ihm, was ich über die APA und ihre ethischen Richtlinien erfahren hatte. »Aber jetzt

111

verstehe ich natürlich, wie gravierend meine Probleme gewesen sein müssen, wenn ich so reagiert habe.« Hier unterbrach er mich.

»Hast du sonst noch jemandem davon erzählt? Irgend jemandem? Ich will die Namen von allen Leuten wissen, denen gegenüber du das erwähnt hast.«

Ich wich seinem forschenden Blick aus. Ich fürchtete mich vor dem, was kommen würde, aber ich wußte, daß ich es sagen mußte.

»Dr. Blumenthal. Ich habe es so vage Dr. Blumenthal erzählt. Ich habe mit ihm über nichts gesprochen, ich habe es nur versucht. Aber er hat mich nicht gelassen.«

»Erzähl mir, was du gesagt hast. Erzähl mir alles, was du gesagt hast, und alles, was er gesagt hat.« Es war ein dumpf und monoton geäußerter Befehl, aus dem ich unterdrückte Wut hörte.

Ich schilderte ihm mein Gespräch mit Dr. Blumenthal, und er verlangte weiter nach Einzelheiten. »Was hast du gesagt?« wurde gefolgt von: »Und was hat er gesagt?«, worauf wieder die Frage kam: »Und was hast du dann gesagt?«, manchmal mit dem Nachsatz: »Hast du *genau* das gesagt?«

Ich beantwortete seine Fragen und erklärte dann weiter, wie das in meinen Abend mit Jack gemündet hatte. Als ich fertig war, war es entsetzlich still.

Er hatte sich nicht bewegt oder seine Stellung verändert, seit er seinen Stift und den Ordner auf den Tisch zurückgelegt hatte. Er starrte mich immer noch an, jedoch nicht mit den hervorquellenden Augen, auf die ich mittlerweile gefaßt war, wenn er wütend wurde. Er sah fast aus, als ob er mir gar nicht zugehört hätte. Als ob er mich zwar anschaute, aber mir nicht zuhörte.

Dann nahm er langsam seine Beine vom Tisch und schwenkte den Sessel in meine Richtung. Er lehnte sich über seinen Schreibtisch und fragte ruhig: »Und du hast es sonst niemandem erzählt?«

»Niemandem«, erwiderte ich.

»Bloß Jack und Dr. Blumenthal?« vergewisserte er sich.

»Bloß Jack und Dr. Blumenthal.«

Dann herrschte wieder Schweigen. Jetzt begannen seine Augen langsam vor Wut aus den Höhlen zu treten. Dann durchbrach er das Schweigen.

»Du bist Abschaum«, hörte ich ihn sagen. »Du bist richtiger Abschaum.«

Meine Bewährungsstunde hatte begonnen. Ich war schon verängstigt und voll Scham gewesen, bevor mein Therapeut mich als »Abschaum« bezeichnete, bevor er mich als so wenig weiblich einschätzte, und bevor er mir versprach, mich nie wieder anzurühren. Ich hatte gehofft, in seinem Büro von meiner Schuld erlöst zu werden. Statt dessen wuchs mein Gefühl, völlig wertlos zu sein. Eine knappe Stunde später würde ich über die verschiedenen Möglichkeiten nachdenken, mich umzubringen.

9. Fröhliche Weihnachten

Unmittelbar vor Beginn meines nächsten Termins hatte sich Dr. Leonard eine Notiz über mich gemacht. Direkt unter dem aufgedruckten Datum stand:

Plan: *zur Tagesordnung übergehen*

Und das tat er. Weder in dieser Stunde noch in den folgenden Stunden machte er eine Andeutung über die vorangegangene Sitzung. Ich nahm den Wink meines Arztes auf und erwähnte sie auch nicht mehr. Erst vier Jahre später.

Obwohl wir beide uns benahmen, als hätte diese Bewährungssitzung nie stattgefunden, war sie nichtsdestotrotz im weiteren Verlauf der Therapie immer gegenwärtig. Sie zwang mich dazu, bedingungslos zu gehorchen, meine Verwirrung über die vergangenen sexuellen Kontakte zu unterdrücken und mich leidenschaftlich zu bemühen, die Gunst meines Therapeuten zurückzuerobern. Und sie hinterließ in mir das Gefühl, daß ich nur zwei Möglichkeiten hatte: mein Leben aufzugeben oder mein Leben in seine Hände zu legen. Ich entschied mich für letzteres.

Indem ich an diesem 19. Dezember wieder in meiner Stunde erschien, war die schrittweise Aufhebung meines Urteilsvermögens, meiner Wertvorstellungen und meines Selbstwertgefühls, die schon zu einem so frühen Zeitpunkt meiner Therapie begonnen hatte, fast ganz vollzogen. Er konnte mich jetzt vollkommen nach Belieben formen, verändern und beurteilen.

Er erteilte mir weiterhin alte Anordnungen, die ich befolgte, und erlegte mir außerdem neue auf. Mein Gehorsam beruhte nicht auf einer bewußten Entscheidung, noch rief ich mir bewußt irgendwelche Einzelheiten jener Bewährungssitzung in Erinnerung, bevor ich seine Befehle ausführte. Ich gehorchte einfach. Die Wahl, zu gehorchen oder nicht zu gehorchen, war mit der Fortsetzung der Therapie und dem Entschluß, »zur Tagesordnung« überzugehen, unwiderruflich entschieden. Mein Gehorsam lief automatisch ab. Ich betrachtete es nicht als denkbare Möglichkeit, seine Worte zu hinterfragen, geschweige denn, sie zu mißachten. Es wäre dasselbe gewesen, wie wenn man gefragt hätte, ob es richtig ist zu atmen. Ich empfand meinen Gehorsam gegenüber meinem Therapeuten als einen automatischen Prozeß, der zum Überleben notwendig war. Ohne Zweifel zu hegen, Schuld zu empfinden oder über das alles nachzudenken spielte ich voll Überzeugung und Vertrauen die Rolle, die er mir verordnet hatte. Und je besser ich sie spielte, desto positiver war seine Reaktion und desto größer mein Selbstwertgefühl.

Ich fühlte in mir keinen Widerstand, diesem Mann meine Identität auszuliefern. Im Gegenteil, ich war begierig, mich genauso zu verhalten, wie er es wünschte, um sein Vertrauen zurückzugewinnen, und nahm jede Gelegenheit dazu wahr. Ich kämpfte nicht darum, mein eigenes Urteilsvermögen zu behalten, sondern übernahm seines. Ich stellte seine Vorträge über einen Moralkodex, der meinem fremd war, nicht in Frage, sondern machte mir seinen zu eigen. Ich zweifelte nicht an seinem Rat, wie man psychisch gesünder und glücklicher lebte, sondern bemühte mich gewissenhaft, seine Vorstellung in mein Verhalten einzubauen. Ich lehnte mich nicht gegen seine Einschätzung von mir auf, sondern übernahm seine Einschätzung in meine eigene Selbstbeurteilung. Wenn er mich mochte, mochte ich mich auch. Wenn er mit mir unzufrieden war, fühlte ich mich hilflos und verlassen. Es schien eine Frage über Leben und Tod zu sein, daß er mich mochte. Er war mein Rettungsanker, und ohne ihn konnte ich nicht überleben.

Unser Verhältnis war dem zwischen einem Vater und einem mißhandelten Kind nicht unähnlich. Ich lernte, in seinem Gesicht zu lesen, seine Bewegungen und den Ton in seiner Stimme genau und treffend zu deuten. Da ich immer darauf bedacht war, nicht sein Mißfallen zu erregen, mußte ich erkennen, wann sich Gewitter zusammenbrauten, bevor die Stimmungen zu heftig wurden, um sich vertreiben zu lassen. Sorgfältig glich ich Geständnisse, die beweisen konnten, wie sehr ich ihm vertraute, mit solchen aus, die ihn wütend machen könnten. Ich achtete genau darauf, wie ich mit ihm sprach, da ständige Bewunderung und Respekt zu bewirken schienen, daß er in meinen Stunden rücksichtsvoller mit mir umging. Ich verteidigte ihn bei jeder Andeutung, mit der ihn jemand anzugreifen oder zu kritisieren schien, auch wenn ein solcher Angriff schon lange zurücklag und Dr. Leonard mir den Vorfall selbst erzählte. Und ich fürchtete meinen Therapeuten so sehr, daß ich vor jedem Besuch in seinem Büro körperlich krank wurde, während ich gleichzeitig bei ihm Liebe und Anerkennung suchte.

Einer der alten Befehle, der immer noch für viele meiner Sitzungen galt, war, mich auszuziehen. Zwar war ich weiterhin zögerlich und nervös, erklärte ihm jedoch immer schnell, ich wisse, daß meine Zurückhaltung vor ihm noch ein Problem sei und daß ich härter als je daran arbeitete, es zu überwinden. Und das tat ich.

»Ich versuche es«, sagte ich, wenn ich merkte, daß zwischen seinem Befehl und meiner Ausführung zu viel Zeit vergangen war. »Ich weiß, das sollte mir eigentlich leichtfallen, aber das tut es nicht.«

»Zwing dich einfach dazu«, befahl er mir dann. »Überwinde diese irrationalen Gefühle, die dich daran hindern, das zu tun, was das beste für dich ist.« Dann erzählte er mir immer die hypothetische Geschichte von einem Patienten mit einer Türgriffphobie.

»Wenn ein Patient mit einer Türgriffphobie zu mir käme, wie sollte ich ihn deiner Meinung nach behandeln?«

Da ich sicher war, daß er die Frage für mich zu beantworten gedachte, sagte ich nichts.

»Wenn so ein Patient zu mir käme, würde ich ihn so viele Türgriffe anfassen lassen, wie ich finden könnte. Ich würde ihn dazu zwingen, diese Ängste zu überwinden, denn nur dadurch, daß er die Türgriffe anfaßt, wird er lernen, daß einem dabei nichts passiert.«

Wenn er mir diese Frage stellte, war eine Antwort nicht nötig. Sie hatte nicht die Funktion, ein Gespräch anzuregen, sondern mich dazu zu bringen, mich zu entkleiden.

Ich machte beachtliche *Fortschritte* während dieser Therapiemonate. Irgendwo erinnerte ich mich daran, daß ich hinausgeworfen werden würde, wenn ich nicht schnellere Fortschritte machte als alle seine anderen Patienten. Ich funktionierte ausnahmslos weiter nach den Regeln, die für meine Bewährungszeit aufgestellt worden waren. Und er schien von Grund auf zufrieden mit unserer Arbeit.

»Weißt du«, sagte er wieder einmal, als ich nach einer meiner Sitzungen aufbrach, »du könntest nirgends sonst diese Art Hilfe bekommen.«

»Ja, ich weiß«, antwortete ich voller Bewunderung.

»Willst du mir noch etwas sagen?« sagte er bedeutungsvoll.

»Ich möchte Ihnen danken, daß Sie mich als Patientin behalten haben.« Ich dachte, daß es das war, was ich sagen sollte.

»Ist das alles?« fragte er.

Ich hatte ihn nicht korrekt gedeutet, doch jetzt wußte ich genau, was er erwartete. »Nein«, fuhr ich fort, »ich möchte Ihnen auch noch sagen, daß ich Sie liebe.«

Er lächelte. »Ist es nicht besser, die Gefühle herauszulassen, als sie zu unterdrücken?«

Zustimmend lächelte ich zurück und ging.

Aus den Monaten wurde ein Jahr, doch so folgsam ich in diesem Jahr auch war, es wurde kein Wort darüber verloren, daß meine Probezeit vorbei war. Ich wagte nicht zu fragen, wie mein Status jetzt war. Denn dadurch, daß das Thema ganz offensichtlich bei unseren Gesprächen übergangen wurde, verstand sich von selbst, daß es ebenso wie das Thema Sex zwischen ihm und mir tabu war. So ging meine Therapie einfach immer so weiter, während ich wußte, daß ich mich meinem Therapeuten gegenüber jetzt noch besser bewähren mußte.

Mein Privatleben lief in diesen Jahren weiter wie vorher. Da ich mittlerweile die Ereignisse um meinen Therapeuten immer geschickter von meinem übrigen Leben trennte, zeigte sich in dem, was ich tat, und in meinen Beziehungen keine sichtbaren Anzeichen für eine Veränderung aufgrund der vergangenen Ereignisse.

Meine Beziehung mit Jack ging nach meiner Bewährungssitzung nur noch ein paar Monate weiter, als ob nichts gewesen wäre. Offensichtlich zufrieden mit Dr. Leonards Erklärung, setzte Jack seine Therapie ohne Unterbrechung fort, und wir sprachen nie mehr über die Angelegenheit.

Einige Zeit nachdem Jack und ich übereingekommen waren, es sei an der Zeit, daß jeder von uns anderswo nach einem höheren Prozentsatz persönlichen Glücks suchen sollte, zog ich in die Innenstadt. Das brachte mich wieder näher zu meinen Freunden und minderte das wachsende Gefühl der Isolation, das ich in der Vorstadt hatte.

Ich kam enger in Kontakt mit *Jonathan*, einem weiteren Patienten von Dr. Leonard. Die Geschichte wurde ernster und dauerte eine Zeitlang.

Doch nach wie vor war mein Sohn der Mittelpunkt in meinem Leben. Aus meinen Aufgaben als Mutter und meinem Verhältnis zu Eric schöpfte ich mit jedem Jahr, das er älter wurde, mehr Zufriedenheit und Freude. Das verschaffte mir nicht nur ein Ventil für meine tiefe Liebe und Zuneigung, sondern auch eine gewisse Kontinuität und Stabilität. Für ein Leben, in dem solche notwendigen Dinge sonst fehlten, war das entscheidend. Und es war ganz eindeutig dieses kleine Wesen voller Liebe und Leben, das mich nach meiner Bewährungsstunde davon abgehalten hatte, mich umzubringen, und seitdem in jeden Tag Schwung und Energie brachte.

Ich meldete Eric in einer Montessori-Schule nur acht Blocks von unserer Wohnung entfernt an, stellte einen Babysitter für ganztags an, der ihn hinbrachte und nach der Schule abholte, und ging zum ersten Mal arbeiten, seit ich mein Kind hatte. Es fiel mir schwer, daß ich nicht da war, wenn er jeden Tag von der Schule heimkam, und daß wir die Nachmittage nicht für uns hatten. Aber wir hatten kaum Geld, und ich wußte, daß es an der Zeit war, mir meinen Lebensunterhalt zu verdienen. Die Unterstützung für das Kind würde nicht ewig gezahlt werden, und es reichte sowieso nicht.

Es war irgendwann Mitte 1974, als mir das volle Ausmaß meines *Fortschritts* in der Therapie deutlich wurde. In Erinnerung an die zahlreichen Male, wo Dr. Leonard mich gefragt hatte, ob ich ihm vertraute, und mich gebeten hatte, es unter

Beweis zu stellen, dachte ich mit tiefer Befriedigung, daß ich ihm tatsächlich vollkommen vertraute. In einem intensiven Tagtraum malte ich mir aus, daß er mir dieselbe Frage stellte. »Vertrauen Sie mir, Ellen?« Als ich ihm sage, daß ich das täte, fragt er mich, ob ich alles tun würde, worum er mich bäte, um es zu beweisen. Ich sage, ja, das würde ich. Dann fordert er mich auf, vom Empire State Building zu springen, wobei er gleichzeitig verspricht, daß mir nichts passieren würde. »Vertrau mir einfach«, sagt er in meiner Einbildung.

Ich bin mit diesem Vertrauensbeweis einverstanden, und er führt mich an der Hand auf das Dach des Wolkenkratzers. Ich gehe zum Rand, und als ich mich zum Sprung vorbereite, schaue ich zur Bestärkung zu ihm zurück. Er lächelt mich an und sagt noch einmal: »Vertrau mir.« Da drehe ich mich um, um mich meiner Mission zu stellen. Und ich springe.

Diese Phantasie schreckte mich nicht auf. Im Gegenteil, sie zeigte mir, welche Fortschritte ich in der Therapie seit der Zeit gemacht hatte, wo ich sein Verhalten im Licht des Ethikkodex der Psychiatrischen Vereinigung in Frage gestellt hatte. Sie zeigte mir, daß ich in der Lage war, Dr. Leonard zu vertrauen und mich auf ihn zu verlassen, ein Phänomen, das er, wie er sagte, als wesentlich für eine wirksame Therapie ansah.

Während dieser mittleren Phase meiner Therapie verlebte ich viel Zeit in meinen Phantasien, und besonders eine war vorherrschend. Ich sehe mich selbst in einem Gerichtssaal, im Zeugenstand. Gegen Dr. Leonard wird verhandelt, weil er seine Patientinnen sexuell belästigt hat, was in meiner Phantasie eine strafbare Handlung ist. Wenn er für schuldig befunden wird, muß er lebenslänglich ins Gefängnis.

Schon vor meinem Erscheinen haben Frauen ausgesagt, was Dr. Leonard ihnen getan hat, und es sieht so aus, als würde er mit Sicherheit verurteilt werden. Doch jetzt bin ich an der Reihe.

Bevor noch irgendeine Frage an mich gerichtet wird, verkünde ich dem Gericht, daß der Prozeß gegen diesen großartigen Mann eine Farce ist. Es sei unmöglich, sage ich, daß es die Arbeitsweise dieses genialen Menschen überhaupt verstehen, geschweige denn die Komplexität dessen würdigen könnte, was er zu vollbringen versucht. Ich sage dem Richter, daß es an seiner eigenen verdrängten Sexualität liegt, wenn er Dr. Leonards Großartigkeit als Verbrechen beurteile.

Dann bemerke ich, daß der Richter eine Frau ist, und sage Ihrer Ehren, daß ihre bloße Anwesenheit auf dem Richterstuhl in diesem Prozeß ein klarer Beweis dafür ist, daß sie zu wenig weiblich ist, weil eine richtige Frau fähig wäre zu erkennen, welches Unrecht hier geschieht, und dementsprechend zurücktreten würde. Und ich schließe mein Plädoyer mit einer allgemeinen Anmerkung über die kranke Psyche all derer, die ihn anklagen und verurteilen wollen.

Meine Rede ist so bewegend, daß er natürlich freigesprochen wird. Und er weiß, wer für seinen Freispruch verantwortlich ist, und steht ewig in meiner Schuld.

Ich deutete diese Phantasien nie als ein Zeichen dafür, daß unsere sexuellen Kontakte immer noch Ursache für einen ungelösten Gefühlskonflikt waren. Statt dessen sah ich sie als ein Symbol dafür, wie ich in meiner Therapie vorankam. Es ging aufwärts mit mir.

Auch Dr. Leonard fand, daß es aufwärts ging. Er sagte das nicht nur ab und zu in der Sitzung, sondern bestätigte diese Diagnose auch durch Dinge, die er außerhalb der Therapie tat. Einmal zum Beispiel lud ich ihn zu einer Party ein, die ich gab. Zu meiner großen Überraschung nahm er die Einladung an. Ich fragte mich, ob er die Einladung deswegen angenommen hatte, weil er mit seinem Abend nichts besseres anzufangen wußte, oder ob er wirklich den Wunsch hatte, mit mir zusammen zu sein. Ich lud ihn nicht lange nach der ersten Party ein zweites Mal ein. Auch diese Einladung nahm er an. Jetzt fühlte ich mich geehrt.

Ein andermal lud er mich nach meiner Sitzung am Abend in ein Bistro in der Nähe zum Essen ein. Ich war in Hochstimmung. Zwar bin ich möglicherweise immer noch in der Probezeit, dachte ich, aber ich bin für diesen Mann eindeutig etwas besonderes.

Es war Ende 1974, zwei Jahre nach meiner Bewährungssitzung, als mir Dr. Leonard das größte Kompliment erwies. Er lud mich auf eine Weihnachtsfeier zu sich nach Hause ein.

Fünfzehn *ausgewählte* Patienten waren zu dieser Party eingeladen. Weil das eine Auszeichnung war, war es sicher, daß jeder kam. Jonathan und ich trafen kurz nach den anderen ein und wurden aufgefordert, unsere Mäntel ins Schlafzimmer zu hängen und uns in der Küche etwas zu trinken zu holen.

Der begrenzte Platz auf der Theke war vollgestopft mit Spirituosen, Mixer für die Cocktails und Gläsern. Ich ließ Wein und harte Getränke außer Acht und schenkte mir ein Sodawasser ein, bevor ich ins Wohnzimmer zurückging, wo der Baum geschmückt wurde. Die Aufmerksamkeit richtete sich jedoch weniger auf den Baum als auf Dr. Leonard.

Als der Abend verstrich und der Baum fertig war, nahm die Unterhaltung eine neue Form an. Dr. Leonards Freundin, Patricia Street, stimmte ein Lied an, und ein Freund begleitete sie auf der Gitarre. Wir sangen gemeinsam, hörten Pat und ihrem Partner zu, wie sie allein sangen, und lachten über Dr. Leonards Versuche, ein Solo zu singen oder den Chor zu übertönen. Jeder schien sich richtig zu amüsieren.

Als der Gitarrist eine Pause für seine Finger brauchte, ging ich mein Glas nachfüllen. Ich war allein in der Küche, als ich durch Dr. Leonards Gegenwart erschreckt wurde.

»Gib mir einen Kuß«, sagte er, während er mich von hinten packte. Ich wirbelte herum, wobei ich ihn aus dem Gleichgewicht brachte, und stieß hervor: »Sie haben mich erschreckt!« Ich stieß ihn weg.

»Nur einen Kuß«, bettelte er scheu.

Wieder mußte ich ihn wegstoßen. »Pat wartet wahrscheinlich im Wohnzimmer auf Sie. Sie wird sich schon fragen, was mit Ihnen passiert ist.«

»Nur einen«, sagte er beharrlich, »dann lasse ich dich in Ruhe.«

Damit stieß er mich gegen den Geschirrspüler und näherte sein Gesicht dem meinen.

»Nein!« erklärte ich fest und schob ihn zur Seite.

Ich verstand nicht, was er da tat. Während meiner Bewährungssitzung hatte er doch geschworen, er würde mich nie wieder anrühren.

Ich versuchte nicht weiter, die Situation zu verstehen, und ging schnell zurück ins Wohnzimmer zu Jonathan. Als ich ihn gefunden hatte, erwähnte ich Dr. Leonards Verhalten in der Küche nicht, sondern setzte mich nur zu ihm auf den Wohnzimmerteppich und fing eine private Unterhaltung an.

»Darf ich mich zu euch setzen?« hörte ich Dr. Leonard hinter uns fragen. Ich drehte mich um und sah, daß er die Frage an meinen Begleiter richtete.

Dr. Leonard setzte sich auf den Platz rechts von mir, während mein Begleiter links von mir sitzen blieb.

»Hast du es gern, wenn man dich kitzelt?« fragte Dr. Leonard in drohendem Ton.

»Ich hasse es«, antwortete ich ernst und sah ihm dabei direkt in die Augen.

»Und das? Kitzelt das?« fragte er, während er seinen Finger zwischen meine Rippen bohrte.

»Nicht«, sagte ich warnend.

»*Nicht*? Hast du *nicht* gesagt?«

Damit warf er mich nach hinten und drückte meine Schultern auf den Boden. Dann bewegte er sich schnell auf die andere Seite, wo meine Beine ausgestreckt waren, packte mich fest an den Knöcheln und drückte meine Beine heftig auf den Boden.

»Pack sie bei den Schultern!« rief er Jonathan zu. »Knie dich auf ihre Schultern!«

Jonathan zögerte nicht. Bevor ich meinen Oberkörper aufrichten konnte, zog er mich wieder nach unten.

Ich hatte solche Spiele noch nie gemocht, nicht einmal als Kind. Und jetzt mochte ich sie noch weniger. Ich fürchtete mich immer davor, in die Enge getrieben oder überwältigt zu werden. Und jetzt hatte ich Angst.

»Bitte, Jonathan«, bettelte ich und schaute ihn direkt an, »bitte tu es nicht.«

Jonathan merkte nicht, daß ich es ernst meinte, und machte weiter bei Dr. Leonards Spiel mit. Ich bat sie noch einmal inständig und mußte diesmal meine Tränen zurückhalten.

»Jonathan, ich meine es ernst. Hör auf!«

Da er diesmal spürte, daß mein Unbehagen ernst war, ließ er mich sofort los und entschuldigte sich später. Auch Dr. Leonard ließ mich daraufhin los, aber er nannte uns »erbärmliche Spielverderber« und ging weg.

Jonathan und ich blieben stehen und beschlossen, uns erst wieder hinzusetzen, wenn auf dem Sofa oder einem Stuhl ein Platz frei würde. Dr. Leonard ging zu anderen Gästen weiter, alberte mit ein paar Männern herum und tanzte zu imaginärer Musik mit einigen Frauen. Dann nahm er auf dem Boden neben einem seiner männlichen Patienten Platz.

»Tony«, sagte Dr. Leonard, »wer hat die bessere Boxmannschaft? Die Navy oder die Marines?« Die Frage, die der ehemalige Navyoffizier dem Ex-Marinesoldaten stellte, klang nicht ernst. Er amüsierte sich.

»Die Marines vor!« jubelte Tony zur Antwort.

»Ah ja?« flaxte Dr. Leonard zurück. Damit stürzte er sich auf Tony, wie um einen Kampf zu simulieren. »*Wer* hat die beste Mannschaft?«

»Die Marines!« applaudierte Tony diesmal lachend weiter.

Dr. Leonard drückte Tony auf den Boden und fuhr unbeirrt mit der Piesackerei fort. »*Was*?« fragte er herausfordernd.

Dieses Mal brauchte Tony nicht zu antworten, denn seine Demonstration, daß er körperlich stärker war und sich aus Dr. Leonards Griff befreien konnte, sagte genug für die Marines aus. Er lachte über seinen Sieg und über den Spaß mit dem Mann, den er so verehrte.

Dr. Leonard machte einen Satz auf Tony zu, um sich wieder in seine Position zu bringen, aber Tony war zu geschickt für den Arzt. Schließlich hatte Tony Dr. Leonard unter Kontrolle. Mit verändertem Gesichtsausdruck riß Dr. Leonard jetzt sein Knie nach oben, um Tony in die Hoden zu treffen. Nur Dr. Leonards mangelnde Hebelkraft ersparte Tony den beabsichtigten Schmerz.

Tony sah, daß ein bösartiger Ausdruck in Dr. Leonards Gesicht getreten war, und indem er seinem Therapeuten in die Augen sah, empfahl er ihm, »die Nerven zu behalten«.

»Das reicht«, erklärte Tony, und löste seinen Griff von dem Mann, der viel schwächer war als er.

»Das hättest du nicht tun sollen«, sagte Dr. Leonard kalt.

»Ich hätte was nicht tun sollen?« fragte Tony.

»Das hättest du nicht tun sollen«, wiederholte er.

Damit holte Dr. Leonard zu einem Schlag aus, daß die Lippen seines Patienten zu bluten anfingen. Es wurde still im Zimmer, und alle Augen richteten sich auf die beiden Männer.

»Was zum Teufel… ?« Tony war verblüfft und verwirrt, während er mit den Tränen kämpfte.

»Los, schlag mich!« hetzte der Doktor.

»Ich will Sie nicht schlagen, Dr. Leonard«, erwiderte Tony verstört.

Dr. Leonard verzog das Gesicht und versetzte Tony wieder einen Schlag.

»Jetzt schlag zurück«, höhnte er.

»Ich will mich nicht mit Ihnen schlagen. Ich mag Sie.« Tony verlor allmählich den Kampf gegen die Tränen.

Wut ließ Dr. Leonards Insektenaugen starr funkeln als Warnung vor dem, was kommen sollte. Tony machte eine ausweichende Bewegung, doch der Doktor erwischte ihn. Tonys einzige Alternative war, seinen verehrten Therapeuten zu schlagen, und es deutete nichts darauf hin, daß er diese Möglichkeit in Betracht zog. Eine solche Auseinandersetzung hätte er gewonnen, und das, so erklärte er später, habe ihn abgehalten.

»Los, schlag mich!« befahl Dr. Leonard wieder. Dann ging er mit der Grausamkeit eines wilden Tieres auf seinen Gast los. Immer wieder schlug er Tony ins Gesicht, und mit jedem Schlag wurde Tony hilfloser. Als Dr. Leonard nicht mehr konnte, ließ er seine Arme kraftlos herunterfallen und höhnte noch einmal: »Komm und versuch mich zu treffen!«

Tony rappelte sich auf und taumelte vom Wohnzimmerteppich in den Eßraum. Tränen liefen ihm übers Gesicht und mischten sich mit dem Blut, daß aus seinen Wunden kam.

»Warum tun Sie das?« fragte er flehentlich seinen Arzt. »Was wollen Sie?«

»Los, Tony. Versuch mich zu treffen«, höhnte Dr. Leonard

weiter; nichts deutete darauf hin, daß die gewalttätige Auseinandersetzung vorbei war.

Als Tony sich nicht bewegte, ging Dr. Leonard auf ihn zu, packte ihn am Hemd und zog ihn in die Küche. Obwohl wir das Geräusch von zerbrechendem Glas hörten, machte keiner von uns Anstalten, nach der Ursache zu fragen. Nur ich weinte, und nur ich redete.

»Kannst du nichts tun, damit er aufhört?« fragte ich Dr. Leonards Freundin Patricia. Auf dem Fußboden sitzend und gelassen auf ihre Hände gestützt, erwiderte Pat beiläufig. »Er weiß, was er tut. Macht euch keine Sorgen.«

Mein Gott, dachte ich, ist das eine Art Therapie? Und sofort erinnerte ich mich an das letzte Mal, als ich diese Frage gestellt hatte, und entschied mich, nichts mehr zu sagen.

Wenige Augenblicke nachdem sie in der Küche verschwunden waren, stolperte Tony heraus, als wäre er herausgeschleudert worden. Dr. Leonard kam hinterher und öffnete den an die Küche angrenzenden Wandschrank, griff hoch zu dem Regalbrett über dem Garderobenständer und zog ein Gewehr heraus.

Tony konnte kaum stehen, während sich das Bewußtsein von der Waffe in seinen Augen abzeichnete. Obwohl er blutüberströmt, ohne Zähne und benommen war, war er doch klar genug im Kopf, um diese neue Drohung wahrzunehmen.

»Nimm es«, befahl Dr. Leonard. »Nimm mir das Gewehr weg.«

Der Befehl war ein Wagnis.

»Legen Sie das Gewehr weg, Dr. Leonard. *Bitte*, legen Sie es weg.« Tony bettelte für uns alle.

»Ich habe gesagt, nimm das Gewehr, verdammt nochmal!« schrie er und drückte Tony das Gewehr in die Hand. Dann trat er etwa einen Schritt zurück und erließ seine nächste Anordnung.

»Schieß auf mich!« befahl er. »Los, schieß auf mich. Du hast das Gewehr. Benutz es. Ich kann dich nicht davon abhalten. Schieß!«

Tony blickte sich schnell nach jemandem um, der es wagen würde, aufzustehen und ihm das Gewehr wegzunehmen.

Jemand tat es und ließ das Gewehr schleunigst im hinteren Teil der Wohnung verschwinden.

Dr. Leonard stürzte zur Eingangstür und riß sie auf. »Raus!« schrie er Tony an. »Raus hier, zum Teufel!«

Tony weigerte sich zu gehen. »Ich will eine Erklärung«, verlangte Tony zwischen zwei Schluchzern. »Ich gehe nicht, bevor ich eine Erklärung bekomme.«

»Du verletzt mein Eigentumsrecht!« beschuldigte ihn Dr. Leonard. Der Objektivistische Psychotherapeut klagte seinen Patienten einer Sache an, die nach Objektivistischer Theorie einer Todsünde gleichkam. »Du sagst, du magst mich, und dann verletzt du mein Eigentumsrecht? Du magst mich nicht, wenn du so etwas tun kannst. Du magst mich überhaupt nicht.«

Er ging wieder zu Tony hin, packte ihn hinten am Hemdkragen und warf ihn aus der Wohnung in den Hausgang. Jetzt standen wir übrigen auf, um unsere Mäntel zu holen und diese Weihnachtsfeier zu verlassen.

Als wir aus der Wohnung traten, fanden wir Tony auf dem Boden im Gang. Benommen und weinend erzählte er mir, daß er spürte, wie er einen Nervenzusammenbruch bekam. Ich überlegte nicht, was ich tun sollte, sondern kniete mich einfach neben ihn und nahm ihn in die Arme. Vor diesem Abend waren wir bloß Bekannte gewesen, doch jetzt spürte ich, daß wir Seelenverwandte waren.

Als es ihm etwas besser ging, half ich ihm auf und ging langsam mit ihm in meine Wohnung. Ich war diejenige unter den Eingeladenen, die am nächsten zu Dr. Leonard wohnte; es war also sinnvoll, daß Tony mit zu mir kam. Ein paar von den anderen schlossen sich uns an. Die Sorge um Tony und das Bedürfnis, sich zu unterhalten, hielt uns bis spät in die Nacht wach.

Ich wischte Tonys Gesicht sauber, hörte ihm zu, während er in einem Zustand der Verwirrung unzusammenhängendes Zeug redete, und strich ihm beruhigend übers Haar, bis er schlafen konnte. Diese Nacht war der Beginn einer der wichtigsten Freundschaften, die ich je hatte.

Sobald Tony in meinem Schlafzimmer eingeschlafen war,

unterhielten wir übrigen uns im Wohnzimmer weiter über das, was wir an diesem Abend erlebt hatten. Wir überlegten, welche mögliche Erklärung es für diesen Anfall geben könnte, und suchten nach einem vernünftigen Grund, wo es keinen gab. Keiner wußte so recht, was wir tun sollten, und so warteten wir ab.

Am Morgen, kurz nach Sonnenaufgang und nachdem die meisten nach Hause gegangen waren, um zu schlafen, klingelte das Telefon.

»Ellen, hier ist Dr. Leonard. Ist Tony da?«

»Ja, aber er schläft.«

Wir sprachen beide ruhig und emotionslos.

»Würdest du ihn bitte aufwecken?« bat er.

»Nein. Er muß schlafen.«

»Würdest du ihm sagen, daß ich am Apparat bin, und ihn fragen, ob er aufstehen könnte?« fragte er.

»Nein, Dr. Leonard. Ich glaube nicht, daß man ihn stören sollte.«

Er akzeptierte meine Weigerung ohne weitere Diskussion und bat mich, Tony auszurichten, er solle im Lauf des Tages mit seinem Anruf rechnen. Dann erklärte er, er werde die übrigen Gäste, die bei dem Streit letzte Nacht dabei waren, später anrufen, wenn er mit Tony gesprochen hätte.

»Ich warte auf Ihren Anruf«, erwiderte ich. »Auf Wiedersehen.«

»Auf Wiedersehen.«

Als Tony aufwachte, war es schon später Vormittag. Ich richtete ihm aus, was Dr. Leonard gesagt hatte, und wir sprachen darüber, was bei Tonys bevorstehendem Gespräch mit seinem Arzt auf ihn zukäme. Als wir alle Möglichkeiten ausgeschöpft hatten, die wir uns vorstellen konnten, brach Tony auf, um nach Hause zu gehen, zu duschen, frische Sachen anzuziehen und auf Dr. Leonards Anruf zu warten. Ich beschloß, in meiner Wohnung zu bleiben und auf Nachricht von meinem neuen Freund zu warten, nachdem er mit Dr. Leonard gesprochen hatte, und auf Nachricht von Dr. Leonard selbst.

Tony und Dr. Leonard verabredeten sich für ein Uhr am selben Nachmittag. Das Gespräch wurde so vereinbart, wie es für Tony günstig war, da Dr. Leonard überaus bestrebt schien, ihm entgegenzukommen. Der Treffpunkt sollte in Dr. Leonards Sprechzimmer sein.

Vor Beginn schaltete Dr. Leonard das Videogerät ein und richtete die Kamera auf sich selbst. Er wolle, so erklärte er, sein Gesicht sehen, während er das sagte, was er Tony gleich sagen würde.

Dr. Leonard fing mit seiner Erklärung dessen an, was in der vergangenen Nacht passiert war. Er sei betrunken gewesen, sagte er, so betrunken, daß er die Kontrolle über sich verloren habe. Allerdings erinnere er sich sehr wohl daran, was ihn dazu provoziert habe, Tony zu schlagen. Es sei, behauptete er, sein »unterbewußter Ruf nach Gerechtigkeit« gewesen.

Tony verstand nicht, was Dr. Leonards Erklärung bedeutete, deshalb mußte Dr. Leonard die Sache erläutern. Er erklärte, daß Tony hätte zurückschlagen sollen, als er versuchte, ihn mit seinem Knie zu treffen. Als Tony das nicht getan, sondern ihn statt dessen losgelassen habe, sei er wütend geworden über die Ungerechtigkeit, die Tony zugelassen hatte. Mit jedem Schlag, der folgte, sagte Dr. Leonard, wollte er Tony zu einer *gerechten* Vergeltung bringen. Tonys Weigerung, sich zu verteidigen beziehungsweise Dr. Leonard zu bestrafen, lieferte seiner Wut nur neue Nahrung. Jetzt verstand Tony die Erklärung. Zumindest den Wortlaut.

An dieser Stelle fragte Tony seinen Therapeuten nach der Grausamkeit und Feinseligkeit, die diesen Ruf nach Gerechtigkeit aus Dr. Leonards Unterbewußtsein begleitet hatte. Das sei keine Feindseligkeit gewesen, sagte ihm Dr. Leonard. Das sei, so analysierte der Therapeut, Tonys eigene Projektion seines Vaters auf Dr. Leonard, den Therapeuten, gewesen. Es sei ein gängiges Phänomen, versicherte er Tony. »Man nennt es *Übertragung*.«

Übertragung, so erklärte er, nennt man den Fall, wo ein Patient die Gefühle, die er einem Elternteil gegenüber hat, auf den Therapeuten *überträgt* beziehungsweise das Bild eines Elternteils auf den Therapeuten *überträgt*. Normalerweise spielt der Elternteil, mit dem der Patient die meisten Schwierigkeiten hatte, bei dieser Gefühls- oder Wahrnehmungsübertragung eine Rolle. In diesem Fall stand für Dr. Leonard einwandfrei fest, daß Tony, der als Kind mißhandelt worden war, in Dr. Leonard das Gesicht seines Vaters gesehen hatte. Was Tony miterlebt hatte, war nicht Dr. Leonards Bösartigkeit, sondern die Bösartigkeit, die er allzu oft an seinem Vater erlebt hatte.

Mit akutem Unbehagen nahm Tony die Analyse des Doktors vorerst hin, ebenso wie sein Leugnen der Grausamkeit. Und Dr. Leonard ging zum nächsten Punkt über.

Wiedergutmachung, erklärte er, ist ein wesentlicher Bestandteil der Gerechtigkeit. Er habe Tony vergangene Nacht verletzt und wolle jetzt fragen, was Tony für den Schaden, den er verursacht hatte, bezahlt haben wolle.

Tony wußte, daß erhebliche Arbeit beim Zahnarzt erforderlich wäre, um den Schaden, den Dr. Leonard angerichtet hatte, zu beheben, und alles, was er verlangte, war die Bezahlung des Zahnarztes. Dr. Leonard war einverstanden mit Tonys Forderung und versprach ihm, ihm bei seinem eigenen Zahnarzt einen Termin zu verschaffen.

Dann kam Dr. Leonard zu seinem vierten und letzten Punkt. Dr. Leonard erlege sich, sagte er Tony, selbst eine Strafe auf, eine Strafe, die seinem Empfinden nach im Verhältnis zu seinem Vergehen stand: Er werde nie mehr Alkohol trinken. Nie mehr. In seinem ganzen Leben nicht. Dieselbe Ankündigung werde er uns allen machen, noch bevor das Wochenende um sei. Knapp zwei Jahre später sollte er die Aufhebung seiner Strafe ankündigen.

Als ihre Unterredung vorbei war, lud Dr. Leonard Tony ein, zu ihm und Pat ins Wohnzimmer zu kommen. Dort diskutierten sie die nächsten drei Stunden über Sport und Wirtschaft und tranken zusammen Kaffee. Sie behandelten Tony wie einen alten Freund, während alle versuchten, eine Nacht ungeschehen zu machen, die nie hätte passieren dürfen.

Bevor Tony Dr. Leonards Wohnung verließ, rief Dr. Leonard mich an, um einen Termin für unser Gespräch auszumachen. Wir einigten uns auf sieben Uhr, allerdings bei mir zu Hause, nicht bei ihm, was ihn ziemlich nervte. Doch ich sah nicht ein, daß ich herumhetzte, um so spät noch einen Baby-sitter zu finden, geschweige denn einen zu bezahlen, und das sagte ich ihm.

»Jonathan ist gerade bei mir«, erklärte ich ihm, »also brauchen Sie ihn nicht auch noch anzurufen. Er wird heute abend hier sein, wenn Sie kommen.«

»Und ich bringe Pat mit – als Zeugin«, erwiderte er.

Tony kam zu Fuß von Dr. Leonards Wohnung zu mir. Er schien entspannter zu sein als vor einigen Stunden, als er mich verlassen hatte, und brachte sogar ein Lächeln zustande, als ich ihn begrüßte. Er nahm am Eßzimmertisch Platz, wo Jonathan und ich uns unterhalten hatten. Ich setzte mich wieder an meinen Platz und wartete darauf, daß Tony redete.

»Ich bin zufrieden«, erzählte er uns. Weiter sagte er nichts.

»Was war?« fragte ich, verwirrt darüber, daß er so kurz angebunden war.

»Das ist alles, was ich sagen darf«, erklärte Tony. Dr. Leonard hatte Tony das Versprechen abgenommen, über ihre Unterredung Stillschweigen zu bewahren. Alles, was Tony übermitteln durfte, war, daß er Dr. Leonards Erklärung und Wiedergutmachung angenommen hatte. Erst Jahre später wurde ich in das Treffen zwischen Tony und Dr. Leonard eingeweiht. Bis 1977 war das ein wohlgehütetes Geheimnis zwischen dem Patienten und seinem Arzt. Wäre mir die Erklärung zu der Zeit, als Tony sie bekam, bekannt geworden, hätte ich wohl kaum anders reagiert als Tony. So verworren und beunruhigend Dr. Leonards Erklärung auch war, hätte er doch von meinen Selbstzweifeln profitiert.

Pünktlich um sieben klingelte es an meiner Tür. Als Dr. Leonard und Pat hereinkamen, stand Tony auf, um zu gehen und tauschte auf seinem Weg hinaus ein paar Höflichkeiten mit Dr. Leonard aus. Dr. Leonard saß da, wo Tony gerade gesessen hatte, und Pat links von ihm. Jonathan und ich saßen nebeneinander den beiden am Tisch gegenüber. Dann sprach Dr. Leonard.

»Das Hauptproblem«, sagte Dr. Leonard, »betrifft Tony und mich.« Er sagte, er verstehe das Unbehagen, das wir vielleicht über sein Verhaltens empfänden, machte uns jedoch darauf aufmerksam, daß der Schaden Tony zugefügt worden sei und nicht uns.

»Ich habe das mit Tony wieder eingerenkt; ihr könnt euch darüber bei Tony vergewissern. Aber die Einzelheiten gehen nur Tony und mich etwas an.«

»Ist das alles?« fragte ich. »Ist das die ganze Erklärung, die wir bekommen?«

»Na ja, außer daß ich hoffe, daß sich das nicht auf eure Behandlung auswirkt. Ich sehe allerdings auch keinen Grund, warum das der Fall sein sollte. Wenn ihr alles, was ihr über mich und meinen Charakter wißt, im Zusammenhang seht, dann werdet ihr sicher feststellen, daß das, was ich euch an Positivem bringe, bei weitem mehr Gewicht hat als das, was ich vielleicht gestern getan habe. Und da ihr nicht die Betroffenen seid, gibt es wirklich nicht mehr dazu zu sagen.«

Ich konnte nicht glauben, daß wir *keinerlei* Erklärung bekommen sollten. Würde auch das ein ungelöstes Geheimnis bleiben? Ich war fast rasend, weil ich irgendeine Aussage zu seinem Verhalten in der vergangen Nacht bekommen wollte.

»Glauben Sie nicht, daß Sie sich entschuldigen müssen, Dr. Leonard?« fragte ich.

»Wofür? Ich habe euch nichts *getan*«, erwiderte er. »Wenn hier irgend jemand zu verurteilen ist, dann ihr, nicht ich.«

»Weswegen?« fragte Jonathan erstaunt.

»Weil ihr nicht versucht habt, mich zurückzuhalten«, antwortete er.

Ich war sprachlos, wie er die Aufmerksamkeit von sich auf uns lenkte, aber mir gingen andere Dinge im Kopf herum, weil ich dieselbe zufriedenstellende Erklärung bekommen wollte wie Tony.

»Ich habe sehr wohl versucht, Sie zurückzuhalten«, protestierte Jonathan. »Aber Sie haben mich weggestoßen, und ich wußte, daß ich gegen Sie nicht angekommen wäre, wenn ich es weiter versucht hätte.«

»Dann nehme ich das Urteil gegen dich zurück«, sagte Dr. Leonard, »aber gegen alle anderen bleibt es bestehen.«

»Und was ist mit dem, was Sie mir getan haben?« fragte

ich. Finden Sie nicht, daß ich *dafür* eine Entschuldigung verdient habe?«

»Was habe ich dir getan?«

Ich erinnerte ihn an unseren Zusammenstoß in der Küche sowie an den Zwischenfall im Wohnzimmer.

»Daran erinnere ich mich nicht, Ellen. Vielleicht war ich zu betrunken«, erklärte er.

»Zu betrunken? Sie haben überhaupt nicht betrunken ausgesehen«, antwortete ich.

Sofort erklärte er, daß Leute Trinker sein können, ohne so zu wirken. Nicht jeder torkelt oder lallt, wenn er betrunken ist, sagte er mehr im Ton einer medizinischen Autorität als zur Rechtfertigung seines Verhaltens. »Man merkt mir nicht an, wenn ich betrunken bin.«

»Betrunken oder nicht«, sagte ich hartnäckig, »Sie sind mir eine Erklärung schuldig.« Ich brauchte irgendein handfestes Ergebnis von diesem Treffen.

»Wenn ich das getan habe, was du sagst, dann stehe ich tatsächlich in deiner Schuld.«

»Von dem Zwischenfall in der Küche weiß ich nichts«, brachte Jonathan vor, »aber den Vorfall im Wohnzimmer kann ich bestätigen.«

»Dann entschuldige ich mich dafür. Was kann ich tun, um es wiedergutzumachen?« Er stellte diese Frage, weil es sich gehörte, nicht weil er bemüht war, das, was er getan hatte, wieder in Ordnung zu bringen. In der Vergangenheit hatte er mir viel Schlimmeres angetan, aber diese Vorfälle hatten nie ein solches Bedürfnis nach freiwilliger Gerechtigkeit in mir geweckt. Bei diesen Vorfällen gab es allerdings keine Zeugen.

»Ich brauche Zeit, um darüber nachzudenken«, antwortete ich. Das ging alles viel zu schnell. Und ich war nicht auf die mangelnde Ernsthaftigkeit gefaßt, mit der er die Frage gestellt hatte, noch auf den schlimmeren Umstand, daß er überhaupt danach fragen mußte.

»Ich hätte das wirklich gerne geregelt, bevor Pat und ich in die Weihnachtsferien fahren. Ich möchte das hinter mich bringen und mich unbelastet fühlen, wenn wir weg sind.« Seine Frustration war offensichtlich, während er andeutete, daß ich die Antworten eigentlich parat haben müßte, wenn er sie wollte.

»Es tut mir leid«, sagte ich zu ihm, »aber ich brauche etwas Zeit.«

»Wir nehmen das in unserer nächsten Sitzung dran«, entschied er. Er war sicher, daß ich wiederkommen würde.

In den dazwischenliegenden Wochen beschloß ich, daß ich angesichts dessen, was ich »ingesamt« von ihm wußte, angesichts seines »ganzen Charakters« und angesichts des »Positiven«, was er für mich in der Therapie bedeutete, seine Entschuldigung annehmen und ihm das auch in der nächsten Stunde sagen würde. Ich würde ihm allerdings auch sagen müssen, wie erschüttert ich über die Episode auf seiner Party war und daß wir darüber sprechen müßten, bevor wir über andere Dinge sprechen könnten.

Als die Sitzung kam, schien er weder froh zu sein, daß ich seine Entschuldigung ohne weitere Erklärungen angenommen hatte, noch wirkte er erleichtert oder dankbar, daß ich es vorgezogen hatte, sein Wiedergutmachungsangebot abzuweisen. Er wirkte eher desinteressiert und gelangweilt. Und als ich über die Auswirkungen sprach, die jene Nacht auf mich und auf mein Bild von ihm hatte, behandelte er das so, wie er es mit jeder anderen Krise in meinem Leben gemacht hätte: er lenkte das Augenmerk von dem eigentlichen Ereignis auf meine Art, damit umzugehen, von seinem Verhalten auf meine Betroffenheit darüber. Es war wieder einmal wie während meiner ganzen Kindheit.

In dieser Stunde sprachen wir nur darüber, wie es auf mich als Patientin wirkte, wenn ich zusah, wie er einen anderen Patienten zusammenschlug. Ich war durcheinander, als er mir am Monatsende diese Stunde berechnete, als hätte sie sich nicht von den anderen unterschieden.

Alle anderen Partygäste, sagte Dr. Leonard, bekamen dieselbe Ansprache wie Jonathan und ich, bis auf die Bemerkungen, die Dr. Leonards Verhalten mir gegenüber betrafen. Und alle anderen Partygäste, die gleichzeitig seine Patienten waren, gingen nach seiner Rückkehr aus den Ferien wieder in ihre Therapie bei Dr. Leonard: jeder einzelne.

10. Das Strandhaus

Eine Therapie wird allgemein als etwas Privates und Persönliches angesehen, bei dem nur der Patient und der Therapeut um den Inhalt jeder Sitzung wissen. Während Dr. Leonard auf Vertraulichkeit von Seiten seiner Patienten bestand, wurde das Vertrauen oft vom Doktor selbst verletzt.

Bei mehreren Gelegenheiten verriet er mir »streng vertraulich« Dinge, die sich auf die Therapie anderer Patienten bezogen, Patienten, die ich kannte. Einmal zum Beispiel sprach ich in einer Sitzung mit Dr. Leonard über eine ehemalige Bekannte von mir, und Dr. Leonard ergriff die Gelegenheit, um mir mitzuteilen, daß besagte Person einmal seine Patientin gewesen sei. Allein diese Enthüllung wäre von den meisten Therapeuten als Vertrauensbruch angesehen worden, ganz zu schweigen vom Patienten, aber er ging sogar noch weiter.

Es wäre »unlauter« gewesen, sagte er zu mir, die Diagnose konkret zu benennen, die er von seiner ehemaligen Patientin gestellt hatte, »aber ich kann *folgendes* tun«. Dann zog er ein Lehrbuch aus dem Regal, in dem es um krankhafte Sozialverhaltensmuster ging. Dr. Leonard schlug das Inhaltsverzeichnis auf und wies mich an, es zu überfliegen. Jede Kapitelüberschrift bezeichnete ein konkretes Symptom, das mit der jeweiligen Persönlichkeitsstörung einherging. Er deutete auf einige Kapitelüberschriften, wobei er ein paar laut vorlas, und fragte dann: »Würdest du nicht auch sagen, daß das *Ira* beschreibt?« Es stimmte. Dann fügte er hinzu, daß diese angedeutete Diagnose »streng vertraulich behandelt« werden solle, da Ira schließlich einmal seine Patientin gewesen sei.

Bei anderen Gelegenheiten bekam ich ähnliche, wenn nicht gar noch konkrete Diagnosen von seinen Patienten. »*Debbis* hat das Problem, daß sie unfähig ist, irgendeine Form von Kritik zu akzeptieren.« Oder, der Grund, warum *Frank* sich mir gegenüber seltsam verhalte, sei, »weil ein Problem von Frank seine schreckliche Unsicherheit gegenüber Frauen ist.« Einmal verriet er mir sogar den ganzen familiären Hintergrund und die Familiensituation von zwei seiner Patienten. Diese Vorfälle erwiesen sich für mich als beruhigend und alarmierend zugleich: beruhigend, weil sie mir zeigten, daß er mir vertraute; alarmierend, weil er vielleicht über meine Therapie mit anderen genauso sprach.

So wie Dr. Leonard die Grundsätze der Vertraulichkeit locker handhabe, verletzten auch die Patienten diese Verbote. Auf diese Weise hörte ich zum erstenmal von *offenen Sitzungen*.

Offene Sitzungen, hatten mir meine Freunde erzählt, seien Therapiestunden mit einer vorher festgesetzten Anfangszeit, jedoch ohne ein fixes Ende. Nachdem sie angefangen hatten, konnten sie so lange weitermachen, wie Arzt und Patient es als nötig empfanden. Da diese Sitzungen fünf oder sechs Stunden dauern konnten, wurden sie im allgemeinen auf Freitag nachmittag gelegt, den Tag, an dem Dr. Leonard keine regulären Stunden anberaumte und den er sich gewöhnlich für Hausputz, Ausruhen oder lange Wochenenden auswärts freihielt.

Die Idee weckte meine Aufmerksamkeit und mein Interesse. Erst ein paar Wochen zuvor hatte ich Dr. Leonard gegenüber zu erwähnen gewagt, daß ich neuerdings unzufrieden mit meinen Therapiefortschritten war.

»Ich habe das Gefühl, als wenn ich mich zurückbewegen würde«, sagte ich. »Ich fühle mich weniger eins mit mir, als bei meinem Therapiebeginn vor drei Jahren.«

Er sah mich mit seinen Insektenaugen an und schrie ärgerlich: »Was zum Teufel haben wir denn dann hier gemacht?«

Er hatte meine Bemerkung als einen persönlichen Angriff auf seine Fähigkeiten verstanden, und das war nicht meine Absicht gewesen. Schnell ließ ich das Thema fallen und behauptete, daß »ich mich heute wahrscheinlich bloß ein bißchen schlecht fühle. Kümmern Sie sich nicht darum, was ich gesagt habe. Ich habs nicht so gemeint.«

Eine offene Sitzung, überlegte ich, könnte vielleicht einen *wirklichen* Fortschritt bringen und außerdem zeigen, daß ich mich fortwährend bemühte weiterzukommen. Ich schnitt das

Thema mit Dr. Leonard an, und seine Antwort fiel recht positiv aus; wir würden eine offene Sitzung abhalten.

Er setzte den Termin für den folgenden Donnerstagabend, nicht wie gewöhnlich für Freitag nachmittag fest. Des weiteren, sagte er, werde diese Sitzung nicht in seinem Büro stattfinden, sondern im Strandhaus seiner Freundin an der Südküste von Jersey. Er habe, so erklärte er, sich schon auf ein langes Wochenende dort eingerichtet und wolle seine Pläne nicht ändern. Ich akzeptierte seine Bedingungen, weil ich dankbar war, daß er mich überhaupt behandeln wollte.

Am Spätnachmittag brach ich nach Point Pleasant in New Jersey auf. Es war eine lange Zugfahrt, viel länger, als ich es mir vorgestellt hatte, und es war schon dunkel, als ich am Bahnhof von Point Pleasant ausstieg. Dr. Leonard wartete in seinem Cadillac auf mich und fuhr mit mir die kurze Strecke zum Strandhaus.

Es war ein unglaublich winziges Haus. Küche, Eßzimmer, Wohnzimmer und Eingang lagen alle innerhalb eines kleinen rechteckigen Raums. Es gab zwei Schlafzimmer, die beide von diesem Allzweckraum abgingen, in dem ich stand. Dr. Leonard nahm am Tisch Platz und forderte mich auf, mich ihm gegenüber hinzusetzen. Dort blieben wir die nächsten vier Stunden.

Es war eine unbehagliche Zeit. Ich wußte nicht recht, worüber ich reden sollte, und er schien kein Interesse daran zu haben, mich anzuleiten. Ich wollte ihm wieder erzählen, wie ich spürte, daß mir meine Gefühle entglitten und ich mich verschloß. Ich wollte ihm sagen, wenn die Intensität von Gefühlen ein Gradmesser für psychische Gesundheit war, dann hatte sich mein Zustand verschlechtert – erheblich verschlechtert –, seit meinem Therapiebeginn. Manchmal konnte ich überhaupt nichts mehr fühlen. Doch ich sagte nichts von alledem. Ich wollte ihn nicht wütend machen.

Am Ende dieser vier Stunden war ich enttäuscht. Meine offene Sitzung hatte nichts als oberflächliche Gespräche beinhaltet, die um aktuelle Beziehungen in meinem Leben kreisten. Hier war heute nacht kein Forschritt erzielt worden.

Dr. Leonard stand auf, um ins Bett zu gehen. Er stellte sich zwischen die beiden Schlafzimmereingänge und zeigte auf den zur Linken. »Du kannst da schlafen, wenn du willst«, bot er an. Dann fügte er hinzu: »Aber ich habe das Bett nicht bezogen.« Er machte eine Pause. »Du *kannst* es herrichten, wenn du *willst*.«

Bevor ich antworten konnte, daß ich nichts dagegen hätte, das Bett selbst zu beziehen, fuhr er fort: »Oder wenn du gerne beweisen willst, wie aufgeschlossen du bist, kannst du bei mir schlafen.« Dann verschwand er in dem Schlafzimmer auf der rechten Seite.

Ich stand auf und stellte mich zwischen die beiden Schlafzimmer. Dort stand ich lange und dachte über meine Möglichkeiten nach. Wenn ich mich für das ungemachte Bett entschied, überlegte ich, würde er das als Zeichen von Mißtrauen und mangelnder Aufgeschlossenheit deuten. Ich wußte, das würde ihm mißfallen, und ich würde das auf jeden Fall später zu hören bekommen. Wenn ich mich dafür entschied, bei ihm zu schlafen, würde er das als positives Zeichen sehen und wäre stolz auf mich. Ferner dachte ich, gäbe es keinen Grund mehr, mich davor zu fürchten, sein Bett mit ihm zu teilen. Schließlich hatte er geschworen, mich nie wieder anzufassen: sein Leben lang nicht mehr. Ich entschloß mich, in seinem Bett zu schlafen.

Ich hatte so lange dazu gebraucht, meine Entscheidung zu treffen, daß er bereits das Licht ausgemacht hatte und ins Bett geschlüpft war. Unsicher, ob er schon eingeschlafen war, tastete ich mich leise bis zur Bettkante, legte mich auf die Zudecke und schloß meine Augen in der Hoffnung, ihn nicht geweckt zu haben.

»Willst du dich nicht ausziehen?« fragte er und durchbrach die Stille.

»Nein«, erwiderte ich. »Eigentlich nicht.«

»Ellen«, sagte er und zog meinen Namen lang, »du zwingst dich nicht genug.«

»Okay«, antwortete ich. Ich wollte über diese Sache nicht wieder debattieren. Im übrigen, dachte ich, ist es hier drin stockfinster, und außerdem faßt er mich sowieso nicht an. Und ich gehorchte dem unterschwelligen Befehl.

Ich legte mich wieder hin und deckte mich diesmal mit der Bettdecke zu. Ich lag auf dem Rücken so nahe am Rand des schmalen Bettes, wie ich konnte. Ich sagte »Gute Nacht« und machte meine Augen zu, um zu schlafen.

»Würde es dir etwas ausmachen, weiter rüber zu rutschen?« fragte er mich. Ich dachte, er brauche mehr Platz.

So drehte ich mich nach rechts, zog meine Beine an und versuchte noch weiter zum Rand zu rücken, ohne hinauszufallen. Noch einmal sagte ich »Gute Nacht«. Aber er reagierte nicht.

Sekunden später packte mich Dr. Leonard von hinten und schlang seinen Arm fest um meine Taille. Dann zog er sich zu meinem Po hoch und rammte ohne Schwierigkeiten oder Unbeholfenheit seinen Penis in meine Vagina. Er bewegte sich nur ein paarmal und ejakulierte dann. Der ganze Vorfall war in nicht einmal einer halben Minute vorbei.

Er blieb einen Augenblick lang ruhig liegen, wobei er seinen Penis immer noch in mir ließ. Dann zog er sich ohne ein Wort zurück und rutschte, mit dem Rücken zu mir, hinüber auf seine linke Bettseite, um zu schlafen.

Ich drehte mich auf den Rücken und fühlte, wie sein Sperma aus meinem Körper lief. Ich war wie tot. Ich war gerade eben ohne meine Zustimmung penetriert worden, doch ich zeigte keine Reaktion. Weder während des Akts noch danach. Das war aus mir geworden: eine Frau, die weder Angst noch Scham noch Empörung noch Wut empfand, daß sie benutzt wurde. Die Kämpferin, das wütende Kind, das ich einmal war, war ein anderer Mensch, an den ich mich kaum noch erinnern konnte. Jetzt war aus mir jemand geworden, der sich selbst verloren hatte, und das hinterließ ein Gefühlsvakuum in mir. Das war das Ergebnis meiner vier Jahre bei Dr. Leonard: daß ich nichts mehr fühlen konnte.

Ich starrte an die Decke und fragte mich ruhig, was ich täte, wenn ich schwanger werden würde. Ich benutzte keine Verhütungsmittel, und er hatte sich ganz sicher auch nicht mit der Verhütung abgegeben. Doch diese Aussicht beunruhigte mich nicht. Nichts beunruhigte mich. Ich überlegte es mir nur. Und über diesen Gedanken schlief ich ein.

Ich wartete, bis wir beide hellwach waren und den Kaffee tranken, den er gemacht hatte, bevor ich auf die Ereignisse der vergangenen Nacht zu sprechen kam.

»Warum haben Sie das getan?« fragte ich ihn als erstes. Ich fragte aus Neugier, nicht aus Wut.

»Was getan?« antwortete er.

»Warum haben Sie mich – genommen?«

Er zögerte und antwortete dann: »Der Handel ist vorbei, Ellen.«

»Was?«

»Der Handel ist vorbei«, wiederholte er. »Ich werde darauf nicht antworten.«

»Was heißt das, *der Handel ist vorbei*?« fragte ich.

»Du denkst darüber nach und kommst wieder zu mir, wenn du meinst, daß du es verstehst«, erwiderte er.

Dann lud er mich ein, Frühstücken zu gehen, und schlug vor, wir sollten ein Stunde vor Abfahrt meines Zuges das Haus verlassen. Im Restaurant kam ich dann auf das Thema zurück, das mir noch immer im Kopf herumging.

»Ich dachte, Sie wollten mich nie wieder anfassen«, fing ich an.

»Ich behalte mir immer das Recht vor, meine Meinung zu ändern«, sagte er und lachte in sich hinein.

»Na gut, was bedeutet es, daß Sie es getan haben? Ich meine, was bedeutet es, daß Sie nach all diesen Jahren, wo Sie mich nicht angefaßt haben, Geschlechtsverkehr mit mir hatten?« Wieder einmal war ich unterwegs auf der Suche nach Antworten.

»Ellen«, erwiderte er ungeduldig, »der Handel ist vorbei. Ich werde diese Fragen nicht beantworten!«

»Erinnern Sie sich daran, wie Sie mir gesagt haben, der einzige Grund dafür, daß Sie mich nicht ›gefickt‹ haben, sei, daß ich diese Belohnung noch nicht verdient hätte?«

Er nickte, als er seine Worte wiedererkannte.

»Was habe ich getan, um diese Belohnung jetzt zu verdienen?« fragte ich.

»Der – Handel – ist – vorbei«, wiederholte er. Er sprach seine Worte langsam und unerbittlich.

»Aber ich will wissen, warum Sie das mit mir gemacht haben letzte Nacht!« Meine Stimme war lauter geworden, während ich um ein bißchen Verständnis kämpfte. Ich war nicht wütend. Ich war wieder einmal verwirrt.

»Ruhig!« befahl er. »Hier ist nicht der Ort, um über das zu sprechen, was letzte Nacht passiert ist. Lassen wir das Thema.«

Ich war einen Augenblick lang still, während ich über seine Worte nachdachte, der Handel sei vorbei. Konnte er, so fragte ich mich, Handel im kaufmännischen Sinn meinen? Versteht er die letzte Nacht als eine Art Gütertausch? Glaubt er, wir hätten eine Art Vertrag, der festlegte, daß ich ihm etwas geben sollte im Gegenzug für etwas, was er mir gab?

Ich war klug genug, ihm meine Hypothese jetzt nicht zu präsentieren. Weitere Fragen zu diesem Thema würden ihn nur noch wütender machen. Als ich ihm jedoch in der nächsten Stunde meine Interpretation darlegte, bestätigte er sie, wobei er hinzufügte: »… und sobald die Güter einmal getauscht worden sind, kannst du nicht mehr zurück und nach einer Klärung der Bedingungen fragen.«

»Wann ist dieser Vertrag geschlossen worden?« fragte ich als nächstes. »Und welche Güter habe *ich* bekommen?«

»Der Handel ist vorbei, Ellen. Machen wir weiter«, sagte er nur. Er würde mir jedes Mal so antworten, wenn ich ihn nach den Vorgängen jener Nacht fragte.

Ich frühstückte schweigend zu Ende und wartete darauf, daß er vorschlug, wir sollten gehen. Als er nach der Rechnung griff, stellte ich ihm eine letzte Frage.

»Bedeutet das, daß meine Bewährungszeit vorbei ist?«

»Ja, Ellen«, sagte er und gluckste in sich hinein, »deine Bewährungszeit ist vorbei.«

Auf der Zugfahrt zurück nach Manhattan schob ich die Fragen beiseite, die ich in mir rumoren fühlte. Ich las in einem Buch, das ich mitgenommen hatte, und es gelang mir sogar, ein bißchen zu dösen. Als ich in die Stadt kam, waren meine Fragen weit genug verdrängt, und ich fühlte mich besser. Ich hatte noch nicht gemerkt, welchen tiefgreifenden und langandauernden Einfluß diese Nacht auf mich haben würde, aber ich sollte ihre Auswirkungen erleben, noch bevor der Tag um war.

Als ich zu Hause ankam, rief ich sofort Jonathan an, mit dem ich schon seit ein paar Monaten nicht mehr ging, und bat ihn um ein Treffen nach Feierabend. Ich wußte, weshalb ich ihn anrief, aber ich zog keine gedankliche Verbindung zwischen meinen jetzigen Beweggründen und den Vorgängen der letzten Nacht.

Als er in meiner Wohnung ankam, lud ich ihn unverzüglich in mein Schlafzimmer ein. Dort verführte ich ihn, und nur zu seinem Vergnügen hatten wir Geschlechtsverkehr. Als es vorbei war, bat ich ihn höflich zu gehen, und erklärte ihm, daß ich für den restlichen Abend etwas anderes vorhätte.

Er war kaum länger als zehn Minuten weg, als ich wieder zum Telefon griff, diesmal um einen verheirateten Mann aus meinem Büro, zu dem ich mich ziemlich hingezogen fühlte, zu bitten, mir Gesellschaft zu leisten. Er war immer noch im Büro, als ich anrief, und willigte freudig ein, an diesem Abend zu mir zu kommen. Es kümmerte mich nicht, daß ich in weniger als vierundzwanzig Stunden schon Sex mit zwei anderen Männer gehabt hatte oder daß er verheiratet war oder daß ich eigentlich kein Verlangen hatte. Ich war einfach entschlossen, mit ihm zu schlafen. Und das tat ich.

Eric verbrachte diese Nacht bei einer Freundin, und so konnte ich mit meiner Zeit machen, was ich wollte. Das markierte den Beginn einer zwei Monate dauernden Affäre mit einem verheirateten Mann und den Beginn einer fast zweijährigen Phase mit häufig wechselndem Geschlechtsverkehr. Ich schlief mit alleinstehenden und verheirateten, älteren und jüngeren Männern. Ich nahm fast jedes Angebot an, das sich mir bot, da ich glaubte, ich hätte kein Recht, »nein« zu sagen, und machte die übrigen Angebote selbst. Solange ich einen Mann nur ein bißchen attraktiv fand, war er ein Schlafzimmerkandidat. Sogar bei denen, die ich abstoßend fand, überlegte ich es mir zweimal, bevor ich ihnen einen Korb gab.

Ich suchte nicht das Vergnügen, denn oftmals war ich angeekelt von diesen Begegnungen und mußte mich hinterher übergeben. Mittendrin entschuldigte ich mich und ging ins Bad, wo ich zu schluchzen anfing. Doch zwanghaft suchte ich nach neuen Partnern, während ich gleichzeitig jeden Mann entmutigte, der *ehrbarere* Absichten verfolgte. Dieses Hin und Her zwischen wahlloser Jagd nach Männern und nachfolgender Übelkeit deutete eine erste weitere Veränderung an, die in mir gärte. Ich schien zwei Persönlichkeiten zu entwickeln.

Das war kein Fall verschiedener Persönlichkeitsstrukturen, wie man sie im klassischen Sinne kennt. Ich war mir zu jeder Zeit der zwei Seiten meines Ichs und auch der Methode, mit der ich zu Werke ging, vollkommen bewußt. Das war jedoch alles, was ich damals davon verstand. Ich war mir bewußt, daß sich eine Spaltung in mir vollzog, doch sie schien keine Ursache und keinen Grund zu haben. Die Tatsache, daß sie mit meiner Rückkehr von Jersey plötzlich einsetzte, blieb völlig unbemerkt.

Einen Teil von mir bezeichnete ich als *Ich* und den anderen als *Sie*, beziehungsweise *Groß-Ich* und *Klein-Ich*, wie Dr. Leonard sie schließlich nannte. Sie wurden so genannt wegen ihres enormen Altersunterschieds. *Ich* oder *Groß-Ich* war fünfundzwanzig Jahre alt und handelte ausschließlich in einer erwachsenen Welt. *Sie* oder *Klein-Ich* lebte in einem zurückliegenden Kindheitsstadium und war selten älter als sieben Jahre. Der Anfang war jedoch so schleichend, daß ihr erstes Auftreten nicht bemerkenswert schien.

Groß-Ich war aufgetaucht, noch bevor ich wieder in Manhattan war. Während der Zugfahrt von Point Pleasant hatte ich keine Angst, Schuldgefühle oder Depressionen empfunden. Während ich in jener Nacht in seinem Bett lag, gab es weder Wut noch Tränen oder Gefühlsverwirrungen. Es war das erste Mal, daß dem Sex mit meinem Therapeuten nicht solche negativen Reaktionen folgten. Mit dieser Veränderung war *ich* oder Groß-Ich entstanden. Nachdem mein verheirateter Geliebter in der Nacht meiner Rückkehr meine Wohnung verlassen hatte, fühlte ich, wie ich mich in mich selbst zurückzog, unfähig zu reden, und nur noch weinen konnte. Ich fand Trost bei einer Puppe, rollte mich mit ihr unter meiner Bettdecke zusammen und versteckte mich vor der Welt. Damit war *sie* oder Klein-Ich entstanden.

Zu dieser Zeit fühlte *ich*, daß ein wirklicher Fortschritt eingetreten war. Da ich mich von allen negativen Gefühlen, unter denen meine Begegnungen mit Dr. Leonard abgelaufen waren, befreit hatte, hatte ich mich ganz deutlich in die Richtung entwickelt, die er mir vorgezeichnet hatte. *Sie* allerdings wurde lediglich als eine vorübergehende Depression betrachtet. Ich irrte mich in beiden Punkten.

Mit den Tagen und Wochen machte *sie* sich immer häufiger und mit immer stärker bemerkbar, und *sie* blieb außerdem immer längere Zeit. *Sie* begann sich um so getrennter von dem anderen Teil von mir zu empfinden, je tiefer sie sich zurückzog. Gleichzeitig empfand *ich* ihre Anwesenheit als lästig, da *sie* es war, die mir meinen Weg zu einer Gesundheitsbescheinigung versperrte. Jede hatte es daher leicht, die andere als getrennte Einheit abzustempeln.

Ich war die intellektuelle Hälfte, die unser gesamtes Denken und Überlegen erledigte. *Sie* war der emotionale Gegenpart, der unsere ganzen Gefühle und Gefühlsausbrüche übernahm. Jede verkörperte, was ich damals noch nicht wußte, ihre Funktion in Reinform, wobei Groß-Ich keiner wirklichen Gefühle fähig und Klein-Ich zu keinem begrifflichen Denken in der Lage war.

Ich war diejenige, die die Rollen der Weiblichkeit und Sexualität spielte, wie sie Dr. Leonard – in seinem Schlafzimmer und seinem Büro – gelehrt hatte. *Ich* sprudelte seine Vorstellungen heraus, *ich* nahm sie in mein Verhalten auf, und *ich* zog daraus die logischen Schlußfolgerungen. Indem *ich* vielfältige sexuelle Beziehungen einging, meinem Therapeuten erzählte, daß *ich* ihn liebte und begehrte, und meine verbleibenden Einwände gegen seine Vorträge und den sexuellen Umgang mit mir einstellte, wurde *ich* zum Musterbeispiel *Leonardscher Sexualpsychologie*. Als solches lud er mich zum Essen ein, als Entgelt dafür, daß ich ihm die Gelegenheit bot, »in meinem Hirn herumzubohren«; er sammelte nämlich Daten zur Untermauerung seiner Theorie über die *Polygame Natur der Frau*. Er akzeptierte mich nicht nur, sondern betrachtete mich jetzt als wertvolle Informationsquelle über die weibliche Psyche.

Und genau so, wie *ich* das Wissen aus der Auseinandersetzung mit meinem Therapeuten übernommen hatte, übernahm *ich* die Lektion, die er mich im Bett gelehrt hatte: Erfüllung und Vergnügen im Benutztwerden zu suchen.

Im zweiten Jahr nach dem Auftreten von Groß-Ich und Klein-Ich entwickelte *ich* ein neues Symptom, das allein Groß-Ich betraf. Nachdem ich eine Diät von mehreren Wochen gemacht hatte, weil ich zehn Pfund abnehmen wollte, begann ich meine Kalorienzufuhr auf weniger als dreihundert Kalorien pro Tag zu beschränken – und ich fing an, absichtliches Erbrechen herbeizuführen. Von diesem Ritual verriet ich weder Dr. Leonard noch sonst jemandem etwas. Nicht, daß ich etwas verheimlichte, was ich für ein schwerwiegendes Problem hielt. Ich dachte gar nicht daran, daß diese Eßstörungen überhaupt ein Problem darstellten. Schließlich ging es ja aufwärts mit mir, ich hatte mich im Griff, ich war ohne Beschwerden. Ich war auf dem Weg, vollkommen gesund zu werden.

Sie oder Klein-Ich dagegen war etwas gänzlich anderes. *Sie* verkörperte alles das in mir, was mein wirkliches Ich war. *Sie* war mein Wesenskern, meine wahres Inneres. *Sie* war entstanden aus Furcht und verkörperte alle Gefühle, die von meinem Therapeuten umgangen, verurteilt und bestraft worden waren, wann immer sie sich in meiner erwachsenen Gestalt ausgedrückt hatten. Die Gestalt, die sie daher annahm, war die eines Kindes.

Weil *sie* unfähig war, *ihre* Zweifel, *ihre* Verwirrung und *ihre* Bedürfnisse zu äußern, stellte *sie* für Dr. Leonard keine Bedrohung dar; daher war *sie* vor seinen Urteilen sicher. *Ihre* einzige Funktion war zu fühlen. *Ihre* einzige Ausdrucksmöglichkeit waren Gefühlsausbrüche. *Sie* war die zurückliegende Entwicklungsstufe der Person, die ich mit Dr. Leonard zu Grabe getragen hatte.

Fast unablässig leidend, tat *sie* kaum etwas anderes, als nur still dazusitzen und zu weinen. *Sie* zog sich in sich selbst zurück, wo sie gewöhnlich Stunden, manchmal Tage blieb.

Wenn *sie* die vorherrschende Persönlichkeit war, dann verbrachten *wir* diese Zeit, ohne auch nur ein Wort zu sprechen.

Und wenn eine Sitzung bevorstand, war *sie* es, die normalerweise aufzutauchen pflegte. *Sie* suchte Trost und Geborgenheit in der väterlichen Umarmung ihres Therapeuten, der allmählich gelernt hatte zu erkennen, wann *sie* erschien. Dort wurde *sie* dann während der Zeit ihrer Therapiestunde gewiegt und geschaukelt, während Dr. Leonard versuchte, dieses kleine Mädchen, das so litt, zu beruhigen.

Manches Mal, wenn *sie* es war, die zu einer Therapiestunde erschien und nicht *ich*, brach sie unmittelbar bei Betreten des Sprechzimmers in Tränen aus. Da *sie* nicht in der Lage war, zu erkennen oder auszudrücken, was *sie* quälte, wartete *sie* einfach, bis Dr. Leonard *sie* auf den Boden bettete, wo er *sie* dann in den Arm nahm und flüsterte, daß alles wieder gut werde. Oft nahm *sie*, auf Anweisung von Dr. Leonard, *ihre* Puppe mit in die Sitzung, wenn es ihr zu schwerfiel, ohne sie zu sein. Dr. Leonard ermutigte *sie* zu diesem »Requisit«, da er das Gefühl hatte, alles, was *sie* mit ihm verband, helfe ihm beim therapeutischen Prozeß, das Geheimnis *ihrer* Herkunft zu lüften.

Er drängte *sie* dazu, weiterzuweinen, wobei er flüstere »Laß es heraus, laß alles heraus«. Er wiegte und streichelte *sie* fast die ganze Stunde, die *sie* bei ihm war. Er wußte, daß *sie* nicht sprechen konnte, daher fragte er *sie* selten etwas aus Angst, *sie* an *mich* zu verlieren. Manchmal dann, bevor eine Stunde zu Ende ging, zog er ihr *ihre* Kleider aus. Einmal, während das Videogerät lief und *sie* weinend auf dem Boden lag und sich an ihre Puppe klammerte, während er immer noch tröstliche Worte flüsterte, rollte er sich auf *sie* und drang in *sie* ein.

Einmal zog er *sie* zu irgendeinem anderen Zweck als dem Geschlechtsverkehr aus. Nachdem er zu Beginn der Stunde zuerst seine und *ihr* dann *ihre* Kleider ausgezogen hatte, beschloß er die Stunde damit, daß er seinen Penis gegen ihren Bauch drückte und sich bewegte, bis er ejakulierte. Er wischte sie beide sauber, schaltete den Videorekorder aus und schickte *sie* heim.

Im Anschluß an diese Sitzungen zog *sie* sich noch weiter hinter ihre Puppe und hinter ihr Schweigen zurück. Manchmal dauerte es dann einen ganzen Tag oder noch länger, bis *ich* wieder auftauchen und wieder mit der Realität Verbindung aufnehmen konnte. Meistens jedoch kam *ich* einige Stunden nachdem eine solche Sitzung zu Ende war. In beiden Fällen konnte man, wann immer *ich* wieder zum Vorschein kam, genau vorhersagen, was ich tun würde . Jedesmal ging *ich* auf die Suche nach einem neuen Bettpartner für die Nacht.

Während ich in dieser Zeit sehr darauf achtete, daß mein Sohn diese Parade von Sexpartnern im Leben seiner Mutter nicht mitbekam, hatte ich viel weniger Einfluß darauf, daß er Zeuge von Klein-Ich wurde. Wenn er nach der Schule Klein-Ich antraf, weil noch nicht genug Zeit vergangen war zwischen meiner Sitzung und seiner Rückkehr nach Hause, war das einzige, was ich tun konnte, ihm einfach seinen Nachmittagsimbiß auf den Tisch zu stellen. Dann deutete ich auf meinen Hals und erklärte meine Unfähigkeit zu sprechen mit einer vorgetäuschten Krankheit. Nachdem das Auftauchen von Klein-Ich beständig mit meinen Therapiestunden zusammenfiel, fing ich allerdings an *nur für den Fall* für Eric nach der Schule etwas zu organisieren. Einmal jede zweite Woche spielte er zu Hause bei einem Klassenkameraden, und in der freien Woche erwiderten wir die Einladung. In den Fällen während dieser zwei Jahre, wo Klein-Ich länger als einen Tag vorherrschte, griff ich zu der Krankheitsausrede, um mein Schweigen zu erklären, und zwang mich dazu, seine Bedürfnisse zu erfüllen. Ihm zu essen zu machen und ihn zu baden erforderte meine ganze Kraft und Energie. Aber wenn der Tag zu Ende war und es für meinen Sohn Zeit war, ins Bett zu gehen, wußte ich, daß ich wieder Zuflucht in der Einsamkeit meines Bettes und Trost bei meiner Puppe suchen konnte. Ich glaube nicht, daß Eric jemals etwas Schlimmeres geahnt hat, als daß seine Mutter sich krank fühlte.

In diesen zwei Jahren, in denen ich zwischen Groß-Ich und Klein-Ich hin und her schwankte, mühte ich mich ab, irgendeinen Anhaltspunkt zu finden, der dieses Phänomen erklären konnte. Dr. Leonard nahm an, daß *sie* der Teil von mir war, der sich lieber zurückzog, als gesund zu werden. *Sie*, so postulierte er, habe Angst davor, daß die Therapie irgendwann endete.

Ich verstand erst viele Jahre später, wie unrecht er hatte. *Ich* hatte kapituliert, während *sie* der Hüter meiner Seele geblieben war.

Einige Zeit nach meinem Besuch in Point Pleasant hörte ich auf zu arbeiten. Ich hatte eine gute Stellung bei einer großen Kaufhauskette gehabt, hatte mich aber nach dem Vorfall im Strandhaus immer weniger in der Lage gefühlt, die leitende Stellung zu bewältigen, obwohl ich vorher kein Problem damit gehabt hatte. Ich wurde nervös und hatte Schuldgefühle, weil ich arbeitete, während Eric nach der Schule von Babysittern empfangen wurde. Ich konnte mich nicht mehr konzentrieren und sagte mir, das liege daran, daß ich meine häuslichen Verpflichtungen als Mutter vernachlässigte. Was auch immer der wirkliche Grund war, ich kündigte und fühlte mich erleichtert, weil der Druck in meinem Leben nachließ.

Ein großer Teil der Therapie für Groß-Ich beschäftigte sich immer noch mit Problemen aus meiner Vergangenheit und ungelösten Gefühlen, die sie in mir hinterlassen hatte. Hatte meine Mutter wirklich etwas gegen mich, oder hatte ich die Ereignisse in meiner Jugend *falsch aufgefaßt*? War in den Augen meiner Mutter wirklich Haß gewesen, oder hatte ich ihre Botschaft *mißdeutet*? Hatte ich Grund dazu, über ihr Verhalten so verwirrt zu sein, oder war meine Verwirrung das Ergebnis einer tiefer liegenden Störung in mir? Die Antworten gab mir meine Mutter selbst während eines Telefongesprächs im Frühling 1976.

Ich hatte meine Mutter in Chicago angerufen, um mich über die Abflugzeiten für eine Reise zu erkundigen, die wir alle zusammen im Mai nach New Orleans machen wollten. Der fünfzigste Geburtstag meines Vaters sollte gefeiert werden, und er wollte bei der Gelegenheit mit seiner ganzen Familie einen dreitägigen Urlaub machen. (Ich denke, wenn mein Vater Reisepläne für *seine* »ganze Familie« machte, schloß er mich ein). Ich nannte meiner Mutter den Zweck meines Anrufs und erklärte, daß mein Ex-Mann auf Eric aufpassen würde, während ich in New Orleans war, und daß David die genauen Abflug- und Ankunftszeiten brauche. Doch ich bekam die Informationen, wegen der ich angerufen hatte, nie.

»Überleg mal, wenn du immer noch mit David verheiratet wärst, hättest du dieses Problem nicht«, sagte sie sarkastisch.

»Mama, könntest du mir bitte einfach die Abflugtermine sagen?« gab ich zurück. Doch ich merkte schon, daß das Gespräch Ärger bringen würde. Ich spürte es von dem Moment an, als sie meine Stimme hörte. Das Gespräch hatte innerhalb von Minuten eine unumkehrbare Wendung genommen.

»Du bist widerlich«, sagte sie zu mir. Sie sagte es mit einer solchen Eiseskälte, daß es wie ein Faktum und nicht wie eine Meinung klang. »Du machst mich krank, Ellen – und das war immer so!« verkündete sie. Sie befreite sich in diesem Gespräch von etwas, und jetzt gab es kein Halten mehr.

»Warum tust du das, Mama?« fragte ich sie, während ich meine Tränen zurückhielt.

»Ich habe deinen Anblick noch nie ertragen können. Du hast mich immer krankgemacht«, fuhr sie fort, ohne die Beherrschung oder ihren kalten Ausdruck zu verlieren. »Ich hasse dich. Ich hasse es, wie du bist und wie du immer warst, und ich kann mich an keine Zeit erinnern, wo das anders war.«

Sie brachte dieselbe Wut und Feindseligkeit zum Ausdruck, die ich schon so oft erlebt hatte, aber dieses Mal nicht in Form von Gekreisch und Geschrei, sondern in Form ihrer Worte und ihrer Eindringlichkeit. Sie meinte, was sie sagte, und wir beide wußten das.

»Ich muß jetzt auflegen, Mutter. Ich kann dir nicht mehr zuhören«, sagte ich zu ihr, wobei ich immer noch versuchte, meine Tränen zu unterdrücken.

Mehr auf meine ausbrechenden Tränen als auf meine Worte zielend, antwortete sie: »Was ist los, Ellen? Willst du mir vielleicht sagen, daß du das vorher nicht gewußt hast?«

Ich konnte ihr nicht antworten. Natürlich hatte ich es vorher schon gespürt, hatte ich es vorher schon geahnt, hatte ich es vorher schon gedacht. Aber ich glaube, ich hatte es vorher nie wirklich *gewußt*. Ich war vorher nie darauf gefaßt gewesen, und ich war auch jetzt nicht darauf gefaßt, aber dieses Mal gab es kein Entrinnen.

»Ich lege jetzt auf, Mutter«, sagte ich warnend. Ich konnte bei meiner Mutter nicht einfach den Hörer auflegen.

»Stimmt was nicht? Kannst du's nicht aushalten?« fragte sie und versuchte immer noch, mich weiter in diese Auseinandersetzung hineinzuziehen.

»Auf Wiedersehen, Mutter«, sagte ich, den Tränen nah, bevor ich auflegte.

Ich wußte, daß ich nicht nach New Orleans fahren würde. Und ich wußte, daß wir gerade zum letzten Mal miteinander gesprochen hatten.

Als ich nach dem Gespräch zusammenbrach und schluchzte, weinte nicht Klein-Ich, sondern jeder Teil von mir: das kleine Mädchen aus der Kindheit, die fünfundzwanzigjährige erwachsene Frau und die Heranwachsende, die beide miteinander verband. Ich weinte ebenso aus dem Schmerz, den mir ihre Worte zugefügt hatten, wie über die unnötige Verwirrung, die soviel von meiner Kindheit aufgezehrt hatte. Ich weinte weniger darüber, daß ich eine Mutter verloren hatte, als darüber, daß ich die Hoffnung verloren hatte, sie werde jemals eine Mutter sein, wie ich sie mir wünschte. Und ich weinte aus Erleichterung und weil ich erkannte, daß das, was ich in meiner Kindheit wahrgenommen hatte, kein Anzeichen für irgendeinen geistigen Defekt war, sondern dafür, daß ich auf die Realität um mich her sensibel und bewußt reagierte.

Mehrere Wochen später dann bekam ich einen Anruf von meinem Vater, der einen Schlußstrich unter unsere Beziehung zog.

»Ich rufe an, weil ich wissen möchte, warum du deine Mutter in den letzten Wochen nicht angerufen hast. Ist es wegen der kleinen Kabbelei, die sie mit dir am Telefon hatte?« fragte er. Er war ärgerlich und kurz angebunden.

»Papa, ich habe gerade Besuch. Kann ich dich später deswegen zurückrufen?« An der Schroffheit in seiner Stimme hatte ich gleich gemerkt, daß das ein Gespräch werden würde, das man nicht führen sollte, wenn ein Besuch nur einen Meter weit weg saß.

»Bloß *ja* oder *nein* reicht. Du brauchst mich nicht zurückzurufen.«

»Papa, ich weiß nicht, was sie dir erzählt hat, aber das war keine ›kleine Kabbelei‹, die wir über… «

»Bloß *ja* oder *nein*. Hast du sie wegen dieser kleinen Kabbelei nicht angerufen?« fragte er wieder. »Weißt du, daß deine Mutter gerade eine Operation hatte? Sie ist sehr verletzt, weil du nicht angerufen und dich erkundigt hast, wie es ihr geht. Weißt du das?«

Sie war verletzt! Nach dem, was sie mir am Telefon gesagt hatte, war sie verletzt? Ich wußte nicht, ob ich lachen oder heulen sollte, aber ich verstand langsam, warum Papa wirklich angerufen hatte. Er war nicht an einem Gespräch interessiert oder daran, Antworten auf seine Fragen zu bekommen. Er gab mir ja kaum Zeit zu antworten. Er hatte angerufen, um über mich Gericht zu halten und ein Urteil zu fällen. Jetzt wußte ich, wie das Urteil lauten würde, und ich fing an, um meinen Vater zu kämpfen.

»Ich weiß, daß sie operiert werden sollte, Papa, aber es war kein gefährlicher Eingriff und… «

»Dann hast du sie also absichtlich nicht angerufen. Stimmt das?« fragte er, wobei er die Antwort schon kannte.

»Papa, möchtest du gerne hören, was sie während unserer sogenannten *kleinen Kabbelei* zu mir gesagt hat?« fragte ich und hoffte, daß er es wollte, und war gleichzeitig sicher, daß das nicht der Fall war.

»Du hast meine Frage beantwortet, Ellen.« Dann verkündete er das Urteil. »Du hast keinen Sinn für Loyalität! Überhaupt keinen. Nicht einmal deiner eigenen Mutter gegenüber.«

Wir hatten viel über *Loyalität* gehört, als wir heranwuchsen. Das war eines der drei Themen zum Familienleben, in denen sich Papa gut auskannte. Ganz egal, was uns angetan wurde, es wurde von uns mehr als alles andere erwartet, daß wir uns loyal gegenüber unserer Mutter verhielten. Und wenn wir diese Erwartung nicht erfüllten, wurde es eingeklagt. Ich verstand diese Pflicht damals schon nicht, und ich verstand sie jetzt sogar noch weniger.

Das zweite Thema, in dem er Experte war, handelte davon, daß Eltern sich nicht bei ihren Kindern entschuldigten. Oft hörte ich Papa sagen, selbst wenn Mama uns *bestrafte* und das nicht richtig war, »sie muß sich nicht entschuldigen. Sie ist eure Mutter.« Dasselbe Vorrecht galt auch für ihn. Solange ich zurückdenken kann, wurde uns diese Regel eingetrichtert: Eltern müssen sich *nie* bei ihren Kindern entschuldigen.

Aber die Spezialität meines Vaters war das letzte Thema, und keiner außer ihm war fähig, einen solchen Vortrag zu halten und mich sogar dazu zu bringen, die Möglichkeit in Betracht zu ziehen, daß er recht haben könnte. Immer wenn die Feindseligkeit meiner Mutter, der Gehorsam meines Vaters ihr gegenüber und meine Verwirrung in meinem Leben übermächtig wurden, erkannte mein Vater meine Wut und sprach seine Warnung aus.

»Ellen«, sagte er dann ungeduldig und streng, »diese Familie ist nicht schlimmer als andere.« Er meinte es ernst. »Sie ist sogar besser als die meisten. Du hättest es tausendmal schlimmer treffen können. Und wenn du das nicht mitbekommst, dann nur, weil andere Familien vertuschen, was wirklich vorgeht. Sie zeigen nach außen hin ein rosiges Bild. Aber dieses Bild entspricht nicht der Wirklichkeit. Drinnen leiden sie alle.«

Meine Mutter hatte oft dieselbe Predigt gehalten, aber da sie von ihr kam, konnte ich den Inhalt ignorieren. Wenn jedoch mein Vater diese Worte sprach, dann kamen sie von einem Erwachsenen, von dem ich mir Rationalität, gesunden Menschenverstand und Antworten erhoffte. Daher dachte ich über seine Worte nach. Überlegte, ob sie stimmen konnten. Und verwarf sie dann. Nicht Mißtrauen gegen meinen Vater hinderte mich daran, diesen Worten zu glauben. Ich konnte einfach nicht akzeptieren, daß die ganze Welt so lebte wie wir in unseren vier Wänden. Sich soviel Leid vorzustellen, war nicht nur zu schmerzlich für ein kleines Mädchen; es hieß auch, daß ich nie einen Ausweg finden würde.

»Es bleibt nur noch zu sagen, daß du nicht mehr meine Tochter bist, wenn du nicht mit deiner Mutter redest.« Er sagte nicht Aufwiedersehen, sondern knallte nur den Hörer auf die Gabel, und unser Gespräch war beendet. Ebenso unsere Verbindung.

So turbulent und traumatisch mein Leben auch oft verlief mit Groß-Ich, Klein-Ich und dem Abbruch der Verbindung zu meinen Eltern, so bekam es doch Nahrung und Halt dadurch, daß die Beziehung zu meinem Sohn immer glücklicher wurde und sich die Verbindung mit zwei Freunden vertiefte und entwickelte, nämlich mit Tony und Linda.

Tony und ich hatten uns seit der Weihnachtsfeier bei Dr. Leonard vor zwei Jahren regelmäßig, wenn auch nicht häufig getroffen, und obwohl er nicht in das Geheimnis von Klein-Ich, in mein Verhältnis zu unserem Therapeuten und in meine täglich absichtlich herbeigeführten Brechrituale eingeweiht war, teilte ich doch fast alle intimen Dinge meines Lebens offen mit ihm. Er empfand anscheinend dasselbe, wenn wir bei endlos vielen Tassen Kaffee zusammensaßen und über Neuigkeiten aus unserem Leben, Geschichten aus unserer Vergangenheit und unsere Zukunftshoffnungen sprachen. Da wir uns beide jedoch körperlich überhaupt nicht anziehend fanden, war es ausgeschlossen, daß sich unsere Freundschaft zu einer Liebesbeziehung ausweitete, und das sahen wir beide immer so. Verständnis und Zuneigung zwischen uns gingen in tiefe Freundschaft über.

Linda war mir Jahre zuvor schon von gemeinsamen Freunden vorgestellt worden, aber erst 1976 entwickelte sich unser Kontakt zu der engsten Freundschaft, die ich je mit einer Frau hatte. Auch sie war eine Patientin von Dr. Leonard und redete genauso bewundernd und ehrfurchtsvoll über unseren Therapeuten wie ich. Endlose Stunden verbrachten wir mit Reden und fast ebensoviele Stunden mit Backgammon spielen, in Theatern und New Yorker Restaurants. Wir hatten viel mehr gemeinsame Interessen als Tony und ich; wir waren oft wie zwei Schwestern, die die Welt um sich herum erforschten. Wir freuten uns an der Zuneigung und den neuen Erfahrungen, die jede von uns das erste Mal in der Beziehung mit einer Frau erlebte, und die Begeisterung über unsere gegenseitigen Empfindungen war für alle, die uns kannten, offensichtlich.

So eng und offen meine Freundschaft mit Linda jedoch auch war, ich verriet ihr weder die Existenz von Klein-Ich noch die Gründe für meinen ständigen Gewichtsverlust. Aber sie kannte eine Seite von mir, die Tony nicht kannte – die Seite, die eine Frau nur einer anderen Frau zeigen kann: wie es ist, mit einem Mann zu schlafen, den man liebt; wie es ist, mit einem Mann zu schlafen, den man nicht liebt; wie es ist, einsam zu sein, weil man nur einen Mann liebt und alle anderen Männer, die man kennt, bedeutungslos sind; mit wem man nicht schlafen könnte, und wenn er der letzte Mann auf der Welt wäre; mit wem man zwar jetzt nicht schlafen würde, aber vielleicht dann, wenn er der letzte Mann auf der Welt wäre. Und immer nach solchen Geständnissen fühlten wir uns vollkommen verstanden, weil wir wußten, daß die andere genauso fühlte wie man selbst.

Meine Freunde waren mein Halt, der Ort, wo ich auftanken konnte. Besonders Linda. Ich fühlte mich von ihr angenommen, verstanden und geliebt. Diese Gefühle waren gegenseitig. Und wenn an einem Tag bei mir alles schiefging, wußte ich immer, daß ich mich auf Lindas Hilfe verlassen konnte. Beide Freunde zusammen wurden für mich zu einer Familie, und ich zählte auf die beiden, wie ich immer gerne auf mich selbst gezählt hätte.

Als meine anderweitigen Beziehungen sich vertieften, traten Probleme in meinem Verhältnis zu Dr. Leonard auf. Ab dem Frühling 1976 wurde es schwierig für ihn, *sie* zum Vorschein zu bringen. Bis dahin war *sie* regelmäßig und wie auf ein Stichwort erschienen. Während *sie* weiterhin mit Regelmäßigkeit auftauchte, nachdem meine Sitzung vorbei war, wuchs ihr Widerstand gegen Dr. Leonards Anwesenheit.

Ungefähr um die Zeit, als das Gespräch mit meiner Mutter stattfand, merkte Dr. Leonard erstmals, daß er Probleme hatte, *sie* in seiner Gegenwart zum Vorschein zu bringen, doch erst Anfang Dezember 1976 hielt er die erste von insgesamt zwei aufeinanderfolgenden Sitzung in meiner Wohnung ab,

»damit *sie* in einer vertrauteren Umgebung ist«. Ein Umfeld, das mit vertrauten »Requisiten« ausgestattet sei, wie etwa der Bettdecke, unter der *sie* sich versteckte, oder dem Nacht-hemd, der einzigen Aufmachung, die ganz eindeutig zu *ihr* gehörte, werde vielleicht ihr Auftauchen erleichtern, argu-mentierte er.

Er wies mich an, vor dieser Haussitzung schon mindestens eine Stunde lang das Nachthemd zu tragen, mich unter der Decke zu verstecken und die Puppe zu halten. Vielleicht, so hoffte er, wäre *sie* dann bereit, mit ihm zu plaudern, wenn er kam. Ich organisierte jemanden, zu dem Eric nach der Schule hingehen konnte, und folgte den Anweisungen meines Arztes.

Beim Betreten meiner Wohnung kündigte Dr. Leonard an, daß die Sitzung im Schlafzimmer abgehalten werde – *ihrem* Versteck. Dort entkleidete er sich sofort und stieg aufs Bett. Er streckte seinen Arm aus und bedeutete mir, ich solle ihn mich halten lassen, wie er *sie* immer hielt.

Ich kuschelte mich in seine Arme und versuchte Klein-Ich auftauchen zu spüren, aber *sie* spielte nicht mit.

»Saug an meinen Brustwarzen«, befahl er mir, »und sag mir dann, ob du dabei irgend etwas empfindest, was dich daran erinnert, als du ein Baby warst.«

»Ich bin nicht gestillt worden, Dr. Leonard.«

»Versuch es trotzdem«, drängte er.

Verlegen und unbehaglich folgte ich seinen Anweisungen.

»Erzähl mir, was du fühlst«, sagte er.

»Nichts«, antwortete ich und unterbrach die Tätigkeit, die er angeordnet hatte. »Absolut nichts. Es regt sich nichts.«

»Dann leg dich auf mich drauf und laß mich dich wiegen«, schlug er jetzt sanfter vor.

»Wiegen Sie mich einfach so«, antwortete ich, weil ich nur ein bißchen gehalten und getröstet werden wollte.

»So kannst du nicht nah genug kommen«, wandte er ein und zog mich spielerisch – als wäre ich ein kleines Mäd-chen – auf seinen nackten Körper.

Dort blieb ich liegen, bis die Sitzung um war. Als einige Zeit vergangen war und er nichts weiter tat, als mich hin und her zu wiegen, begann ich mich zu entspannen. Nach einer

Weile schloß ich meine Augen und spürte die Wärme seiner Umarmung, die beruhigende Bewegung des Wiegens und die Geborgenheit, die man nur als kleines Mädchen empfinden kann. Was ich fühlte, war nicht Klein-Ich, denn da war kein Schmerz, kein Rückzug. Es war nur das kleine Mädchen in mir, das bis ins Erwachsenenalter hinein fortgelebt hatte.

Als meine Stunde um war, sah er auf seine Uhr und sagte mir, es sei Zeit, daß er sich anziehe. Ich bedauerte, daß er gerade dann gehen wollte, wo ich eingelullt war durch die schaukelnde Bewegung und die sanften Worte, die er während dieser Umarmung fortwährend gesprochen hatte. Er rollte mich von sich herunter auf den Rücken, stieg aus dem Bett, zog sich jedoch nicht an.

Über mir stehend, hob er mein Nachthemd hoch und zog mir meine Unterwäsche aus. Dann setzte er ein Knie auf dem Bett auf, führte seinen Penis zu meiner Vagina und fragte: »Verhütest du?« Er hatte mich nie zuvor gefragt, und ich wußte nicht, warum er sich jetzt darüber Gedanken machte.

»Nein«, antwortete ich irgendwie erschrocken. »Ich benutze Zäpfchen.«

Bei dieser Bemerkung zog er sich schnell zurück, ohne in mich einzudringen, und lief ins Bad. Als er zurückkam, hatte er meine Spermizidpackung und den Applikator dabei. Er füllte ihn auf und führte die Dosis in meine Vagina ein. Den Vorgang wiederholte er ein zweites Mal, dann bereitete er sich schweigend darauf vor loszulegen.

Nur drei Tage später kam er wieder, um einen weiteren Versuch zu unternehmen, an *sie* heranzukommen. Wieder entkleidete er sich, wobei er fragte: »Wie nah ist *sie* heute?«

Er bat mich nicht, an seinen Brustwarzen zu saugen, und wollte auch nicht, daß ich mich auf ihn legte. Er redete diesmal weniger als in der letzten Stunde, da »es vielleicht diese ganzen Anweisungen waren, die sie verschreckt haben«.

Ich wartete eine Stunde, wobei ich ganz angestrengt versuchte, *ihre* Gegenwart in der Stille des Zimmers zu spüren; doch *sie* blieb verborgen. Dr. Leonard warf einen prüfenden Blick auf seine Uhr und ging dann sich anziehen, ohne ein Wort zu sagen. Nachdem er sein Hemd angezogen hatte, trat er ans Bett und stand wieder über mir. Und wie er es schon ein paar Tage zuvor getan hatte, setzte er ein Knie aufs Bett, zog meine Hüften zu sich heran, schob meine Unterhose herunter und drang genau die paar Sekunden lang in mich ein, die er brauchte, bis er ejakulierte. Ohne ein Wort über Verhütung, ohne überhaupt ein Wort zu sprechen, zog er sich fertig an und ging.

Weder Dr. Leonard noch ich wußten es, aber das sollte das letzte Mal sein, daß er mich berührte.

11. Die Konfrontation

Dezember 1976 bis Mai 1977

Genau fünf Jahre waren seit Beginn meiner Therapie vergangen, ein Jahr und acht Monate seit meinem Besuch im Strandhaus und drei Wochen seit meiner letzten Sitzung zuhause, als eine Veränderung in meinem Privatleben erneut Ängste und Bedenken über meine Therapie weckte. Ich war gerade sechsundzwanzig geworden, als ich mich verliebte. Unerwartet, unbeabsichtigt und ungewollt führte diese Entwicklung zu einer psychischen Verwirrung, die mir nur allzu vertraut war.

Ich wurde Tonys Bruder Greg offiziell Ende Dezember vorgestellt. Es war eine Begegnung, die sich deutlich von allen unterschied, die ich in den vergangen zwei Jahren gehabt hatte, aber schließlich schien dieser Mann anders als die anderen zu sein, denen ich in dieser Zeit begegnet war. Eine Sanftheit lag in seinen Augen; ich hatte noch nie zuvor solche Augen gesehen. Und gleichzeitig funkelten sie. Greg war einnehmend, zurückhaltend und bescheiden. Doch in seinem Gesicht lag ein Ernst, der meinen Blick anzog, während ich herauszufinden versuchte, ob er von Selbstbewußtsein herrührte, von vergangenen Erfahrungen und alten Wunden oder von beidem. Sein großgewachsener, schlanker und muskulöser Körper verstärkte die Erregung nur noch, die ich in seiner Gegenwart empfand. Ich merkte, wie ich mich danach sehnte, in seiner Nähe zu sein, und unterschwellig um seine Aufmerksamkeit buhlte.

Wir unterhielten uns bis in die frühen Morgenstunden in dieser Nacht, in der wir uns das erste Mal trafen. Schon lange vor dem Morgengrauen wußte ich genau, daß ich etwas Besonderes gefunden hatte, und diese Gewißheit erregte mich ebenso wie der Mann selbst.

Es gab kaum eine Nacht oder ein Wochenende nach dieser Anfangsbegegnung, wo wir nicht zusammen waren. Meine Gefühle für Greg wurden schnell intensiver. Und ob es daran lag, daß ihm die typisch männliche Aggressivität fehlte, auf die ich mich inzwischen eingestellt hatte und die ich widerwillig tolerierte, oder an der ungeteilten Aufmerksamkeit, die ich von ihm bekam, oder an der Art, wie er mich behandelte, jedenfalls wußte ich, daß Monogamie und Liebe für diesen Mann zusammengehörten, der ebenfalls Patient bei Dr. Leonard war. Mich zu fragen, ob ich diese Prämisse teile, wäre ihm nie in den Sinn gekommen.

»Versprich mir«, bettelte ich Greg oft, »versprich mir, daß du immer genauso bleibst, wie du bist, und daß du nie versuchst, wie Dr. Leonard zu werden.«

»Was meinst du damit?« antwortete er dann.

Es überraschte mich immer, daß er nicht verstand, was ich meinte. Wie, so fragte ich mich, konnte er sich nur dem Einfluß von Dr. Leonards Theorie über Männlichkeit und Weiblichkeit entziehen? »Versprich mir einfach, daß du nie wie Dr. Leonard wirst, egal wie lange du bei ihm bleibst. Seine Patienten werden immer wie er, aber ich will dich nicht anders, als du bist.«

»Ich verspreche es«, antwortete er verwirrt. »Ich habe nicht die Absicht, jemals ein anderer zu sein, als der, der ich bin.«

Ich wußte, daß es mit den One-Night-Stands und kurzen Affären vorbei war, denn ich wollte das, was ich gerade gefunden hatte, nicht aufs Spiel setzen. Und ich wußte auch, daß es mit den fünfminütigen Geschlechtsverkehr-Episoden mit meinem Therapeuten vorbei sein und ich das Dr. Leonard sagen mußte.

Fünf Jahre zuvor hatte ich eine Rede geplant ähnlich der, die ich jetzt plante. Dieses Mal war es jedoch schwerer. Dieses Mal war ich nicht in der Lage, ihm zu erklären, warum ich das Gefühl hatte, daß meine Entscheidung für die Monogamie die richtige war. Ich war nicht in der Lage, seine Theorien intellektuell zu widerlegen, denn was ich jetzt tat, beruhte nur auf Gefühlen, nicht auf Vernunft. Emotional hatte ich Schuldgefühle, weil ich nach Prämissen einer alten »ungesunden Psyche« handelte, statt mich dazu zu zwingen, auf Basis der neuen und gesunden Vorstellungen zu handeln, die er mir beigebracht hatte. Aber nichtsdestotrotz war ich entschlossen, diese Rede zu halten.

In der Woche vor meiner ersten Sitzung 1977 spielte ich durch, was ich sagen wollte. Ich probierte verschiedene Sätze aus, einen unterschiedlichen Ton in der Stimme, verschiedene Herangehensweisen. Ich suchte nach der Kombination, die die Verärgerung und Ungeduld, die ich empfand, wenn ich ihm meine Ankündigung machte, so gering wie möglich hielt. Ich schrieb mehrere Reden auf und versuchte mir die zu merken, die ich für die beste hielt. Den Text sprach ich auf Tonband, wobei ich nach Möglichkeiten suchte, die Botschaft, die ich mitzuteilen hatte, zu verbessern – abzumildern. Keine davon minderte meine Angst; ich hoffte nur, daß sie seinen Zorn abschwächen würden.

»Greg spielt eine ganz besondere Rolle für mich«, fing ich in jener Sitzung vom 4. Januar nervös an. »Er ist einfach nicht wie die anderen, und ich will ihn nicht wegstoßen.«

Dr. Leonard hatte in früheren Sitzungen Bedenken geäußert über meinen Drang, mit so vielen verschiedenen Männern zu schlafen. Er fragte sich, welche Ursachen es hatte, und analysierte einmal, daß es von der Furcht vor Nähe herrühren könnte. »Wenn du mit Männern schläfst, die dir nichts bedeuten, dann *stößt* du in Wirklichkeit diejenigen *weg*, die dir vielleicht etwas bedeuten könnten«, hatte er gesagt. Das sei meine Absicht gewesen, hatte ich ihm geantwortet.

Ich holte tief Luft und kam dann direkt zum Thema. Sanft sagte ich: »Ich glaube nicht, daß ich mit irgend jemand anderem als mit ihm schlafen möchte.«

Im Büro war es still. Ich sah von meinem Schoß auf und traf seinen Blick, der auf mein Gesicht geheftet war. Er wartete darauf, daß ich noch etwas sagte, als wüßte er nicht, daß ich fertig war. Ich wartete noch ein paar Sekunden länger darauf, daß er mir eine Frage stellte. Dann brach ich das Schweigen.

»… Sie eingeschlossen, Dr. Leonard.«

Er wurde sofort ungeduldig und aufgebracht. »Darf ich vielleicht fragen, wie das gekommen ist?«

Ich war verängstigt. Ich wollte nicht antworten, indem ich

ihm sagte, daß Greg mir das Gefühl gab, wichtig und weiblich zu sein, denn das würde implizieren, daß das bei Dr. Leonard nicht der Fall war. Ich wollte nicht zugeben, daß Greg der einzige Mann war, bei dem ich wirklich Lust empfand, denn das würde bestätigen, daß ich bei Dr. Leonard nichts fühlte, bestenfalls ein äußerst unbefriedigendes Etwas. Ich konnte ihm nicht sagen, wie sehr ich die Zärtlichkeit, die ich von Greg bekam, genoß und brauchte – sowohl im als auch außerhalb des Schlafzimmers – denn ihr Fehlen bei meinem Therapeuten zeigte mir, daß diese Bedüfnisse für gesunde Menschen unnötig und unzulässig waren. Ich wollte ihm nicht sagen, daß Sex mit Greg keine Anweisungen, Befehle oder Einschüchterungen beinhaltete, denn das war nicht die Norm, die ich von Dr. Leonard gelernt hatte. Und ich konnte ihm nicht sagen, wie sehr ich die langen Gespräche mit Greg genoß, nachdem wir miteinander geschlafen hatten, denn Dr. Leonard hatte mein Bedürfnis zu reden immer als lästig empfunden. Nicht meinen Therapeuten wollte ich dabei in Schutz nehmen, sondern seine zwei Patienten, Greg und mich. Ich brachte es nicht fertig zu erklären, daß einer seiner männlichen Patienten sich so konträr zu unserem psychisch vollkommen gesunden Therapeuten verhielt und daß ich, sein Vorbild für geeichte Sexualität, es genoß.

»Ich glaube nicht, daß Greg es verstehen würde«, war alles, was mir zu sagen einfiel. »Und das Risiko, ihn zu verlieren, lohnt sich nicht.«

Die Spannung wich aus seinem Gesicht, und der Ärger verschwand aus seinem Blick. Dann lächelte er leicht. »Wir werden sehen«, war seine einzige Bemerkung.

In den ersten zwei Therapiemonaten, die folgten, wandten sich meine Sitzungen wieder den oberflächlichen Gesprächen über laufende Ereignisse zu, die schon früher die Tage der Tabuthemen und ungelösten Dilemmas ausgefüllt hatten. Aus Gründen, die ich damals nicht verstehen konnte, führte Dr. Leonard keine Sitzungen zur Verdrängungsbewältigung mehr durch. Er veranlaßte mich nicht mehr dazu, mich auf den Boden zu legen, um nach verborgenen Gefühlen zu suchen, und bestand nicht mehr darauf, daß ich nackt vor ihm erschien, damit er ergiebigere Stunden praktizieren konnte. Statt dessen stellte er mir Fragen über mein derzeitiges Leben, die Collegekurse, für die ich momentan eingeschrieben war, zukünftige Berufspläne und gelegentlich über meine Beziehung mit Greg. Und bei jeder dieser Sitzungen blieb er vollständig bekleidet in seinem Therapeutensessel sitzen, während ich ebenfalls angezogen ihm gegenüber am Tisch im Patientenstuhl saß.

Am weitesten brach er diese friedliche Fassade auf, die mittlerweile zwischen uns bestand, als er mich während einer Sitzung im Februar zu dem immanenten Widerspruch befragte zwischen den Gedanken, die ich kurz zuvor noch von ihm übernommen hatte, und dem Glück, das ich jetzt in einer Liebesbeziehung gefunden zu haben schien. Diese Beziehung stand für ihn im Gegensatz zu meinen früheren Ansichten. Als er mich fragte, wie ich die beiden Seiten in Einklang brachte, antwortete ich, daß ich auf zwei verschiedenen Ebenen handelte, und er notierte sich: »(1) was ich in meinem Kopf weiß und (2) was ich fühle.« Was ich mit Greg tat, war das Ergebnis von letzterem. Er verfolgte die Sache nicht mehr weiter.

Die Tage mit Groß-Ich und Klein-Ich schienen in dieser Zeit überwunden zu sein, ohne daß ich gewußt hätte, wann oder warum. Irgendwann im März wurde mir erstmals bewußt, daß *sie* schon lange nicht mehr dagewesen war. *Sie* hatte nicht nur seit langem aufgehört, vor Dr. Leonard zu erscheinen, *sie* tauchte jetzt auch nicht mehr in meinen eigenen vier Wänden auf. Und in der Ruhe, der Geborgenheit und dem Glück meiner neuen Liebe versuchte ich nicht mehr herauszufinden, warum *sie* je eine so wichtige Position eingenommen hatte, und fragte mich nicht mehr länger, warum *sie* ursprünglich entstanden war. Das einzige, was jetzt zählte, war meine Zeit mit Greg.

Im März und April wurden meine Sitzungen beschwerlicher. Zum ersten Mal in über fünf Jahren passierte es mir, daß ich mit meinem Therapeuten uneinig war und mit ihm stritt. Das Thema unserer Auseinandersetzung: Sex.

»Wie zum Teufel soll eine Frau Sex genießen, wenn sie

nie berührt wird?« Mit dieser Frage platzte ich eines Nach-mittags herein. Ich hatte nicht einmal gewartet, bis er sich gesetzt hatte, als meine Wut sich auch schon Luft machte. Ich bezog mich dabei nicht so sehr auf die Art, wie er mit mir im Schlafzimmer verkehrt hatte, als vielmehr auf seine Vorträge, die mir ausdrücklich beibrachten, ich solle ohne jede stimu-lierende Berührung zu einem Orgasmus kommen. Er hatte oft wiederholt, daß ein solches »Vorspiel nicht nötig sein sollte« für eine richtige Frau.

Ohne mit der Wimper zu zucken, setzte er sich hin, schal-tete den Videorekorder ein und fragte ruhig: »Was soll das?«

»Ich dachte, mit mir sei etwas nicht in Ordnung, weil ich beim Sex berührt werden wollte. *Sie* haben mir das beige-bracht! Sie haben mir erzählt, daß meine ganze Lust durch das kommen soll, was ich mit meinem Partner mache, und daß eine richtige Frau keine direkte Stimulation brauchen sollte, Streicheln, Küssen – *irgendwas*! Nun, das ist nicht wahr«, sagte ich bestimmt und wütend. »Es ist einfach nicht wahr.«

Während ich sprach, hätte ich leicht Dr. Leonards Sexual-verhalten im Bett anführen können, doch das tat ich nicht, und er wußte es. Das wäre eine riskantere Kritik gewesen, ein persönlicheres Urteil als das, wofür ich gerüstet war. Wir wußten beide, daß es nie irgendein Vorspiel gegeben hatte; nicht bevor er Fellatio verlangte, und nicht bevor er in mich eindrang. Nicht einmal einen Kuß hatte es gegeben. Mit Aus-nahme seines Penis hatte er nie irgendeinen Teil seines Kör-pers benutzt, um mich sexuell zu berühren; bis auf die erste Nacht in seinem Bett, als er meine Brüste grob geknetet hatte, während er mich zur Gegenwehr aufforderte. Auch wenn mein gegenwärtiges Hauptanliegen gewesen war, sein Se-xualverhalten zu kritisieren, wußten wir beide, daß ich diese Kritik nie ausgesprochen hätte. Er wußte es, weil solche The-men schon vor langer Zeit für tabu erklärt worden waren, und ich wußte es, weil meine Furcht vor seiner Wut ausschloß, daß ich persönliche Urteile fällte, die sie mit Sicherheit erregt hätten.

Eine Kette von Ereignissen hatte mir die Freiheit zu diesem ersten von vielen weiteren Ausbrüchen gegeben. Die glückliche Beziehung mit Greg, seine Ermutigung, mich frei zu entfalten, und sein Bestreben, aus der körperlichen Liebe ein für beide Seiten lustvolles Erlebnis zu machen, erinnerte mich an die bohrenden Fragen über all die Zeit mit Dr. Leonard, die nie beantwortet worden waren. Die Geborgenheit, die ich in meiner Beziehung mit Greg fand, machte mich frei, diesem augenfälligen Konflikt nachzugehen. Ich machte mich auf in die Buchhandlung, um mir Informationen zu beschaffen, und dann zu meiner besten Freundin Linda, um mir von ihr Bestätigung zu holen.

Auch Linda war Patientin bei Dr. Leonard, und sie hatte genauso wie ich Angst davor, gegen seine Gedanken aufzubegehren. Aber es zu zweit anzugehen war leichter als für eine allein, und die gedruckten Informationen halfen den Weg bereiten. Als ich meine eigenen Nachforschungen und die Gespräche mit meiner Freundin abgeschlossen hatte, fielen die Antworten klar und deutlich aus: Ich war nicht allein mit meinen Bedürfnissen. Was ich wollte, war nicht neurotisch. Ich war vollkommen normal. Und diese Offenbarung verblüffte mich und machte mich gleichzeitig wütend.

Mein Therapeut hörte mir aufmerksam zu. Er sah nicht wütend, ungeduldig oder aufgebracht aus. Statt dessen nahm er die Haltung eines Schülers an, der von einem Lehrer unterrichtet wird.

»Ich bin nur ein gesundes männliches Wesen«, erklärte er halb entschuldigend. »Ich kann nur an mir selbst beobachten, was für einen gesunden Mann notwendig ist. Wie es bei Frauen ist, muß ich von Frauen lernen – von richtigen Frauen. Wenn sie mir nichts sagen, wie soll ich mich dann auskennen?«

»Sie sind Arzt. Ich erwarte von Ihnen, daß Sie sich auskennen! Und wenn Sie sich nicht auskennen, dann sollten Sie nicht so tun, als ob!«

»Was hast du gelernt?« fragte er.

Ich nannte ihm die Titel der Bücher, die ich gekauft hatte, und legte ihm nahe, daß er sie in seiner Freizeit lesen solle und nicht während meiner Therapie.

»Wie wäre es, wenn ich dich für eine Sitzung bezahlen würde? Wärst du bereit, mir beizubringen, was du gelernt hast?« Er war todernst. Er wollte wissen, was ich wußte.

Immer noch wütend über die falschen Dinge, mit denen ich vollgestopft worden war, lehnte ich ab.

Nachfolgende Sitzungen verliefen ähnlich. Jedes Mal, wenn ich einen neuen Artikel oder ein neues Buch gelesen hatte, jedes Mal, wenn ich mich wieder mit Linda über dieses Thema unterhalten hatte, bekam meine Wut neue Nahrung, und ich ging noch erboster als beim vorigen Mal in die nächste Sitzung.

»Wie zum Teufel konnten Sie die letzten fünf Jahre lang über weibliche Sexualität reden und in der ganzen Zeit nicht ein einziges Mal das Wort *Klitoris* erwähnen?«

»Was hätte ich denn deiner Meinung nach darüber sagen sollen?« war seine ruhige, sanfte Antwort. Er trieb mich wieder dazu an, ihm *Unterricht* zu geben. Damit entwaffnete er mich, und meine Wut verflog schnell. Ich dachte, er will wirklich etwas wissen. Ich glaubte ihm seine Naivität und Unkenntnis. Also erzählte ich ihm, was ich gelesen hatte und von den Gesprächen zwischen Linda und mir. Und ich erzählte ihm, daß dadurch alles bestätigt wurde, was – wie ich immer gefühlt hatte – auch für meinen eigenen Körper galt; er jedoch hatte mir beigebracht, das zu ändern und als krankhaft anzusehen.

Ich kann nicht sagen, wie lange diese Sitzungen vielleicht noch weitergegangen wären, wären sie nicht durch ein unvorhergesehenes äußeres Ereignis abgebrochen worden. Ich empfand Wut über das, was Dr. Leonard mich gelehrt hatte – im Büro und im Schlafzimmer –, nicht über das, was er mir getan hatte, als an einem kühlen Abend Anfang Mai ein Anruf von Tony dazu führte, daß sich meine Sicht abrupt änderte.

In Tonys Stimme lang etwas Dringliches, als er mich um ein Treffen in der nächsten Stunde bat. Ich spürte, daß sich eine Krise anbahnte, und das bestätigte sich dadurch, daß Tony mich um eine Unterhaltung unter vier Augen bat. Greg, mit dem ich zwischenzeitlich zusammenlebte, sollte nicht in unserer Wohnung sein. Das war nicht typisch für Tony, denn er hatte mich in den gut zwei Jahren, die wir jetzt befreundet waren, noch nie so angerufen. Sicherlich hatten wir gelegentlich einige unserer Probleme ausgetauscht, aber die Themen gingen selten über seine Schwierigkeiten mit einer Freundin oder die Probleme hinaus, die ich mit meinen Eltern gehabt hatte. In Zeiten persönlicher Krisen hatten wir uns nie aufgesucht. Bei Tony schien es keine zu geben, und über meine konnte man nicht sprechen. Dieses Mal jedoch sollte es anders sein.

Er sprach kein Wort und schaute nicht einmal in meine Richtung, als er durch die Tür kam, wo ich stand, um ihn zu begrüßen. Er sah gespannt, mitgenommen und gequält aus, während er schnell zu einem Stuhl beim Eßtisch durchging und darauf wartete, daß ich mich zu ihm setzte. Er schwieg, bis ich ihm gegenüber saß, und fing dann an.

Er stolperte über seine ersten Worte auf der Suche nach der richtigen Form, mir das zu sagen, weswegen er gekommen war. Er starrte auf die Tischplatte, begann seinen ersten Satz immer wieder neu, bis ihm klar war, daß es keinen leichten Weg für diese Botschaft gab, also mußte es auf dem schmerzhaften Weg gehen. »Eine Bekannte hat mir erzählt«, erklärte er endlich, »daß Dr. Leonard in den Sitzungen Geschlechtsverkehr mit ihr hatte.«

Mein Körper versteifte sich, mein Gesicht zog sich zusammen, und auch mein Blick senkte sich jetzt auf den Tisch. Ich wußte, daß ich mich an dieser Diskussion nicht beteiligen konnte, ohne daß mir der Hinauswurf aus der Therapie drohte, und sofort wurde ich von Panik ergriffen. Ich konnte nicht mehr denken, und ich konnte nicht sprechen. In meinem Kopf tobte es, aber kein Gedanke hielt sich lange genug für eine Überlegung.

Tony schien meine Reaktion nicht zu bemerken, weil er immer noch zu beschäftigt war mit dem, was er an diesem Tag erfahren hatte. Immer noch auf die Tischplatte starrend, sprach er weiter und weihte mich in alle Einzelheiten ein, die ihm die ehemalige Patientin von Dr. Leonard erzählt hatte.

Er erzählte mir, wie Dr. Leonard sie gebeten hatte, seinen

Rücken zu massieren, und wie er sich dann schließlich von ihr habe mit der Hand und mit dem Mund befriedigen lassen. Er erzählte mir, daß Dr. Leonard sie gezwungen habe, sich zu Verdrängungsbewältigungssitzungen auszuziehen, indem er damit drohte, diese Stunden sonst überhaupt nicht mehr weiterzuführen, und wie er Viedoaufnahmen von ihr gemacht habe, als sie nackt und mit ausgebreiteten Armen und Beinen dalag. Er erzählte mir, wie Dr. Leonard am Ende einer Sitzung beobachtet hatte, daß sie sich in Embryonalstellung zusammengekauert hatte, um ihre Nacktheit, die ihr unangenehm war, besser zu verstecken, und wie er diese Gelegenheit dazu benutzt hatte, überraschend von hinten in ihre Vagina einzudringen.

Ich war angeekelt von dieser Schilderung, die mein eigener Erfahrungsbericht hätte sein können, und gleichzeitig wie gelähmt vor Angst, weil ich bei dieser Enthüllung dabei war.Ich fragte mich, warum ich das bei einer anderen Frau so abstoßend fand, was bei mir doch nur Selbstzweifel, Schuldgefühle und Ängste hervorgerufen hatte. Ich fragte mich, warum ich das, was er mit einer anderen Frau gemacht hatte, so widerlich fand, während das, was er mit mir machte, für mich zum Gradmesser für meine psychische Gesundheit geworden war. Ich fragte mich, warum ich das Gefühl hatte, daß sie von ihm gequält wurde, während dasselbe Verhalten für mich eine *Belohnung* war. Ich begann am ganzen Körper zu zittern, während ich vergeblich versuchte, den Sturm, der in mir grollte, zu unterdrücken.

Tony schaute mich immer noch nicht an, als er mich fragte: »Glaubst du, daß das stimmen kann? Ich kann mir das nicht vorstellen. Aber warum sollte sie dann solche Sachen erzählen? Vielleicht ist sie bloß darauf aus, Dr. Leonard irgend etwas Übles anzuhängen.« Er überlegte eine Minute und fügte dann hinzu: »Aber sie sah nicht danach aus, als ich mit ihr gesprochen habe.« Dann schaute er auf, um von mir eine Antwort zu bekommen.

Er ertappte mich, wie ich seinem Blick auswich, während ich nach etwas suchte, was ich sagen könnte, ohne mich in Schwierigkeiten zu bringen. »Vielleicht war sie psychisch einfach nicht gesund genug, um zu verstehen, was er mit ihr getan hat, Tony«, war alles, was mir einfiel.

»Was?« fragte Tony ungläubig.

»Wenn Dr. Leonard das getan hat, Tony, dann ist sie vielleicht eines Tages Frau genug, um es zu verstehen.« Ich versuchte Dr. Leonard zu rechtfertigen, ohne zuzugeben, daß die Geschichte stimmte. Ich wollte diese Diskussion beenden, ohne überhaupt wirklich in sie verwickelt zu werden. Und ich versuchte mir nicht anmerken zu lassen, daß ich zu Tode erschrocken war.

Wir schwiegen lange. Dann veränderte sich die Anspannung in Tonys Gesicht langsam zu einem Ausdruck schmerzlichen Mitleids, und er fragte sanft und liebevoll: »Wie lang macht Dr. Leonard das schon mit *dir*, Ellen?«

»Ich habe nicht gesagt, daß er irgend etwas gemacht hat«, protestierte ich. »Bitte, sag ihm nicht, ich hätte dir so etwas von ihm erzählt, weil es nicht stimmt!« Dann begann ich zu zittern, während ich an meine Bewährungssitzung vor über vier Jahren dachte; ich wußte, daß ich mich wieder darauf gefaßt machen mußte, wenn ich jetzt redete. Schon dieses Gespräch mit Tony allein gefährdete die zerbrechliche Verbindung, die ich seit meiner früheren »Sünde« wieder zu meinem Therapeuten geknüpft hatte. »Bitte, Tony, wir müssen das Thema wechseln, oder du mußt gehen«, sagte ich schließlich zu ihm. Doch er lehnte beides ab.

Beharrlich setzte er seine Befragung fort und versuchte, mich von meinen Qualen zu erlösen und uns beiden unsere Illusionen über Dr. Leonard zu nehmen. In mein beredtes Schweigen hinein sprach er über die ethischen Anforderungen einer solchen Situation, die Grundlage der Verhaltensregeln, die es einem Therapeuten verbieten, mit einer Patientin zu schlafen, und die extreme Ungleichheit einer solchen Beziehung. Damals erzählte Tony mir zum ersten Mal, was Dr. Leonard selbst ihm am Tag nach der Weihnachtsfeier 1974 zur *Übertragung* erklärt hatte.

»Daß es in der Beziehung zu einem Therapeuten das Phänomen der Übertragung gibt, ist mit ein Grund dafür, warum eine sexuelle Beziehung mit einem Patienten so unmoralisch ist, Ellen«, sagte er, mehr bittend als erklärend. Wenn ich die Bestätigung, die ich eigentlich von meinen Eltern hätte bekommen sollen, bei meinem Therapeuten suchte, woher kam dann mein Einverständnis mit den sexuellen Kontakten – von meinem Gefühl für den Mann oder aus meinem Bedürfnis, von meinen Eltern akzeptiert zu werden? Wenn ich von meinen Eltern geliebt werden wollte und dieses Bedürfnis nach Liebe auf meinen Therapeuten übertragen hatte, machte ich dann aus romantischen Gefühlen mit, die er als Mann entfacht hatte und die ihm selbst galten, oder weil ich den Schluß zog, daß ich mir so diese Liebe schließlich verdienen könnte? Tony sah zahllose Möglichkeiten für den Therapeuten, Fäden zu ziehen, um die Beteiligung des Patienten zu gewährleisten. Er zählte viele auf. Dann fügte er hinzu, daß es »widerlich« sei, wenn ein Therapeut irgendeinen davon zum Zweck seiner eigenen sexuellen Befriedigung ziehe.

Tony redete eine ganze Zeit lang so weiter und drängte mich immer wieder dazu, darüber zu sprechen, was mir passiert sei. Doch erst nachdem die halbe Nacht um war, sagte er den einen Satz, der für mich den Ausschlag gab. Ich leugnete zwar nicht mehr, daß es eine sexuelle Vergangenheit mit Dr. Leonard gegeben hatte, doch dafür wandte ich ein, »eines Tages werde ich es verstehen – eines Tages, wenn ich psychisch völlig gesund bin«.

»Nein, Ellen, du wirst es nie so verstehen, wie du dir das vorstellst. Das kannst du unmöglich, weil es nicht zu verstehen ist.«

Ich fühlte, wie mir bei dieser Bemerkung eine Last von den Schultern genommen wurde. Ich empfand keine Wut, keine Verachtung, keine Rachsucht. Ich fühlte mich nur frei. Langsam und in groben Zügen erzählte ich Tony, was er wissen wollte. Die Einzelheiten waren unwichtig; *wichtig* war nur, überhaupt darüber zu sprechen. Die Wut gegen Dr. Leonard, die ich in Tonys Augen sah, war nicht wichtig; *wichtig* war nur, daß Tony Dr. Leonards Verhalten nicht vernünftig und verständlich fand. Es war nicht wichtig zu hören, daß das, was Dr. Leonard getan hatte, vielleicht krankhaft war; *wichtig* war nur, daß das für meine Reaktionen nicht galt.

Tony und ich unterhielten uns bis spät in die Nacht. Wir sprachen darüber, was mir passiert war, was er an diesem Tag erfahren hatte und was wir als nächstes tun würden. Wir tauschten diese Erfahrungen zwar verbal aus, hatten dabei jedoch nicht dieselben Gefühle. Tony war fuchsteufelswild und entsetzt, während er sich meine bruchstückhaften Schilderungen anhörte. Ich dagegen empfand nur Erleichterung.

In den Tagen, die auf diesen Wendepunkt folgten, wappnete ich mich für die Beendigung meiner Therapie. Diesmal wurde mein Vorhaben von meinem Verstand und nicht von meinen Gefühlen bestimmt. Ich wußte, daß ich die Therapie aufgeben mußte, aber ich fühlte mich immer noch so stark an meinen Therapeuten gebunden, daß ich panische Angst davor hatte, was er mit mir machen würde, wenn ich es ihm sagte. Nicht einmal an diesem Punkt haßte ich ihn. Ich konnte immer noch nichts anderes als ihn fürchten.

In diesen Tagen erkannte ich zum ersten Mal, wie sehr ich von Dr. Leonard abhängig war. »Aber nur Dr. Leonard kann mir bei diesen Problemen helfen«, sagte ich eines Abends zu Tony.

»Nein, Ellen, er will nur, daß du das glaubst. In Wirklichkeit stimmt es nicht«, erwiderte Tony.

Aber Dr. Leonards Worte waren wie in Stein gemeißelt; ich empfand sie immer noch als mein Evangelium.

Dr. Leonard war zu der Zeit, als ich mein Gespräch mit Tony hatte, in Urlaub gewesen. Dadurch hatte ich nicht nur zusätzliche Wochen, um mich vorzubereiten und für die entscheidende Stunde zu üben, wie ich es früher vor Auseinandersetzungen mit ihm über kleinere Probleme gelernt hatte, sondern es gab mir außerdem Zeit, mit Linda zu sprechen. Da erfuhr ich zum ersten Mal die genauen Umstände, unter denen eine Begegnung, die sie selbst mit Dr. Leonard hatte, verlaufen war. Obwohl sie keinen Geschlechtsverkehr hatten, hatte eine Nacht in Dr. Leonards Bett im Strandhaus genügt, Linda für lange Zeit in unausgesprochene Gefühlswirren und Qualen zu stürzen. Jetzt waren wir zu dritt, und ich mußte mich fragen, wie viele da noch waren.

Nachdem Tony einmal mit mir geredet hatte und nachdem ich mit Linda und – natürlich – mit Greg gesprochen hatte, diskutierten wir vier viele Stunden am Eßzimmertisch über die Sache. Linda und ich beschäftigten uns mit unserer Vergangenheit bei Dr. Leonard und auch mit der Geschichte von Tonys Freundin, verglichen die besonderen Merkmale und fanden etwas Trost in der Tatsache, daß unsere Verwirrung und unsere Selbstzweifel nicht einzig Produkte unserer eigenen Neurosen gewesen waren. Tony beschäftigte sich mit seinem Schock und seiner Wut über den seiner Meinung nach eklatanten Vertrauensbruch und die eklatante Verletzung der beruflichen Verhaltensregeln. Über dieses Thema zu urteilen fiel ihm weitaus leichter als über die Weihnachtsfeier, denn diesmal war er nicht das Opfer. Und während Linda und ich in der Geschichte unserer Therapie herumwühlten und während Tony vergeblich versuchte, seine Bewunderung für Dr. Leonard mit dem gerade erfolgten Sturz seines Idols in Einklang zu bringen, gab mir Greg als einziger Halt. Er war nicht schockiert gewesen über das, was wir ihm erzählt hatten, sondern nur wütend. Er mußte nicht mit den widersprüchlichen Bildern von Dr. Leonard fertig werden wie sein Bruder und ich. Greg gestand uns ein, sein größtes *Problem* während seiner zweijährigen Therapie sei gewesen, daß er nie genug Vertrauen zu Dr. Leonard hatte, um ihm alles zu erzählen. Jetzt erfuhr er, daß seine instinktive Reaktion auf Dr. Leonard einen guten Grund hatte, und er war erleichtert bei der Aussicht, sich nicht mehr Dr. Leonards Tiraden anhören zu müssen, Gregs Mißtrauen ihm gegenüber deute auf ernsthafte Probleme hin.

Wenn ich allein war, spielte ich durch, was ich Dr. Leonard über die Beendigung meiner Therapie sagen würde, und dabei schwankte ich zwischen Tränen der Erleichterung und der Furcht vor der Konfrontation hin und her. Wenn ich an diese erste Nacht in seiner Wohnung dachte, den Ringkampf im Bett, dessen Sinn ich nie hatte verstehen können und der mir das Gefühl gab, völlig unbrauchbar zu sein, und sein anschließendes Urteil über mich, dann konnte ich es nicht mehr erwarten, von diesem Mann wegzukommen. Aber wenn ich mir dann meine Bewährungssitzung in Erinnerung rief, zitterte ich bei dem Gedanken, daß ich mich in unserem letzten Treffen noch einmal seiner Wut aussetzen mußte.

Ich fragte mich, ob ich in der Lage wäre, ihm die Stirn zu bieten. Wäre ich in der Lage, auf seine Andeutungen, daß in Wahrheit meine »defekte Psyche« schuld sei, zu reagieren? Wäre ich in der Lage, die Taktiken zu durchschauen, die er so oft benutzte, um mich glauben zu machen, daß ich mich wieder einmal als »schwierige Patientin« erwies? Wäre ich in der Lage, standhaft zu bleiben, wenn er mir schließlich »noch eine Chance« geben würde?

Ich wollte fähig sein, Dr. Leonard persönlich gegenüberzutreten. Es schien mir nicht nur eine angemessene und mutige Lösung zu sein; ich dachte auch, daß eine direkte Begegnung unter vier Augen mir dabei helfen würde, diesem Alptraum ein Ende zu machen. Der Gedanke an so ein Treffen stürzte mich jedoch in so panische Angst, daß ich eine Krisenbewältigungssitzung bei einem anderen Therapeuten aufsuchte.

»Die persönliche Konfrontation ist der richtige Weg, das zu erledigen«, sagte ich dem Psychotherapeuten, nachdem ich ihn in die Geschichte eingeweiht hatte, »aber ich habe entsetzliche Angst.«

»Richtig für wen?« fragte er, nachdem er seine Empörung über das, was mir angtan worden war, zum Ausdruck gebracht hatte. »Sie schulden diesem Scheißkerl überhaupt nichts, und Sie sind es sich selbst schuldig, sich die Sache so leicht wie möglich zu machen. Ich meine, daß Sie ihm nicht einmal einen Anruf schuldig sind!«

Ich wußte, daß er recht hatte, aber ich konnte meine Beziehung zu Dr. Leonard nicht ohne eine Erklärung abbrechen. *Damit* hätte ich nicht leben können. Aber ich wollte es auf die einfachste Art erledigen, die mir möglich war. Ich entschied mich für einen Anruf.

Meine nächste Sitzung sollte an dem Montagnachmittag stattfinden, wo er aus dem Urlaub zurückkam. Ich wollte ihn am Vormittag anrufen, um meine Stunde abzusagen – und unsere Beziehung aufzukündigen. Ich machte mich auf die denkbar schlimmsten Reaktionen gefaßt und probte Antworten für alle diese Möglichkeiten. Dann umriß ich in groben Zügen, was ich sagen wollte, und schrieb unter jede Überschrift eine Bemerkung, die das, was ich im Kopf hatte, so knapp wie möglich wiedergab. Ich wollte mich über die Angelegenheit nicht unterhalten und nicht darüber debattieren; er sollte nur wissen, daß ich meine Therapie beendete, und eine allgemeine Vorstellung von den Gründen bekommen. Diese Gedanken im Kopf und meinen Block vor mir, nahm ich den Hörer ab und wählte mit schweißnassen Händen und kurzatmig ein letztes Mal die Nummer meines Therapeuten.

»Hallo«, antwortete er. Es ging auf zehn Uhr zu, und er schien sich in Hektik auf seinen Arbeitstag vorzubereiten, der in Kürze beginnen würde.

Ich schluckte. »Dr. Leonard, hier spricht Ellen.«

Dr. Leonard hatte wohl den Ernst und die Anspannung in meiner Stimme überhört ebenso wie meine Atemprobleme, denn er antwortete mit beiläufiger Freundlichkeit: »Hallo, Ellen. Ich bin jetzt gerade beschäftigt. Kann ich dich in der Mittagszeit zurückrufen?«

Schon mußte ich von meinen Aufzeichnungen abgehen. Auf eine Verschiebung hatte ich mich nicht vorbereitet. »Es ist nicht nötig, daß Sie mich zurückrufen, Dr. Leonard. Ich rufe an, weil ich die Therapie bei Ihnen beenden will. Sie können also meinen Termin für heute streichen.«

Ich wartete darauf, daß er mich anbrüllen, mich beschimpfen oder mich aburteilen würde. Doch er tat nichts von alledem. Der freundlich-vertraute Ton in seiner Stimme wich ruhiger und vorsichtiger Zurückhaltung. Er klang fast schüchtern, als er antwortete: »In dem Fall nehme ich mir die Zeit, um jetzt mit dir zu reden, Ellen. Was ist los?«

»Ich höre aus zwei Gründen mit der Therapie auf, Dr. Leonard. Der erste Grund ist die sexuelle Beziehung, die Sie im Verlauf meiner Therapie angefangen und weitergetrieben haben, und die ganze Verwirrung und die Gewissensqualen, die mir das verursacht hat. Der zweite Grund ist, daß Sie ihre Position dazu ausgenutzt haben, alle diese Qualen als symptomatisch für eine kranke Psyche *wegzudiagnostizieren*. Währenddessen haben Sie mich dafür verurteilt, daß ich mit Ihrem mißbräuchlichen Verhalten nicht fertig werden konnte. Meine Bewährungssitzung ist das beste Beispiel dafür. Allein wegen dieser Sitzung hätte ich Ihre Therapie schon vor langer Zeit verlassen sollen.«

Er machte eine Pause und antwortete dann nur: »Ich verstehe.« Dann bat er mich betont freundlich und merklich nervös, in seine Wohnung herüberzukommen, damit wir persönlich darüber sprechen könnten. »Ich sage sogar meine Vormittagstermine ab«, bot er mir an.

»Nein, Dr. Leonard. Ich will Sie nicht sehen«, antwortete ich und fühlte, wie ich mutiger wurde.

»Ich verstehe«, wiederholte er. »Könntest du mir wenigstens sagen, was diese Entscheidung ausgelöst hat?«

»Nein«, antwortete ich, und ich sagte ihm nicht, warum ich es nicht konnte. Tony hatte mir das Versprechen abgenommen, ihm diesen Teil für seine bevorstehende Sitzung bei Dr. Leonard am nächsten Tag zu überlassen. Dr. Leonard sollte nicht vorgewarnt sein, daß Tony über das Thema Bescheid wußte, und ich war einverstanden, ihm dieses Überraschungsmoment zu gönnen.

»Bitte, Ellen«, bettelte er, »willst du nicht doch herkommen und persönlich mit mir darüber sprechen?«

»Nein, Dr. Leonard. Es gibt nichts mehr, was ich noch mit Ihnen besprechen will.«

Dann war es sehr, sehr lange still. Ich dachte einen Augenblick, daß er vielleicht den Hörer aufgelegt hatte und weggegangen war, nur damit er die Befriedigung hatte, mich am anderen Ende der Leitung warten zu lassen. Ich wollte schon auflegen, als er endlich das Schweigen brach.

Langsam, überlegt, nachdenklich und sanft sagte er: »Ich habe schon lange den Verdacht, daß das, was ich mit dir gemacht habe, bei dir Schaden angerichtet hat.«

Ich war verblüfft. Auf so eine Bemerkung – auf so ein Geständnis – war ich überhaupt nicht vorbereitet. Ich nahm den Stift, der neben meinem Block lag, und schrieb in dem eingetretenen Schweigen seine Worte auf:

Ich habe schon lange den Verdacht, daß das, was ich mit dir gemacht habe, bei dir Schaden angerichtet hat.

Ich wußte, ich würde diese Worte später wieder durchlesen wollen.

Jetzt fing er wieder an zu reden. »Könnte ich vielleicht zu dir in die Wohnung kommen, wenn du den Weg hierher nicht machen willst? Ich würde wirklich gerne mit dir darüber sprechen.«

Mit mehr Entschlossenheit, als ich mir selbst zugetraut hätte, und mit mehr Mut, als ich je vorher aufgebracht hatte, sagte ich fest: »Dr. Leonard, ich weiß nicht mehr, wie oft ich Sie in den letzten fünf Jahren angefleht habe, genau über dieses Thema mit mir zu reden. Jedesmal haben Sie sich dann entweder geweigert, oder Sie haben mein Bedürfnis, darüber zu sprechen, als schwere Neurose gedeutet. Jetzt wollen Sie darüber reden, aber ich habe einfach kein Interesse mehr daran, mit Ihnen darüber zu diskutieren. Für mich hat es an diesem Punkt keinen Sinn mehr. Sie sind nicht mehr mein Therapeut.« Ich machte eine Pause und fügte dann hinzu: »Lassen Sie es mich so ausdrücken, Dr. Leonard. *Der Handel ist vorbei*.«

»Ich verstehe«, sagte er noch einmal, diesmal bedauernd, wie es schien.

Resigniert sagte er: »Wenn du alle positiven Seiten der Therapie gegen den Schaden, den ich dir zugefügt habe, abgewogen hast, kommmt das Positive hoffentlich zuerst.«

»So etwas festzustellen braucht Zeit, Dr. Leonard. Momentan sehe ich nur den Schaden«, antwortete ich.

»Ich verstehe«, sagte er zum letzten Mal.

»In diesem Fall gibt es nichts mehr zu sagen – außer auf Wiedersehen.«

»Auf Wiedersehen, Ellen«, erwiderte er. »Ich meine es wirklich ernst, wenn ich sage, daß ich dir viel Glück wünsche.«

Ich legte auf, und es war vorbei. Fünfeinhalb Jahre, in

denen ich für die Zustimmung meines Therapeuten gelebt hatte, fünfeinhalb Jahre, in denen ich auf eine unfaßbare Vorstellung geistiger Gesundheit und Weiblichkeit hingearbeitet hatte, fünfeinhalb Jahre, in denen ich Dr. Leonards Anleitung und Unterstützung gesucht hatte – das alles war vorbei. Alles, worum sich mein Leben in all diesen Jahren gedreht hatte, war plötzlich zu Ende, und ich zappelte in einem Meer von Depressionen auf der Suche nach einem neuen Ziel, einem neuen Rettungsanker.

Ich bemühte mich intensiv, Wut gegen meinen ehemaligen Therapeuten zu empfinden. Doch ich konnte es nicht. Mein Verstand hatte gerade erst angefangen zu erfassen, was Dr. Leonard mir angetan hatte. Doch was die emotionale Seite betraf, empfand ich nichts als Erleichterung darüber, daß ich ihn nicht mehr zufriedenstellen mußte, daß ich ihn nicht mehr fürchten mußte, daß ich mich nicht mehr anstrengen mußte, etwas zu fühlen, was ich seiner Meinung nach fühlen sollte, jedoch nicht fühlen konnte. Aber Wut? Nein, ich empfand keine Wut, keinen Groll, keine Bitterkeit. Zumindest noch nicht.

Ich fragte mich, ob ich ohne seine Lenkung, seine Anweisungen, seine Leitlinien, seine Regeln weiterleben konnte. Ich fragte mich sogar, ob es mir fehlen würde, wenn ich ihn nicht mehr alle zwei Wochen sah. Wieder erinnerte ich mich an seine häufigen Mahnungen, daß mir niemand außer ihm helfen konnte, und wieder fragte ich mich, ob es nicht vielleicht doch stimmte. Hatte ich mich von einem Teufel befreit, der mein Leben beherrscht hatte, oder von meiner letzten Hoffnung auf Rettung? War er ein Abschreckungsmittel gegen mein Glück, oder der letzte Schlüssel dazu? Vielleicht, überlegte ich, war es ja wichtig, daß sich meine Situation in der Therapie so verschlimmerte, bevor es mit mir wieder aufwärts gehen konnte. Nur eines schien klar zu sein: daß ich das noch nicht sicher *fühlen* konnte, was ich erst theoretisch verstand.

Ich dachte darüber nach, wohin ich jetzt gehen würde. Ich war nur nach New York gekommen, weil ich bei Dr. Leonard in Therapie gehen wollte. Jetzt hielt mich nichts mehr in dieser Stadt, und ich konnte gehen, wohin ich wollte. Ich wußte, daß Greg Manhattan ebensowenig mochte wie ich. Bestimmt würde er mit mir kommen.

Fragen schossen mir durch den Kopf wie ein Wirbelsturm. Von der Frage, wer ich eigentlich war, bis hin zu der Frage, wo ich leben sollte. Jetzt mußte ich selbst die Antworten finden, und ich fühlte mich hilflos, verängstigt und deprimiert. So verzweifelt und deprimiert ich in der Woche nach meinem Gespräch mit Dr. Leonard jedoch auch war – alles sollte noch schlimmer kommen, viel schlimmer – bevor es wieder aufwärts gehen konnte.

12. Positionen

Einen Tag, nachdem ich die Therapie beendet hatte, kündigte Dr. Leonard seinen übrigen Patienten an, daß er ab August 1977, also schon in drei Monaten, ein »unbefristetes Ferienjahr« nehmen wolle. Die Verstörtheit, die das bei vielen hervorrief, konnte ich gut verstehen. Ich konnte das Gefühl von Angst und Verlassenheit nur zu gut verstehen, weil ich noch kurz zuvor auf eine solche Neuigkeit genauso reagiert hätte. Die Nachricht von Dr. Leonards Beurlaubung verbreitete sich genauso schnell wie die Begründung, die er dafür gab. »Er ist müde«, erklärten die einen. »Er sagt, er brauche eine lange Ruhepause. Er sagt, daß niemand diese intensive Art der Therapie betreiben könne, ohne irgendwann ausgebrannt zu sein.«

Den anderen Patienten (neben Greg und Linda), die ich zu meinen Freunden zählte, verriet ich das Problem, das so lange ein wohlgehütetes Geheimnis gewesen war. Ich wollte die Umstände erläutern, die Dr. Leonards Ankündigung einer notwendigen Ruhepause vorausgegangen waren, zum Teil, weil ich das Gefühl hatte, diese Information könnte sie vielleicht dazu bewegen, ihre Therapie früher zu beenden als zu dem Zeitpunkt, den Dr. Leonard sich ausgesucht hatte. Bestimmt würden sie den Sachverhalt genauso sehen wie Tony, denn sie wurden nicht von demselben Durcheinander geblendet und verwirrt, wie ich als Opfer. Sie wären fähig, objektiv zu sein und sich dementsprechend zu verhalten.

Außerdem suchte ich meine Freunde auf, um mich zu beruhigen. Ich fühlte mich orientierungslos und allein und suchte überall Halt, wo es in meinem Leben etwas Stabiles gab. Eric mit seinen Bedürfnissen zwang mich dazu, mich zusammenzureißen, und Greg tröstete und unterstützte mich unendlich und aufrichtig, aber das reichte nicht aus für jemanden, der so verstört und voller Angst war. Ich hatte meine Eltern verloren. Und ich hatte Dr. Leonard verloren. Jetzt brauchte ich meine Freunde wahnsinnig dringend. Ich wandte mich an sie, um mich der positiven Dinge in meinem Leben zu versichern, und, noch wichtiger, um die Wirklichkeit auszutesten: War es möglich, glücklich zu sein beziehungsweise überhaupt zu leben, nachdem ich Dr. Leonard verurteilt hatte und von ihm weggegangen war? Ich brauchte eine positive Antwort auf meine unausgesprochene Frage, aber die Reaktion des ersten Freundes, an den ich mich mit meiner Geschichte wandte, kündigte schon an, was mit vielen Freunden, auf die ich zählte, passieren sollte.

*Robert Berger** und ich kannten einander schon seit meiner Zeit in Chicago. Er war einer von denen gewesen, die meine Hochzeit mit David »boykottiert« hatten. Aber inzwischen waren wir Freunde geworden – er hatte mir meine Heirat verziehen und ich ihm seine extreme Haltung. Er war als promovierter Wissenschaftler an einer Eliteuniversität in der Forschung tätig und damit einer meiner gebildeteren Freunde. Wir trafen einander oft, normalerweise wenn er von außerhalb nach New York zu seinen Sitzungen bei Dr. Leonard pendelte. Er mochte mich als Freund, und sagte mir das oft. So hatte ich keine Angst, als ich mich mit meinen Informationen an Robert wandte. Ich dachte, daß ein Mann von seinen Fähigkeiten kein Problem mit diesem Fall hätte; außerdem hatte er mir einmal erzählt, wie ein ehemaliger Therapeut seine Freundin, mit der er zusammenlebte, verführen wollte. Er war erschrocken gewesen, daß Therapeuten so etwas taten, während ich als Reaktion auf sein Entsetzen geschwiegen hatte. Des weiteren zeigte mir seine ausgesprochene Sorge um mich, daß ich mit seiner Unterstützung und Zuwendung rechnen konnte, wenn ich sie brauchte.

Doch ich irrte mich.

Ich rief Robert an und erzählte ihm von den jüngsten Ereignissen. Er hörte sich an, was ich zu sagen hatte, reagierte

---

* Der Absender dieses Briefes, der hier Robert Berger genannt wird, war um die Erlaubnis des wörtlichen Abdrucks des Briefes gebeten worden. Das wurde jedoch per Brief von seinem Anwalt untersagt.

mit verblüffter Anteilnahme, und nachdem er Zeit zum Nachdenken gehabt hatte, beantwortete er mein Ferngespräch per Post.

Er begann seinen Brief, indem er erklärte, er schreibe mir wegen der Bedeutung, die unsere Freundschaft für ihn gehabt habe. Ich machte mich auf das gefaßt, was noch kommen sollte.

Er könne nicht widerlegen, was ich ihm erzählt hatte, schrieb er, noch werde er das überhaupt versuchen. Statt dessen komme er zu dem Schluß, daß Dr. Leonard sich keiner unanständigen Handlungen mir gegenüber schuldig gemacht habe, wenn er sich auf die Informationen verließ, die er bereits hatte. Diese Informationen waren alles, was er aus erster Hand über Dr. Leonard wußte; dazu kam seine Vorstellung, daß »es keine Widersprüche gibt«. Letzteres bezog sich auf den Teil der Objektivistischen Lehre, der postuliert, daß es in der Realität – in der *metaphysischen* Realität – keine Widersprüche gebe. Mit anderen Worten, ein Sandkorn oder ein Wassertröpfchen hat eine bestimmte Beschaffenheit und kann daher keine Eigenschaften annehmen, die im Gegensatz zu seinem Wesen stehen. Es kann nicht etwas sein und es gleichzeitig nicht sein. Ergo »gibt es keine Widersprüche«.

Robert hatte dieses Axiom genommen und seine Bedeutung auf den Bereich der menschlichen Psyche ausgedehnt, einen Bereich, auf den es nicht unbedingt angewandt werden kann. In der Fortsetzung des Briefes erläuterte er seinen Sprung von der metaphysischen zur psychologischen Ebene. Er schrieb, daß Dr. Leonard der großartigste Mensch sei, den er je kennengelernt habe, und außerdem der beste Therapeut auf der Welt, und daß das, was ich sagte, diesen Tatsachen widerspreche. Da es jedoch keine Widersprüche gebe, erklärte Robert, könne sich Dr. Leonard niemals irgendeiner Unanständigkeit schuldig gemacht haben. Robert schrieb, daß er nicht nur wisse, daß Dr. Leonard keinerlei Verfehlung begangen habe, er behauptete auch zu wissen, daß das, was Dr. Leonard mit mir gemacht habe, ethisch richtig, anständig und für eine erfolgreiche Therapie unabdingbar notwendig gewesen sei. Er hoffe, daß ich meinen Irrtum einsehen würde, sagte mir aber dennoch, ich möge »mich zum Teufel scheren«. Er unterschrieb schlicht mit Robert Berger.

Der Brief machte mich nicht nur auf die Antworten gefaßt, die ich von anderen Freunden in Zukunft bekommen sollte, sondern zeigte mir auch, daß diese blinde Ergebenheit nicht ein Einzelphänomen bei mir war. Ich entdeckte, daß ich nicht das Monopol darauf hatte, so viele Jahre auf diesen Therapeuten hereingefallen zu sein. Was daran jedoch so schwer zu vertehen war, war die Frage, *wie* es kam und *woher* es kam, daß so viele Leute so viele Jahre lang einem einzigen Menschen so treu ergeben waren. Lagen die Wurzeln in der Objektivistischen Lehre? Stand etwas zwischen den Zeilen der Philosophie, die unabhängiges Denken und vernünftiges Urteilen lehrte und dabei ein Ergebnis zeitigte, das dem Kult eines religiösen Führers ähnelte? Oder gab es etwas in dem Schwarz auf Weiß Gedruckten, das so vielen intelligenten Lesern entging? Vielleicht lag es überhaupt nicht an der Philosophie. Vielleicht war es einfach Zufall, Dusel, daß Dr. Leonard und alle seine loyalen Patienten Schüler der Objektivistischen Philosophie waren. War es dann das Charisma dieses Mannes, daß zu so blinder Anbetung führte? Hatte er irgendeine besondere Begabung, die es zuwege brachte, daß so viele Leute alles, was sie ihrem Bekunden nach von ihrer Philosophie gelernt hatten, verdrehten oder nicht mehr beachteten?

Ich bekam zwar nur einen weiteren Brief, der ähnlich lautete wie der von Robert. Nämlich von Roberts Freundin. Doch ich bekam unzählige Anrufe, von Männern wie von Frauen, die mich dafür *verurteilten*, daß ich meine Therapie beendet hatte, und wegen des Grundes, der hinter meiner Handlungsweise steckte. In einem Anruf wurde ich beschuldigt, »den gottähnlichsten Menschen zerstört zu haben, den es je gab«. In einem anderen wurde mir Rache angedroht, weil ich die Ursache dafür war, daß Dr. Leonard seine Praxis geschlossen hatte. Sie hatten den Zusammenhang zwischen Dr. Leonards Beurlaubung und der Beendigung meiner Therapie hergestellt, und ich wurde für den Fall eines Helden verantwortlich gemacht.

In diesen Tagen und Wochen, in denen ich nach Antworten suchte, mit Freunden sprach und sie verlor und die bedrohlichen Anrufe von den harmlosen trennte, stieß ich wieder auf den Block, auf den ich Dr. Leonards Satz notiert hatte:

Ich habe schon lange den Verdacht, daß das, was ich mit dir gemacht habe, bei dir Schaden angerichtet hat.

Immer wieder las ich den Satz durch und versuchte zu erfassen, was ich darin ahnte. Etwas hatte in mir weitergenagt, seit ich diesen Satz gehört hatte, und ich versuchte herauszufinden, woher mein Unbehagen kam. Und plötzlich, wie ein Blitz aus heiterem Himmel, wurde mir klar, was der Satz aussagte, doch es war zu schlimm, als daß ich es vorher hätte erkennen können: Er wußte, daß er mir Schaden zugefügt hatte, doch das hielt ihn nicht davon ab, damit weiterzumachen.

Es war mir vergleichsweise weniger schlimm vorgekommen, als ich noch glauben konnte, daß ich ihm zu wichtig war, als daß er mir wissentlich etwas Böses antun würde. Es war etwas anderes gewesen, als ich noch dachte, er sei einfach fehlgeleitet, im Irrtum oder gestört. Ich hätte mich mit der Vergangenheit leichter abfinden können bei dem Gedanken, daß er nur die besten, wenn auch irrige, Absichten hatte. Doch mit dem, was ich jetzt begriff, wurde ich nicht fertig.

Ich wollte in seine Wohnung rennen, die Tür aufreißen und eine Erklärung verlangen. »Was soll das heißen, *Sie haben schon lange den Verdacht*? wollte ich fragen. »Wie lang ist *lange*? Wie lang haben Sie mich gevögelt und dabei gedacht, daß es mir schadet?«

In diesem Moment wünschte ich mir, ich wäre ein Wissenschaftler, so daß ich ihn verächtlich von Kollege zu Kollege hätte fragen können: »Was haben Sie mit ihren Vermutungen gemacht, Herr Doktor? Haben Sie sie analysiert, eine Diagnose erstellt und versucht, eine Heilmethode für die Wunden zu finden, die Sie geschlagen haben? Oder haben Sie nur mit den Schultern gezuckt, weil es Ihnen egal war, bevor Sie wieder einmal Ihre Hose heruntergelassen haben?«

Ich dachte an alles, was ich ihm jetzt gerne gesagt hätte,

und wünschte mir, ich wäre so hellsichtig gewesen, den Sinn seiner Worte in dem Moment zu verstehen, als er sie sagte. Dann weinte ich, als mir klar wurde, daß ich ihm völlig egal gewesen war, als Mensch und erst recht als Patient. Ich wußte, daß ich benutzt worden war, und zum ersten Mal, seit Tony an jenem Abend im Mai bei mir gewesen war, war ich wütend.

Als es sich herumgesprochen hatte, daß ich meine Therapie wegen sexueller Kontakte mit Dr. Leonard beendet hatte, sprachen einige Patienten ihn auf diese »Gerüchte« an, während andere einfach darüber lachten und vermuteten, ich müsse wohl von anderen derartigen Kontakten gehört haben und würde mich jetzt »als Frau verschmäht fühlen«. Die meisten waren mit der Erklärung zufrieden, die er lieferte, und blieben bis zu seiner Beurlaubung bei ihm in Therapie. Es war irgendwann im Juni, als ich zum ersten Mal hörte, wie die Erklärung lautete.

»Dr. Leonard hat gesagt, daß es ein Teil deiner Therapie war und daß du einverstanden warst, so eine Therapie bei ihm zu machen. Er hat gesagt, daß du eine Einwilligungserklärung unterschrieben hast, die ihm das erlaubt hat, was er mit dir gemacht hat«, sagte mir eine Bekannte am Telefon. Auch sie hatte angerufen, weil sie meine Handlungsweise verurteilte, war jedoch bestrebt, mich wissen zu lassen, daß sie beide Seiten der Geschichte hören wollte. Diese Zusammenfassung von Dr. Leonards Erklärung aus zweiter Hand sollte nicht die einzige bleiben. Und als ich sie zum fünftenmal gehört hatte, wuchs mein Ärger und suchte nach einem Ventil. Mit fiel ein, wie selbstgerecht und empört er vor mir gestanden und, zum Schlafzimmer zeigend, verkündet hatte, daß das eine Sache sei und die Therapie eine andere. Ich erinnerte mich daran, wie oft ich ihn um eine Erklärung angebettelt und er nur mit Ungeduld, Verärgerung, Anzüglichkeiten oder Schweigen reagiert hatte. Ich dachte an all die Sitzungen, wo meine Angst und meine Qualen nicht angesprochen wurden, weil »der Sex zwischen uns nichts mit dem zu tun hat, was hier vor sich geht«. Und ich wußte, ohne irgendeinen Zweifel oder Vorbehalt, daß ich ihn vor Gericht bringen würde.

Die erste, der ich von meinem Entschluß erzählte, war Linda, und ich drängte sie dazu, denselben Schritt in Erwägung zu ziehen. Linda jedoch war skeptisch wegen des öffentlichen Aufsehens, das so ein Fall mit sich bringen würde, und sie brauchte noch Zeit, um ihre Angst davor gegen ihren Wunsch, gegen Dr. Leonard vorzugehen, abwägen zu können. Nach ein paar Wochen bekam letzteres die Oberhand.

Dann dachte ich an die Geschichte, mit der Tony im Monat davor zu mir gekommen war, und an die Frau, um die es in dieser Geschichte ging. Ich rief sie an, um ihr von meinem Entschluß zu erzählen, Dr. Leonard wegen Verletzung seiner beruflichen Sorgfaltspflicht verklagen zu wollen, und hoffte, sie würde sich mir dabei anschließen. Allerdings würde meine Entschlossenheit, mein eigenes Vorhaben durchzuziehen, nicht von ihrer Zustimmung beeinflußt werden, genausowenig, wie es bei Linda der Fall war. Vielleicht, so dachte ich, ist sie genau so darauf erpicht wie ich, sich dazu zu äußern. Und ich war nicht so naiv, als daß ich nicht genau gewußt hätte, was eine weitere erhärtende Geschichte bewirken konnte. Schließlich hatte Dr. Leonard keinen Geschlechtsverkehr mit Linda gehabt, und Tonys Freundin war die einzige Frau außer mir, von der ich es wußte.

Patricia Osborne hatte ich nur ab und zu auf Partys oder bei Zusammenkünften getroffen. Bei diesen Anlässen hatte ich mich beiläufig mit ihr unterhalten, und es war schon eine ganze Zeit her, seit wir uns das letzte Mal gesehen hatten. Wir waren nie enge Freundinnen geworden, doch es war mir jetzt trotzdem nicht peinlich, mich in einer so heiklen Sache an sie zu wenden. Ich hatte Patti immer gern gehabt, wenn wir zusammen gewesen waren. Ich hatte sie als nett, offen und warmherzig empfunden, und ich hatte sie als eine Frau in Erinnerung, die immer freundlich war und viel lachte. Unter diesen Umständen hatte ich keine Bedenken, mit ihr Kontakt aufzunehmen, sondern freute mich darauf.

»Ich würde ihn lieber kastrieren«, sagte sie, nicht im Spaß, »aber ein Prozeß wegen Verletzung der Berufspflicht klingt als zweite Wahl ganz gut.« Sie war damit einverstanden, sich mit mir zusammenzutun, wenn ich die ganze Lauferei um einen Anwalt für uns übernehmen würde.

Wir unterhielten uns ausführlich, verglichen unsere Erfahrungen und fanden Trost in dem Wissen, daß keine von uns allein war. In diesem Gespräch erzählte sie mir auch, daß sie zusätzliche therapeutische Hilfe gebraucht hatte, nachdem sie von Dr. Leonard weggegangen war, »um die Einzelteile wieder zusammenzufügen«. Sie war deswegen bei Dr. Blumenthal gewesen.

»Dr. Blumenthal?« fragte ich.

»Ja«, sagte sie. »Offensichtlich hat er schon andere Opfer von Dr. Leonard behandelt, bevor ich zu ihm gegangen bin.«

Mir blieb die Spucke weg, als ich das hörte. Zum ersten erfuhr ich, daß es außer Linda, Patti und mir noch andere Frauen betroffen hatte. Ich hatte so etwas zwar stark vermutet, aber mein Verdacht leitete sich rein aus den gegebenen Umständen her. Zweitens mußte ich mich jetzt fragen, ob Dr. Blumenthal tatsächlich »genau« gewußt hatte, wovon ich sprach, als ich mich viereinhalb Jahre zuvor telefonisch an ihn um Hilfe wandte. Er hatte es zwar behauptet, aber ich hatte immer gedacht, daß wir von zwei verschiedenen Dingen redeten. Es mußte so gewesen sein. Hätte er es wirklich gewußt, hätte er mir doch ganz bestimmt geholfen. Besonders da er mich ja an Dr. Leonard verwiesen hatte. Unter solchen Umständen Hilfe zu verweigern wäre so unerhört gewesen, daß ich an diese Möglichkeit nicht einmal denken konnte.

Pattis Behandlung bei Dr. Blumenthal begann erst ein paar Jahre nach meinem Telefongespräch mit ihm, aber auf ihren Hinweis hin, daß er *davor* schon andere Opfer behandelt hatte, mußte ich noch einmal darüber nachdenken, ob Dr. Blumenthals Erklärung, er wisse Bescheid, wirklich gestimmt hatte. Angesichts dessen, was er selbst damals zu mir gesagt hatte, mußte man das jetzt anzweifeln. Doch ohne weitere Informationen über Dr. Blumenthals Wissensstand zum Zeitpunkt unseres Gesprächs, konnte ich nicht sicher sein.

Was ich allerdings ganz genau wußte, war, daß Dr. Blumenthal jetzt über Dr. Leonards Fehlverhalten Bescheid wußte, und das schon seit einiger Zeit. Dr. Blumenthal hatte mich jedoch nie angerufen, um seine hohe Meinung über Dr. Leonard oder seine Weigerung zu revidieren, mir zu helfen. Ich war rasend über dieses Verhalten, das ich als Riesenfeigheit ansah, und sagte das Patti.

»Er empfiehlt Dr. Leonard doch gar nicht mehr, Ellen«, erklärte sie zu seiner Verteidigung.

»Mein Gott, Patti. Daß Dr. Blumenthal Dr. Leonard nicht mehr empfiehlt, habe ich *von Dr. Leonard* erfahren. Er hat gesagt, das käme daher, daß sie sich ideologisch uneinig seien! Also was zum Teufel sollte das heißen, daß er Dr. Leonard nicht mehr empfiehlt? War das seine Art, Stellung zu nehmen? Oder den Frauen zu helfen, die er schon weiterverwiesen hat? Oder den Fehler zu korrigieren, den er mit seiner Empfehlung gemacht hat?«

Patti war jedoch weniger an einer Fortsetzung des Gesprächs über Dr. Blumenthal interessiert, als daran, über ihre lang unterdrückten Gefühle gegenüber Dr. Leonard zu reden. Also wandten wir uns wieder unserem ursprünglichen Thema zu.

»Ich habe schon früher vorgehabt, ihn zu verklagen«, sagte sie zu mir, »aber ich hatte zuviel Angst, daß mir niemand glauben würde. Also habe ich einfach mit der Therapie aufgehört und meinen Mund gehalten.«

Dann dankte sie mir, daß ich mich vorwagte und laut aussprach, was Dr. Leonard getan hatte. Jetzt könne sie endlich frei reden, nachdem sie so lange geschwiegen habe. Vielleicht könnten andere das nun auch.

Das Problem war jetzt beim Namen genannt worden. Wenn überhaupt gab es nur wenige Patienten bei Dr. Leonard, die nicht wußten, wessen ich ihn beschuldigte. Die Trennlinie war gezogen, und die Positionen waren eingenommen worden. Er verlor viele Patienten, und ich verlor viele Freunde. Ich konnte jedoch Trost schöpfen aus der Tatsache, daß er seine spezielle Therapiemethode vorläufig nicht mehr ausüben würde.

Am Ende unseres Telefongesprächs hatte ich Patti versprochen, mich mit ihr in Verbindung zu setzen, sowie ich einen Anwalt gefunden hätte, der unseren Fall übernahm. Das sollte sich als schwieriger herausstellen, als ich mir hätte träumen lassen.

13. Die Anwälte

A *dam Rosenberg* hatte eine Anwaltskanzlei in Hicksville, Long Island, und eine in Miami in Florida. Zumindest stand das auf seiner Visitenkarte. Ich hatte ihn früher als Anwalt bei meiner Scheidung gehabt und suchte jetzt Hilfe bei ihm in einer komplizierten Angelegenheit.

»Ich weiß nicht, ob derartige Fälle in Ihr Ressort fallen, aber Sie sind der einzige Anwalt, den ich in New York kenne.«

Die Sache, die ich ihm am Telefon kurz erläutert hatte, machte ihn neugierig, und er bestellte Linda und mich zu einem weiterführenden Gespräch. In seiner Kanzlei stellte er viele Fragen über das, was zwischen Dr. Leonard und mir vorgefallen war.

Ich überwand meine Verlegenheit und antwortete ihm so direkt, wie ich konnte, wobei ich die Sexualkontakte mit Dr. Leonard fast in allen Einzelheiten nochmals durchlebte. Dann befragte er mich zu meiner Familiensituation, meinem Privatleben, meinem Sexualleben neben Dr. Leonard, meinen vergangenen Liebesbeziehungen, und zu »allen gräßlichen Fakten«, die mir einfielen und »die ich nie jemandem erzählen würde«. Er erklärte mir, das alles seien notwendige Informationen für seine abschließende Entscheidung, ob er den Fall übernehmen würde oder nicht.

Ich antwortete zuvorkommend, da ich sofort eine Entscheidung brauchte.

»Dr. Leonard nimmt in knapp zwei Monaten Urlaub«, sagte ich ihm, »und ich habe Grund anzunehmen, daß er aus dem Bundesstaat weggeht. Angeblich zieht er nach Florida, aber ich weiß nicht, wohin.«

Er stimmte mir zu, daß die Zeit drängte, und erklärte sich bereit, den Fall zu übernehmen. Als nächstes kam er auf das Thema Geld zu sprechen.

»Ich habe nur fünfhundert Dollar auf meinem Sparkonto«, sagte ich, und Linda gab dieselbe Antwort. »Ist das für den Anfang genug?« fragte ich, und fügte hinzu, daß Pattis fünfhundert in Kürze nachkämen.

Er war einverstanden mit den fünfhundert Dollar plus einem Drittel von dem, was der Prozeß einbringen würde. Ich stellte ihm einen Scheck über mein gesamtes Vermögen aus und ging.

Nach Ablauf einer Woche teilte mir Mr. Rosenberg mit, daß er einen Brief an Dr. Leonards Versicherung geschrieben habe.

»Einen Brief? An seine Versicherung? Warum?« wollte ich wissen.

Er sagte, er müsse klären, wie sich der Versicherungsträger in der Sache verhalten würde.

Nachdem eine weitere Woche vergangen war, rief er mich an und sagte, daß er eine äußerst unbefriedigende Antwort von der Versicherung bekommen habe und die Angelegenheit über andere Kanäle weiterverfolgt werden müsse. Er werde sich wieder mit mir in Verbindung setzen, wenn er mehr wisse. Ich verstand seine Vorgehensweise nicht. Ich wollte Dr. Leonard verklagen und nicht eine Versicherung. Ich wollte Dr. Leonard in eine Lage versetzt sehen, wo er Antworten auf Fragen geben mußte. Ich wollte, daß er als das dastand, was er wirklich war. Was diese ganze Sache mit der Versicherung sollte, verstand ich nicht. Aber schließlich war ich kein Anwalt.

Wieder verging die Zeit, und von unserem Anwalt kam keine Nachricht. Weil ich mir Sorgen machte, daß uns die Zeit nicht mehr reichte, bis Dr. Leonard an irgendeinen unbekannten Ort ziehen würde, rief ich Mr. Rosenberg an, um den neuesten Stand zu erfahren, bekam jedoch von der Sekretärin nur die Auskunft, daß Mr. Rosenberg »nicht da« sei und mich zurückrufen werde, sobald er könne.

Die Tage vergingen, und es kam immer noch kein Rückruf von meinem Anwalt. Wieder rief ich in seiner Kanzlei an, und wieder erfuhr ich, daß er »nicht da« sei und mich zurückrufen werde, sobald er könne. So ging es mehrere Male, bis eines Tages, als ich nach fünf Uhr in seiner Kanzlei anrief, Mr. Rosenberg selbst am Apparat war.

Es schien ihm lästig zu sein, daß ich ihn noch nach Dienstschluß anrief. Und er schien auch verärgert über den Stapel von Mitteilungszetteln mit meinem Namen .

»Mr. Rosenberg, ich muß wissen, was los ist. Dr. Leonard verläßt in knapp vier Wochen die Stadt, und ich weiß nicht, was Sie getan haben, wenn Sie überhaupt etwas getan haben.«

»Ich habe jetzt gerade andere dringende Sache am Hals, Ellen. Sie müssen sich gedulden.« Er erzählte, er habe eine große Summe in ein Kinogeschäft hineingesteckt, und die Filme müßten jetzt »angepriesen werden«, sagte er, glaube ich. Ich achtete nicht recht auf die Einzelheiten seiner Privatgeschäfte. Ich wollte nur wissen, was er in meiner Angelegenheit tat.

Er versicherte mir, im Widerspruch zu dem, was er bei unserem ersten Treffen gesagt hatte, daß die Zeitfrage kein ernsthaftes Problem sei. Man könne Dr. Leonard auf jeden Fall in Floria aufspüren, wenn ihm die Unterlagen vor seiner Abreise noch nicht zugegangen wären. Ich solle mir keine Sorgen machen, sagte er.

Doch ich machte mir Sorgen. Ich machte mir Sorgen darüber, ob er der richtige Anwalt für diesen Fall war. Ich rief ihn sofort nochmals an und bat ihn um einen Termin für den nächsten Tag. Er war einverstanden.

Ich hatte noch nie zuvor einen Anwalt gefeuert, aber meine Angst davor erinnerte nur schwach daran, wie es war, als ich meinen Therapeuten gefeuert hatte. Linda und ich machten den langen Weg von Manhattan nach Hicksville zusammen, und ich überlegte mir sorgfältig, was ich sagen wollte, und testete meine Worte bei meiner Freundin. Ich nahm mir fest vor, meine Wut nicht zu zeigen und ihm gegenüber auch nicht die Beherrschung zu verlieren; das störte eventuell bei dem, was ich zu sagen hatte, ebenso wie bei der Forderung nach Rückerstattung unseres Geldes, auf die ich bestehen wollte.

»Bevor Sie etwas sagen«, fing er an, noch ehe ich es mir bequem gemacht hatte. »Ich denke, ich sollte Ihnen sagen, daß ich Ihren Fall niederlegen muß. Ich habe einfach nicht die Zeit, ihn angemessen durchzuführen.«

Ich entspannte mich. Er hatte mir die Angelegenheit abgenommen, und wir konnten freundschaftlich auseinandergehen. »Ich bin froh, das zu hören«, sagte ich erleichtert, »weil auch wir zu diesem Schluß gekommen sind.« Dann bat ich ihn um die Rückerstattung des Honorarvorschusses, den wir ihm gezahlt hatten.

»Aber ich habe Arbeit in den Fall gesteckt«, antwortete er ungläubig. »Ich glaube, ich habe Anspruch darauf, für meine Dienste bezahlt zu werden.«

Ich war bereits erstaunt über seine Weigerung, den Vorschuß zurückzuzahlen, den wir geleistet hatten, aber nicht annähernd so erstaunt wie über seine Behauptung, daß er Arbeit investiert habe. »Was haben Sie denn getan?« fragte ich beschwörend.

»Ich habe einen Brief an die Versicherung geschrieben«, antwortete er zu seiner Verteidigung.

»Aber wir haben Ihnen nicht tausend Dollar bezahlt, damit Sie einen Brief schreiben!« Patti allerdings hatte ihm ihre fünfhundert Dollar noch nicht geschickt. »Außerdem haben wir Sie dafür bezahlt, damit Sie den Fall ganz durchführen, nicht nur einen Teil davon«, gab ich zurück.

»Das kann sein«, antwortete er, »aber ich erstatte Voraushonorare nicht zurück, wenn ich von einem Fall entbunden worden bin. In so einem Fall verfällt dieses Honorar immer.«

Entbunden? Er hatte den Fall niedergelegt, bevor ich ihn davon entbinden konnte. »Ich dachte, wir waren uns beide darüber einig, daß Sie diesen Fall nicht führen können«, wandte ich dagegen ein.

»Ich will mich darüber nicht streiten«, sagte er. »Ich bin bereit, einen Kompromiß zu schließen. Die Hälfte des Geldes gebe ich Ihnen zurück, aber nicht mehr.«

Auch mir war nicht nach Streiten zumute. Mir ging Dr. Leonards bevorstehende Abreise im Kopf herum und was ich als nächsten Schritt tun sollte. Ich war froh, daß Patti mit ihrer Zahlung an Dr. Rosenberg so säumig gewesen war und sich so unser Gesamtverlust verringerte. Ich bat ihn auf der Stelle um die fünfzig Prozent von dem, was Linda und ich an ihn gezahlt hatten, wobei ich ihm erklärte, daß wir es bräuchten, um einen anderen Anwalt zu beauftragen. Er schrieb einen Scheck aus und klagte dabei, daß er es von seinem Privatkonto nehme, da er die Entnahme aus den firmeneigenen Büchern nicht rechtfertigen könne. Ich nahm unseren Scheck und verließ in Panik die Kanzlei. Weniger als vier Wochen vor Dr. Leonards Urlaub hatten wir noch immer keinen Anwalt.

Nachdem ich Mr. Rosenberg beauftragt hatte, hatte ich angefangen nachzuforschen und alles über das Thema therapeutisches Fehlverhalten zu lesen, was ich konnte. Ein Buch war besonders informativ und ermutigend. Auf dem Umschlag stand, daß der Autor des Buches Anwalt in New York City sei. Ich schaute unter dem Namen *Marvin T. Stern* nach und rief ihn wegen eines Termins an.

Mr. Stern, ein freundlicher, vertrauenerweckener Mann, war bemüht, mir meine Befangenheit zu nehmen, bevor er mit seinen Fragen anfing. Auch er wollte Einzelheiten darüber wissen, was passiert war, doch seine distanzierte Haltung verschwand schnell, als er die Antworten hörte.

»Dann ging er bei unseren Begegnungen zu Fellatio über«, erklärte ich.

»Zu was?« fragte er überrascht.

»Fellatio.«

»Fellatio?« fragte er.

»Ja.«

»Wenn Sie Fellatio sagen, was meinen Sie dann genau?«

»Was meinen Sie damit, was ich meine?« Ich verstand nicht, wo das Problem lag.

»Was genau haben Sie gemacht?« fragte er.

»Er hat mir gesagt, ich soll an seinem Penis saugen, also habe ich es gemacht.«

»Sie haben seinen Penis in den Mund genommen?!« Er schien verblüfft. Schockiert. Zugleich ungläubig und verwundert. Ich hätte nicht sagen können, ob er über die Tatsache selbst so überrascht war, oder darüber, daß so etwas zwischen Arzt und Patientin passiert war. Doch ich fragte ihn nicht danach, was von beiden es war.

»Ja, ich habe seinen Penis in den Mund genommen. So funktioniert im allgemeinen Fellatio, oder?« Ich versuchte nicht, ihm gegenüber forsch aufzutreten, ich wollte nur die beklemmende Stimmung aufhellen, die sich gerade über den Raum gelegt hatte.

Eine gute Stunde ging das Gespräch so weiter. Zum Schluß erklärte er sich bereit, den Fall zu übernehmen, und bat als Vorauszahlung um das, was wir uns leisten könnten. Ihm war klar, daß es nicht viel sein würde. Er hatte sehr viel Verständis dafür, daß unsere Mittel begrenzt waren.

»Wann kann ich damit rechnen, von Ihnen zu hören?« fragte ich, bevor ich ging.

Er erklärte, daß er kein Prozeßanwalt sei und er deshalb erst einen suchen müsse, bevor wir den Fall überhaupt vorantreiben könnten. Ich erklärte ihm die schwierige zeitliche Situation, und er stimmte mir zu, daß er sich beeilen müsse.

Wochen vergingen, und die einzige Nachricht, die von Mr. Stern kam, besagte, daß er noch keinen Prozeßanwalt finden konnte. Als wir nur noch etwas mehr als eine Woche bis zu Dr. Leonards Abreise hatten, rief ich meinen neuen Anwalt an, um den Namen eines Prozeßanwalts zu bekommen oder ihn von seinem Fall zu entbinden. Ich tat letzteres, da er immer noch keinen anderen gefunden hatte.

Anfangs weigerte auch er sich, das Vouraushonorar zurückzuerstatten, das wir gezahlt hatten. Wir wurden beide wütend am Telefon, und er verabschiedete sich grob, bevor er auflegte. Doch bevor die Verzweiflung über meine Lage überhaupt auf mich wirken konnte, rief Mr. Stern zurück, um sich zu entschuldigen. In Erinnerung an unsere unglückliche Erfahrung mit Mr. Rosenberg wollte er uns alles zurückgeben, was wir ihm bezahlt hatten, damit wir uns einen neuen Anwalt suchen könnten. Dann äußerte er sein Bedauern darüber, daß er nicht in der Lage war, uns bei diesem Fall zu helfen. Er hielt den Fall für sehr wichtig und wünschte uns Glück dabei. Wir trennten uns im Guten.

Es blieb nur noch eine Woche bis zu Dr. Leonards gemunkeltem Abreisedatum, und wir hatten keinen Anwalt. Ich griff in meinen Geldbeutel und zog ein zusammengefaltetes und zerschlissenes Stück Papier heraus, das ich von der Amerikanischen Anwaltskammer bekommen hatte. Irgendwann, als mir erste Zweifel an Mr. Rosenbergs Kompetenz gekommen waren, hatte ich die Anwaltskammer angerufen und nach einem Anwalt gefragt, der spezialsiert war auf Fälle von

Verletzungen der beruflichen Sorgfaltspflicht. Sie durften mir zwar keinen einzelnen Namen nennen, doch versprachen sie mir, mir eine Liste zuzuschicken, aus der ich mir selbst jemanden heraussuchen konnte. Die Liste kam erst an, nachdem ich Mr. Stern beauftragt hatte. Jetzt überflog ich die Namen, die mir die Kammer besorgt hatte.

»Nimm eine Nadel, mach deine Augen zu, und pick einen heraus«, riet mir Linda. *Fuchsberg & Fuchsberg* machten den Stich.

Abraham Fuchsberg war die Hälfte von Fuchsberg & Fuchsberg, bei dem ich meinen Termin haben sollte, wie mir die Stimme am anderen Ende der Leitung mitteilte. Mir wurde jedoch nicht gesagt, daß an unserem Treffen noch vier Herren teilnehmen würden; aber genau das erwartete Linda und mich, als wir Mr. Fuchsbergs Kanzlei betraten. Mr. Fuchsberg allerdings war derjenige, der eindeutig mit der Sache befaßt war. Er ließ uns Platz nehmen, stellte die übrigen Herren vor, die bereits da waren, ließ einen weiteren Anwalt holen, der noch nicht eingetroffen war, und begann die Sitzung.

Mr. Fuchsberg erklärte, daß alle Anwesenden bis auf einen Anwälte in seiner Firma seien. Die Ausnahme war, glaube ich, ein Senator, und er bat uns um Erlaubnis, daß dieser Herr bleiben dürfe, wobei er uns versicherte, daß alle Anwesenden die Sache selbstverständlich vertraulich behandeln würden. Ob vier Männer, oder fünf, oder zwanzig spielte keine Rolle. Einer weniger wäre für mich kein bißchen weniger einschüchternd gewesen, als das, was ich jetzt vor mir sah. Wir waren also einverstanden, daß der Senator bleiben konnte.

Mr. Fuchsberg begann mit seiner Befragung, und er tat es äußerst diplomatisch und professionell. Er verlangte keine unnötigen Details, fragte nicht nach »gräßlichen Fakten«, und schmunzelte nur, als ich ihn fragte, ob er sie hören wolle. Er holte nicht tief Luft bei den Einzelheiten, die ich ihm dann als Antwort auf seine Fragen gab, noch zeigte er in irgeneiner Form Mitgefühl oder Verständnis. Er fragte einfach das, was wichtig war, und hielt sich nicht bei irgendwelchen schmutzigen Details auf, die den Sachverhalt bis ins Kleinste vervollständigt hätten.

Dann erteilte er den anderen Anwälten das Wort, und sie waren genauso objektiv, professionell und höflich bei ihrer Befragung. Nur einmal bekam ich überhaupt einen Hinweis darauf, was jeder von ihnen empfand. Im Anschluß an eine von Mr. Fuchsbergs späteren Fragen, bemerkte ein Anwalt: »Meine Eingeweide machen sich stark bemerkbar.« Und als ich fragte, was er meinte, antwortete ein anderer: »Ihm wird schlecht.«

Als die ganze Befragung abgeschlossen war, erklärte ich Mr. Fuchsberg, was ich schon den beiden vorigen Anwälten erklärt hatte: Zeit spielte die entscheidende Rolle. Ich fragte ihn, wie bald er mit der Arbeit an dem Fall beginnen könne. Zu meiner großen Überraschung erklärte er, daß noch keine Entscheidung getroffen worden war, den Fall zu übernehmen. In Anbetracht des Zeitfaktors werde er mich jedoch nicht bis zum nächsten Tag auf eine Antwort warten lassen. Er bat uns, wieder im Warteraum Platz zu nehmen, während er sich mit seinen Kollegen besprach. Kurz darauf wurden wir wieder ins Büro gerufen, wo ich Mr. Fuchsberg zum ersten lächeln sah. Ich hatte einen Anwalt.

»Wo wohnt Dr. Leonard?« fragte er mich jetzt.

»In Peter Cooper Village, in der 1. Straße, Nr. 360«, antwortete ich.

»Haben wir nicht jemanden bei uns im Büro, der dort wohnt?« fragte er seine Mitarbeiter. Es stellte sich heraus, daß tatsächlich so jemand in der Kanzlei war, und er wurde in Mr. Fuchsbergs Büro gerufen. Nachdem er mit dem Herrn gesprochen hatte, wandte sich Mr. Fuchsberg an mich. »Dr. Leonard bekommt heute noch vor dem Abendessen die Unterlagen zugestellt.«

»Um wieviel Uhr?« fragte ich, weil ich immer noch nicht glauben konnte, daß es tatsächlich so schnell gehen konnte.

Er überlegte einen Augenblick und antwortete dann: »Vor sieben.«

Ich erinnerte mich an Dr. Leonards Terminplan und freute mich, daß er noch Patienten in seiner Wohnung haben würde, wenn ihm die Unterlagen zugestellt würden. Es sah jedenfalls so aus.

Nun kam das Gespräch aufs Geld. Ganz beiläufig bemerkte Mr. Fuchsberg, daß seine Kanzlei fünfzehnhundert Dollar Voraushonorar *pro Fall* verlangte.

Mir sank der Mut, als ich sah, wie die Mühlen des Gesetzes, die gerade angefangen hatten zu mahlen, knirschend anhielten. »Alles was ich noch habe, sind zweihundertfünfzig Dollar, aber ich könnte Ihnen den Vorschuß nach und nach zahlen.« Linda sagte dasselbe.

Ohne mit der Wimper zu zucken, antwortete Mr. Fuchsberg, daß er uns nicht ohne Ersparnisse lassen wolle. Er sagte, wir sollten soviel bezahlen, wie wir könnten und daß das genügen würde. Eine Ratenzahlung sei nicht nötig. Dasselbe sollten wir auch Patti mitteilen. Dann erklärte er uns, wie die beiden vorherigen Anwälte, daß er ein Drittel von dem bekäme, was der Fall einbrachte. Ich wollte ihn nicht fragen, was wäre, wenn wir verlieren.

Es konnte nicht mehr als ein paar Wochen her sein, seit Mr. Fuchsberg mein Anwalt war, als ich die Sonntagsausgabe der *New York Times* aufschlug und den Namen Dr. Lonnie Leonard in Zusammenhang mit Linda, Patti und mir in einem Artikel sah. Ein Reporter hatte die Sache entdeckt, als die Unterlagen bei Gericht eingereicht worden waren. Ende dieser Woche brachte die *Daily News* einen ähnlichen Bericht, und lokale Sender sendeten es in der Stadt. Und zu meiner großen Bestürzung meldete auch der *National Enquirer* die Geschichte. Sie schickten mir sogar einen Reporter ins Haus, dem ich die Tür vor der Nase zuschlug, als ich merkte, daß er ein Reporter war und mir Fragen stellte wie etwa: »Sind Sie und Linda ein lesbisches Paar?«. Als er keine Antwort bekam, schob er eine Visitenkarte unter der Tür durch, nur für den Fall, daß ich meine Meinung über ein Interview ändern sollte, und ging.

Durch die New Yorker Zeitungen erfuhr ich allerdings, auf wieviel ich Dr. Leonard verklagte: *vier Millionen Dollar pro Klägerin*, stand in der Zeitung.

Ich rief meinen Anwalt an, weil ich verwirrt war, daß er mich weder gefragt noch mich über diese Entscheidung informiert hatte. Außerdem stellte ich die Zurechnungsfähigkeit eines Menschen in Frage, der eine so große Summe verlangte. Darauf erklärte mir Mr. Fuchsberg, daß der geforderte Betrag mehr ein Zeichen des Abscheus sei vor dem, was Dr. Leonard getan hatte, und nicht die Summe, die man zuerkannt bekommen könne. Es sei nicht nötig gewesen, mich zu Rate zu ziehen, sagte er, weil ich nicht hätte darüber entscheiden können, welche Größenordnung der Fall vom rechtlichen Gesichtspunkt aus habe. Ich war beruhigt und hatte den Kopf wieder frei für die Serie von Anrufen, die die Artikel ausgelöst hatten.

Mit Ausnahme von ein paar Anrufen von Reportern, kamen alle von ehemaligen Patienten von Dr. Leonard. Alle bis auf einen waren Frauen. Und alle Frauen waren früher oder später derselben Behandlung zum Opfer gefallen. Einige riefen anonym an; andere waren bereit, ihren Namen zu nennen, und wollten mir auf jede erdenkliche Art helfen. Einige wollten selbst Klage gegen Dr. Leonard einreichen. Einige wollten sich bloß als Zeugen zur Verfügung stellen. Und einige sagten, sie wollten sich einfach »bei mir bedanken« dafür, daß ich fähig war, etwas zu tun, was sie nicht konnten.

Einige der Anrufe waren besonders schmerzlich für mich, wenn die Stimme am anderen Ende »einfach nur darüber reden wollte, was Dr. Leonard (ihr) getan hatte«, weil sie es noch nie jemandem erzählt hatten. Einige meldeten sich nicht, bevor sie zu erzählen anfingen, sondern weinten ins Telefon, als wären wir alte Freunde. Andere sagten mir, wer sie waren, und ich erinnerte mich daran, daß ich ein paar von ihnen Jahre zuvor auf einer Party oder in Dr. Leonards Warteraum getroffen hatte.

Ich hörte mir an, was sie erzählten, und weinte mit ihnen und um sie, wie ich es auch um mich tun mußte. Neben dem Bedürfnis zu reden, war es den meisten Anruferinnen wichtig, wann die sexuellen Aktivitäten zwischen Dr. Leonard und mir passiert waren. Hatte er noch mit anderen Frauen geschlafen, während er mit ihnen schlief, wollten sie wissen, weil sie sich immer noch an die Hoffnung klammerten, daß sie für ihn eine besondere Rolle gespielt hatten.

Als sich der Wirbel gelegt hatte und die Anrufe seltener wurden, hatte Mr. Fuchsberg eine Liste mit fünf Klientinnen, die gegen Dr. Leonard Klage erheben wollten und die er vertreten wollte. Und wir hatten eine Liste mit Namen angehender Zeugen und bekannter Opfer.

Als vier von uns fünf zu einer Besprechung in Mr. Fuchsbergs Büro zusammenkamen, lernte ich Nell kennen. Bei einem privaten Abendessen danach fügte sich ein kleines Teil in das Puzzle meiner Vergangenheit. Wir saßen bei einem Drink, und jede erzählte der anderen ihre Geschichte, als ich zu dem Punkt in meiner Chronologie kam, der die offene Kosmetiktasche in seinem Schlafzimmer betraf. Ich berichtete Nell, wie Dr. Leonard behauptet hatte, er habe mir schon über »die andere Frau« in seinem Leben erzählt, und ich wiederholte ihr jetzt den Inhalt des Gesprächs, dessen er sich so sicher gewesen war.

Ihre Augen weiteten sich, während ich sprach. Mit jedem Detail des Gesprächs, das wir seiner Behauptung nach geführt hatten, wurde das Erstaunen in ihrem Gesicht größer. Als ich zu Ende erzählt hatte, sah sie mich direkt an und sagte schlicht: »Das war ich.«

»Was warst du?« fragte ich.

»Ich war die, mit der er das Gespräch hatte. Fast wortwörtlich. Er hatte genau dieses Gespräch mit mir – nicht mit dir. Mit mir!«

Wir unterhielten uns weiter, nahmen zur Kenntnis, daß er in seiner Erinnerung durcheinanderbrachte, was er mit wem tat oder was er zu wem sagte, hielten uns jedoch nicht weiter damit auf. Wir wußten noch nicht, wie entscheidend diese Verwirrung tatsächlich war. Doch wir sollten es herausfinden.

14. Die Verteidigung

Das Verfahren war in die Wege geleitet, und jetzt konnte man nichts tun als warten. Mr. Fuchsberg war davon ausgegangen, daß von unserer Klageeinreichung bis zum angesetzten Prozeßtermin zwei Jahre vergehen würden. Er konnte nicht wissen, daß er sich in seinen Berechnungen um mehr als drei Jahre vertan hatte.

Ich verließ New York Mitte 1978, fast ein Jahr nach meinem ersten Besuch in einer Anwaltskanzlei, jedoch nicht ohne vorher noch zwei weitere Freunde zu verlieren: Tony und Linda. Mitten im Herbst erhielt Greg plötzlich im Büro einen Anruf von Tony, in dem Tony erklärte, er wünsche nicht mehr mit mir befreundet zu sein. Greg wurde von seinem Bruder angewiesen, mir diese Nachricht zu übermitteln; ich solle außerdem nicht versuchen, mich bei ihm zu melden, um über die Sache zu reden. Er nannte keine Gründe für seine Entscheidung, und als Greg um eine Erklärung bat, lehnte Tony ab.

Da Greg wußte, was das für meinen ohnehin schon depressiven Gemütszustand bedeutete, übermittelte er mir an diesem Abend nur widerstrebend, was Tony gesagt hatte. Und wie vorherzusehen war, schmetterte mich diese neuerliche Verwirrung und dieser neuerliche Verlust nieder. Zwei Wochen weinte ich fast nur, während ich mir meine letzten Begegnungen mit Tony detailliert vor Augen führte auf der Suche nach einem Fehler oder einer Beleidigung durch mich – nach allem, was einen so guten Freund dazu veranlaßt haben könnte, mich im Stich zu lassen.

Ich wußte, daß das Problem nicht war, daß Tony im Fall Dr. Leonard die Fronten gewechselt hatte. Erst kürzlich hatte uns Tony seine Hilfe angeboten und diese Haltung Greg gegenüber am Telefon bekräftigt. Aber was, so fragte ich mich, hatte ich so Schreckliches getan, daß ich nicht einmal eine Erklärung verdiente? Ich spielte jedes Gespräch durch, das ich mit Tony noch kurz vorher hatte, auf der Suche nach der Antwort. Doch ich fand keine.

Das Verhältnis zwischen Tony und Greg litt ohnehin schon dadurch, daß Tony mich so plötzlich aus seinem Leben gestrichen hatte, und es verschlechterte sich so sehr, daß die einstmals enge Beziehung der beiden Brüder sich löste. Mehrere Wochen nach Tonys Telefonat verabredete er sich mit Greg. Bei diesem Treffen äußerte Tony den Wunsch, ihr Verhältnis zueinander davon unberührt zu lassen, daß sich sein Verhältnis zu mir verändert hatte. Solange Greg klar wäre, daß Tony mich nicht sehen und auch nichts von mir hören wolle, könnte ihr Verhältnis so bleiben, wie es war. Aber während Tony das als Möglichkeit ansah, das enge Verhältnis mit seinem Bruder beizubehalten, hielt es Greg gefühlsmäßig für unmöglich. Es war, als wenn man ihn darum gebeten hätte, so zu tun, als gäbe es mich nicht. Seine Zurückweisung von Tonys Vorschlag hatte eine eindeutige Konsequenz: die beiden Brüder würden nicht mehr miteinander sprechen.

Greg und ich suchten nach möglichen Erklärungen für Tonys merkwürdiges und grausames Verhalten. Aber wir fanden zu zweit ebensowenig Antworten darauf wie ich allein.

»Ich nehme an«, folgerte Greg schließlich, »daß du das Kind bist, das mit dem Bade ausgeschüttet worden ist.«

Ich verstand sofort, was er meinte, und es war die plausibelste Erklärung, die ich bis dahin gehört hatte. Tony hatte auf die Enthüllung von Dr. Leonards sexuellem Mißbrauch voll Abscheu und Ablehnung reagiert. Aus Wut, Enttäuschung und einem neu aufgelebten abgrundtiefen Mißtrauen in alle seine Mitmenschen reagierte er auf die Zerstörung seines Idols dadurch, daß er einseitig alles von sich wies, was in irgendeiner Form mit seinem Therapeuten und der Objektivistischen Philosophie zusammenhing. Er verwarf Dr. Leonard, seine gesamte Therapie, seine früheren Freunde, die zu Dr. Leonard hielten, seine anderen Freunde und Verbindungen, die er durch die Objektivistische Lehre gewonnen hatte – und mich. Es sollte vier Jahre dauern, bis Greg und ich erfuhren, daß seine Hypothese richtig gewesen war. Bis dahin litt Greg im stillen unter dem Verlust, während ich meine Trauer darüber offener äußerte.

Bald nachdem meine Beziehung zu Tony abgebrochen war, begann sich die Freundschaft zwischen Linda und mir zu trüben. Ohne Erklärung und ohne Grund rief sie immer seltener an, und wenn sie anrief, war es nicht mehr so, wie es einmal gewesen war. Sie kam nicht mehr zu langen Gesprächen und zu gemütlichen Abendessen vorbei oder schlug vor, ins Kino oder essen zu gehen. Und sie hatte immer eine Entschuldigung parat, um solche Einladungen oder Vorschläge von mir abzulehnen.

Da Linda und ich uns früher immer über unsere Differenzen aussprechen konnten, dachte ich nicht sofort daran, daß ihr kühles Verhalten mir gegenüber daher kam, daß sich unser Verhältnis verändert haben konnte. Ich nahm an, daß sie eine schwierige Phase durchmachte aus Gründen, die nichts mit mir zu tun hatten, und daß sie über ihr Problem sprechen würde, sobald sie soweit war.

»Gib ihr Zeit, es durchzufechten«, riet mir Greg. »Sie wird zu dir kommen, wenn sie darüber reden kann.«

Seine Worte sagten mir nur, was ich ohnehin schon wußte: Linda würde mit mir nicht so umgehen wie Tony. Schließlich war sie über Tonys Verhalten ebenso verwirrt und bestürzt gewesen wie ich. Seinem Beispiel zu folgen wäre nicht ihre Art gewesen. Doch an Weihnachten des Jahres 1977 stellte sich heraus, daß wir uns geirrt hatten.

Am Weihnachtstag rief Linda an und fragte, ob sie vorbeikommen und Greg und mir unser Weihnachtsgeschenk bringen könnte. Ich war in Hochstimmung, weil sie anklingen ließ, daß sie an dem Feiertag ein bißchen mit uns zusammen sein wollte, und sagte ihr freudig zu. Ich hinterfragte diesen Gesinnungswandel nicht, sondern begrüßte ihn nur. Der Gesichtsausdruck, mit dem sie durch die Haustür trat, sagte mir, daß ich mich zu früh gefreut hatte. Das war nicht das Gesicht einer Freundin, die voll Liebe und Herzlichkeit mit Geschenken und Weihnachtsgrüßen kam. Ihr Gesicht drückte verhaltene Feindseligkeit aus.

Sie nahm am Eßtisch Platz und wartete, bis Greg und ich uns ihr gegenüber gesetzt hatten, bevor sie zu sprechen anfing.

»Hier«, sagte sie mißgestimmt und schob eine braune Papiertüte über den Tisch. »Fröhliche Weihnachten.« Genausogut hätte sie sagen können »ich hasse euch«, denn so klangen ihre Worte.

In der braunen Papiertüte war ein uneingepackter gläserner Leuchter, einer, in den man Wasser und Öl einfüllt, keine Kerzen. Der Aufkleber mit dem Kaufhausnamen klebte immer noch auf dem Geschenk, und der Preis stand deutlich zu lesen darunter.

Ein peinlicher Augenblick folgte. Ich wußte nicht, ob ich ihr für das Geschenk danken oder die Gelegenheit ergreifen sollte, um sie zu fragen, was denn zum Teufel nur los sei. Sie vermittelte einander widersprechende Botschaften, und ich wußte nicht, auf welche ich reagieren sollte. Um nicht die unausgesprochene falsch zu interpretieren, beschloß ich, ihr dafür zu danken, daß sie an das Geschenk gedacht hatte. Greg tat dasselbe.

Bevor die Situation noch unbehaglicher wurde, stand Linda auf und vermeldete, daß sie eigentlich nur eine Minute hatte bleiben wollen. Nach einem vergeblichen Versuch, sie zum Bleiben zu überreden, brach sie auf. Das war das letzte Mal, daß wir miteinander redeten oder zusammen etwas unternahmen.

Diesmal weinte ich nicht, weil ich eine Freundin verloren hatte oder verstört war. Nach all den Verlusten, die ich erlitten hatte, blieb mir nur noch übrig, mich dagegen abzustumpfen. Hätte ich nicht Gregs Unterstützung und klugen Rat bei diesem unverständlichen Verhalten gehabt, hätte ich mich vollkommen verlassen und durcheinander gefühlt. Daß ich gegen diese Anfechtungen immun war, war sein Erfolg.

Es schien keinen Grund mehr zu geben, die weitere Entwicklung des Verfahrens in einer Stadt abzuwarten, die so viele schmerzliche Erinnerungen barg. So gingen Greg und ich wieder in den Mittleren Westen, wo wir beide hergekommen waren, und nahmen meinen Sohn mit zurück an seinen Geburtsort. Wenigstens hatte ich dort meine Großmutter und eine Schwester, die kurz zuvor wieder Kontakt mit mir aufgenommen hatte. Dort wartete ich auf Nachricht über den nächsten wichtigen Schritt in meinem Rechtsstreit gegen Lonnie Leonard: seine Vernehmung vor Gericht. Unter Eid sollte er ausführlich von meinen Anwälten vernommen werden, ebenso wie ich später von seinen.

Greg und ich heirateten nach unserem Umzug in einen Vorort von Chicago, doch die ganze Liebe und Geborgenheit, die er mir gab, reichten nicht aus, um meine Nerven zu beruhigen oder mir meine Ängste zu nehmen. Nicht nur was Dr. Leonard mir angetan hatte, der Verlust meiner Freunde und wie zäh es mit dem Fall voranging, machte mir immer schlimmer zu schaffen. Mich verfolgte auch ein Vortrag von Dr. Leonard.

Die Sätze, die mir im Kopf herumgingen, hatte Dr. Leonard ursprünglich als wesentlichen Bestandteil seiner Stunde über das Berufsleben gesagt. Später war dieser Teil vom Rest abgetrennt und mir gegenüber immer wieder als beiläufige Ermahnung ausgesprochen worden. Erst jetzt wurde mir die Bedeutung dieser Rede klar.

Der Beruf, hatte er gesagt, sei die Existenzgrundlage eines Menschen, und damit sein Mittel, um leben zu können. Ohne Beruf habe er keine Einkommensquelle, und ohne Geld könne man in dieser Gesellschaft nicht überleben. Daher, so überlegte er laut, mache sich jeder, der jemanden in seiner beruflichen Laufbahn beeinträchtigt, des versuchten Mordes schuldig, dadurch daß er die Existenz dieses Menschen bedroht. Daraus folge, so fuhr er fort, daß es kein Mord wäre, wenn der Bedrohte den Störfaktor ausschalten würde, sondern Notwehr.

Es stand außer Frage, daß ich Dr. Leonards berufliche Laufbahn beeinträchtigt hatte, und was mir jetzt aus meiner Therapie wieder in den Sinn kam, ließ mich um mein Leben bangen. Ich hatte keine Zweifel daran, daß Dr. Leonard mich töten *konnte*; schließlich hatte ich erlebt, wie er einen Patienten gnadenlos zusammenschlug und mehr als einmal auch mit einer Waffe protzte. Ich hatte keinen Zweifel daran, daß er es vor sich selbst rechtfertigen *konnte*, wenn er mich umbringen würde; er hatte es immerhin in seiner Stunde schon rational begründet. Die Frage für mich war nur, ob er es tun *würde*.

Ich sagte mir zwar immer wieder, daß ich verrückt sei, und daß niemand, der bei Verstand sei, allen Ernstes seiner Argumentation glauben konnte. Doch meine Angst legte sich nur für Bruchteile von Sekunden, denn ich wußte nicht, ob Dr. Leonard bei Verstand war.

Meine Ängste wurden schlimmer, und ich versank immer tiefer in Depressionen, da ich kaum noch an etwas anderes denken konnte als an den bevorstehenden Prozeß und an meine vergangenen Erfahrungen. Es hätte Gelegenheit gegeben, die Furcht vor dem Prozeß abzulegen. Zweimal hatten mir meine Anwälte berichtet, die Gegenseite habe durchblicken lassen, daß sie den Fall außergerichtlich regeln wollten. Beide Male hatte ich keinen Gedanken daran verschwendet. Ich wollte kein Geld, sondern wollte, daß Dr. Leonard bloßgestellt wurde. So lehnte ich beide Angebote ab. Aber daß ich das Problem dauernd wälzte und mit mir herumtrug, hatte seinen Preis.

Es fiel mir immer schwerer, unsere Wohnung zu verlassen, da sich Phobien vor allem entwickelte, was außerhalb der Wohnung lag. Ich konnte zum Beispiel nicht in ein Hochhaus gehen oder Aufzug fahren, ohne akute Angstzustände zu bekommen. Außerdem entwickelte sich bei mir eine unerklärliche Angst vor sichtbaren Gerüstkonstruktionen, wie etwa Brückenaufhängungen oder Verstrebungen an Tribünen und in Stadien. Über eine Brücke zu fahren oder zu einem Fußballspiel zu gehen wurde zu einem Trauma für mich. Tunnels, die unter einem Fluß verliefen, fand ich oft noch unerträglicher als Brücken, die darüberführten, da ich überzeugt war, daß der Bau, der mich schützte, zusammenbrechen und ich ertrinken würde. Öffentliche Plätze mit großen Menschenmengen lösten in mir Panik aus, und je größer die Menschenmasse war, desto übermächtiger war meine Angst. Das führte dazu, daß ich mir sehr sorgfältig überlegte, wann ich zum Einkaufen ging; denn wenn zu viele Leute in einem Supermarkt waren, mußte ich ohne irgendeinen Einkauf wieder heimgehen.

Mein Zuhause war in dieser Zeit der einzige Ort, wo ich sein wollte. Der einzige Ort, wo ich mich sicher fühlte.

Dort konnte ich über das, was passiert war, ohne Unterbrechung nachgrübeln, mich vor der übrigen Welt verstecken und essen – was ich immer häufiger tat. Statt fast nichts mehr zu essen oder mich absichtlich zu erbrechen bekam ich jetzt Anfälle von Freßsucht. Und wenn ich mich wegen irgendwelcher Besorgungen doch aus dem Haus wagen mußte, raste ich immer wie in höchster Not wieder heim, sobald ich meine Pflicht erledigt hatte.

Ich wußte, daß ich Hilfe brauchte und daß ich die Skepsis, die ich mittlerweile *allen* Psychotherapeuten und Psychologen gegenüber hatte, überwinden mußte. Deshalb suchte ich Hilfe in einer Klinik, wo die Therapiekosten nicht unerschwinglich und die Umgebung nicht so bedrohlich wäre wie bei einer Privatpraxis. Nachdem ich ausführlich untersucht und befragt worden war, eine Prozedur, der man sich unterziehen mußte, bevor man einem Therapeuten zugewiesen werden konnte, teilte mir die Klinik mit, daß mein Ehemann einfach etwas zu viel verdiene, als daß ich für eine Behandlung dort in Frage käme. Ich verstand nicht, warum sie mich einen Monat hatten warten und für das Überweisungsverfahren während dieses Monats hatten bezahlen lassen, nur um mir das zu sagen, was sie mir gleich hätten sagen können, als ich meinen Antrag einreichte. Sie überwiesen mich zu einer Bezirkspsychologin in die Privatpraxis und wünschten mir Glück.

Die Psychologin erklärte sich mit Krankenscheinen von Gregs Betriebskrankenkasse an Stelle von Barzahlungen einverstanden – die einzige Möglichkeit, wie ich trotz des Honorars, das sie verlangte, bei ihr in Behandlung gehen konnte. Nach drei Sitzungen rief sie mich an und teilte mir mit, daß sie es sich anders überlegt habe und nicht warten könne, bis die Bezahlung über eine Versicherung abgewickelt sei. In einem Augenblick, wo ich es so dringend brauchte, brach sie meine Behandlung ab und überwies mich wieder an die Klinik.

Diesmal war die Klinik damit einverstanden, mich bei einem Therapeuten unterzubringen, wies mich jedoch darauf hin, daß das mehrere Wochen dauern werde. Erst Monate später jedoch, nachdem wir wegen Gregs Arbeit von Chicago in den Süden gezogen waren, wurde uns ein Brief an unser neues Zuhause nachgeschickt: Die Klinik hatte eine Therapeutin, die mich behandeln wollte.

Greg war während dieser ganzen Phase geduldig und aufmerksam. Er erwartete von mir nie Genesungsfortschritte, die für mich nicht zu bewältigen schienen, und beklagte sich nie darüber, daß ich zunahm. Er hörte immer zu, wenn ich das Bedürfnis hatte zu reden, und nahm mich immer in die Arme, wenn ich weinen mußte. Seine Liebe geriet nie ins Wanken. Nicht ein einziges Mal. Wenn mir etwas durch diese Tage half, aus denen Jahre des Wartens wurden, dann war er es mit seiner allgegenwärtigen Liebe und Unterstützung. Und wegen der Liebe, die ich wiederum für ihn empfand, lohnte es sich, diese Zeit zu überstehen.

Als der Termin für Dr. Leonards Aussage unter Eid näher rückte, fragte ich mich, was er für eine Erklärung liefern würde. Ich erinnerte mich, von einigen seiner Patienten gehört zu haben, daß die psychologischen Prinzipien, nach denen er sein Verhalten mir gegenüber ausgerichtet habe, so komplex gewesen seien, daß »man ein ganzes Buch darüber schreiben könnte«. Dann habe er durchblicken lassen, daß er ernsthaft überlege, es zu versuchen. Jetzt versuchte ich Vermutungen anzustellen, was für großartige Sätze in so einem Buch stehen würden, welche großartigen Erkenntnisse er gewonnen hatte, die so vielen anderen entgangen waren. Ich konnte mir überhaupt nicht vorstellen, was er schreiben sollte, außer lauter wahnsinnigem oder einfältigem Zeug. So beschäftigte ich mich immer wieder mit diesem Rätsel auf der Suche nach einer Lösung, die ich vielleicht übersehen hatte.

Ich fragte mich, was er überhaupt antworten konnte auf die Fragen, die meine Anwälte ihm, wie ich hoffte, stellen würden, wenn er unter Eid aussagen mußte. Dann dachte ich an die erste Nacht in seiner Wohnung und war begierig, endlich zu erfahren, was der Kampf bedeutet hatte und wie sein Urteil über mich ausgefallen war. Und ich dachte an die Nacht im Strandhaus und hoffte darauf, daß ich jetzt eine Antwort auf die Fragen bekam, die er damals von sich gewiesen hatte. Ich erinnerte mich an den Sommer, als ich in seiner Wohnung gearbeitet hatte und an die Anweisungen, seinen Samen zu schlucken, damit ich selbst einen Orgasmus bekäme, und betete darum, daß er erklärte, welche *psychologischen Prinzipien* diesen Begegnungen zugrunde lagen. Ich dachte daran, wie oft ich ihn in den Therapiestunden oder in Briefen gefragt hatte, und hoffte, daß meine Anwälte die Antworten bekämen, die ich nie bekommen hatte. Es reichte mir nicht mehr, nur die vergangenen Ereignisse zu verstehen, ich wollte Dr. Leonard verstehen.

Die Möglichkeit, daß er das, was gegen ihn vorgebracht wurde, leugnen könnte, zog ich nicht in Betracht. Er hatte ja die Anschuldigungen bereits indirekt zugegeben, als er seinen Patienten auf ihre Fragen hin von einer schriftlichen Einverständniserklärung erzählte. Ich war überzeugt davon, daß er eine peinliche Kehrtwendung in seiner Strategie nicht riskieren wollte, die auf Widersprüche in seiner Aussage deuten könnte. Aus demselben Grund würde er nicht Geisteskrankheit meinerseits als Grund für das drohende Verfahren gegen ihn anführen. Genau davor hatte Patti Angst gehabt, als sie allein gegen ihn vorgehen wollte, ich nie.

In der Klageschrift wurden unter anderem folgende Punkte vorgebracht:

1. Der Beklagte handelte fahrlässig und verletzte seine berufliche Sorgfaltspflicht ungefähr von Januar 1972 bis etwa Mai 1977.

2. Die fahrlässigen Akte bzw. Unterlassungen fanden im Büro, in der Wohnung und im Ferienhaus des Beklagten statt.

3. Die Fahrlässigkeit, Verletzung der Sorgfaltspflicht und die Vergehen äußerten sich in folgenden Tatbeständen: indem die Klägerin veranlaßt wurde, sich auf diverse sexuelle Beziehungen mit dem Beklagten einzulassen; indem der Beklagte die Klägerin verführte; indem der Beklagte aus der psychischen Schwäche der Klägerin Vorteil zog; indem er mit der

206

Klägerin Geschlechtsverkehr hatte; indem er mit der Patientin Fellatio betrieb; in fragwürdigen therapeutischen, psychiatrischen, psychologischen und verwandten Therapiemethoden; indem der Beklagte von üblichen und gebräuchlichen Praktiken abwich; indem es der Beklagte unterließ, die angemessene berufliche Distanz zu wahren; indem er eine dauerhafte Verschlimmerung der psychologischen bzw. psychischen Probleme der Klägerin verursachte; und indem der Beklagte es unterließ, eine angemessene und auf eingehender Belehrung basierende Einwilligung einzuholen.

Am 9. November 1978, sieben Monate nach Abfassung der Klageschrift, war Lonnie Franklin Leonard in der Kanzlei von Fuchsberg & Fuchsberg. Es war der Tag, an dem er zu allen Punkten, die gegen ihn vorgebracht wurden, verhört werden sollte. Der Tag, an dem er zu allen meinen verbleibenden Fragen Erkärungen abgeben würde. Der Tag, an dem er unter Eid aussagen mußte.

Mark Bower führte die Vernehmung für Fuchsberg & Fuchsberg durch. Als Rechtsbeistand von Dr. Leonard fungierte Steven North von Garbarini, Scher & DeCicco. Anwesend war auch Dr. Leonards dritte Frau, Patricia Street, die ich als seine Freundin gekannt hatte.

Schon ziemlich früh im Verlauf des Verfahrens wurde das ganze Ausmaß von Dr. Leonards geistiger Verwirrung deutlich. Seine Aussage hier wies darauf hin, daß Nell und ich nur die Spitze des Eisbergs gesehen hatten, als wir uns über Dr. Leonards Verwirrung in bezug auf den Kosmetikbeutel und »die andere Frau« in seinem Leben unterhalten hatten.

(Mr. Bower stellt die Fragen. Dr. Leonard antwortet.)

F: Haben Sie jemals eine Nacht mit dieser Patientin verbracht, unabhängig davon, von wem die Initiative ausging zu so einer…
A: Ja, ich glaube, das ist einmal vorgekommen.
F: Wann war das?
A: Ich habe keine Ahnung.
F: Ist das in Ihrem Büro gewesen oder an einem anderen Ort?

A: An einem anderen Ort.
F: Wo war das?
A: Es war in New Jersey.

Da wußte ich schon, daß etwas nicht stimmte. Warum sollte er eine Nacht zugeben und die anderen nicht? Wenn seine Verteidigung darauf aufbaute, daß er alles abstritt, wie konnte er dann darauf hoffen, daß eine Ausnahme keine Rolle spielte, besonders wo es in dieser einen Nacht zum ersten Mal zum Geschlechtsverkehr gekommen war? Die weiteren Antworten von Dr. Leonard erhellten diese verworrene Situation.

F: Würden Sie mir bitte schildern, wie es dazu gekommen ist, daß sie mit der Patientin die Nacht in diesem Haus verbracht haben?
A: Soweit ich mich erinnere, hat mich die Patientin am Ende meiner Arbeitswoche an einem Donnerstagabend angerufen, gerade als ich übers Wochenende an die Küste von Jersey fahren wollte. Sie hat über Einsamkeitsgefühle oder Depressionen oder irgendwelche sonstigen Beschwerden geklagt, an die ich mich jetzt nicht mehr im einzelnen erinnern kann.
Ich habe ihr zu verstehen gegeben, daß ich zu müde wäre, um diese Woche noch zu arbeiten, daß ich nicht konnte. Und wenn sie wirklich medizinischen Beistand bräuchte, müßte sie zu einem Notdienst oder in ein Krankenhaus in der Umgebung gehen. Daß sie mich aber an dem Abend nach Jersey begleiten könnte, wenn ihr menschliche Gesellschaft allein als Unterstützung reichen würde.
Sie hat es sich überlegt und sich dafür entschieden mitzukommen.
F: Sind Sie mit ihr nach New Jersey gefahren?
A: Ja. Wenn es wichtig ist, ob ich mit ihr gefahren bin oder umgekehrt, ist sie mit mir gefahren.
F: Haben Sie mit ihr im selben Haus übernachtet?
A: Ja.
F: Haben Sie im selben Schlafzimmer übernachtet?
A: Ich glaube, zumindest zeitweise waren wir in dieser Nacht

eventuell im selben Bett. Ich kann mich nicht daran erinnern.

F: Können Sie sich daran erinnern, ob sie da angezogen war?

A: Nein.

F: Können Sie sich daran erinnern, ob Sie da angezogen waren?

A: Nein.

F: Unabhängig davon, ob Sie beide etwas anhatten oder nicht, als Sie diese Nacht zeitweise im selben Bett verbracht haben, haben Sie das als Teil ihrer Betreuung und Behandlung dieser Patientin gedacht?

A: Die Frage hat sich schon erledigt. Ich habe in dieser Nacht nicht als Arzt gearbeitet.

F: War das aus Ihrer Sicht eine rein gesellschaftliche beziehungsweise persönliche Angelegenheit?

A: Nicht nur aus meiner Sicht. Es war der Patientin gegenüber ausdrücklich so mitgeteilt.

F: Haben Sie im Lauf dieses Abends versucht, die Patientin zu irgendeinem körperlichen Kontakt mit Ihnen zu bewegen?

A: Nein.

F: Können Sie mir sagen, was Sie an dem Abend gemacht haben?

A: Wahrscheinlich haben wir gemütlich ferngesehen oder so. Ich kann mich nicht mehr erinnern.

Mir kam an dieser Stelle von Dr. Leonards Aussage nicht der Gedanke, daß er log. Obwohl die Fakten, wie ich sie kannte, dem widersprachen, konnte ich daraus nicht schließen, daß Dr. Leonard einen Meineid schwor, weil er gerade eine zur Hälfte wahre und unvollständige Geschichte erzählt hatte, die ich schon sehr gut kannte: Es war Lindas Geschichte! Dr. Leonard war wieder einmal durcheinander und sogar in einem Verfahren von dieser Tragweite unfähig auseinanderzuhalten, was er mit wem gemacht hatte.

Die Trennlinie zwischen wirrem Verstand und eklatanter Lüge verwischte jedoch im Verlauf seiner weiteren Aussage. Hätte er sich nicht auf meine Therapieakte bezogen, die er dabei hatte, wäre man mehrmals an diesem Tag versucht gewesen, ihn zu fragen, ob er sich überhaupt sicher war, von welcher Patientin er redete.

F: Haben Sie dieser Patientin einmal Arbeit angeboten?
A: Nicht, soweit ich mich erinnere.
F: Haben Sie ihr jemals angeboten, sie zum Putzen anzustellen?
A: Nicht daß ich wüßte.

Konnte er sich daran wirklich nicht erinnern? Konnte es sein, daß er einen ganzen Sommer vergessen hatte, wo ich Abflußrohre im Bad polierte und ihn im Schlafzimmer oral befriedigte? Oder erkannte er, wohin eine positive Antwort bei diesem Verhör führen würde? Es war immer noch zu früh, um sagen zu können, ob es sich dabei um einen Fall von Geisteskrankheit oder haarsträubender Verlogenheit handelte.

In der weiteren Befragung ging es um das Problem der Einwilligung aufgrund eingehender Belehrung. *Einwilligung aufgrund eingehender Belehrung* bedeutet in diesem Fall eine Erlaubnis, die man entweder vor oder unmittelbar im Anschluß an den Therapiebeginn gibt. Der Passus *eingehende Belehrung* in dem Begriff *Einwilligung aufgrund eingehender Belehrung* verlangt, daß die Zustimmung zu einem so frühen Zeitpunkt im Therapieverlauf gegeben wird. Eine Einwilligung zu irgendeinem späteren Zeitpunkt birgt das Risiko, daß der Therapeut Einfluß auf das Urteil und die letztendliche Entscheidung der Patientin nimmt. Je länger die Patientin in Therapie ist, desto länger kann sich das Abhängigkeitsverhältnis zum Therapeuten entwickeln, und desto größer ist die Wahrscheinlichkeit, daß es zu einer solchen Einflußnahme kommt. Unter solchen Umständen ist es nur allzu wahrscheinlich, daß die Patientin jeder Behandlung, die ihr ihr Arzt verschreibt, Folge leistet und nicht mehr den Wertvorstellungen und dem nüchterneren Urteilsvermögen aus der Zeit vor der Therapie gehorcht. Eine Erlaubnis, die einer Patientin zu einem späteren Therapiezeitpunkt entlockt wird, kommt oft mittels psychologischer Manipulation zustande und ist nicht das Ergebnis einer objektiven Prüfung der Vorteile und Risiken einer solchen »Behandlung«.

Doch Dr. Leonard hatte von mir weder eine frühzeitige Einwilligung nach eingehender Belehrung noch eine spätere unter seiner Beeinflussung bekommen. Ich hatte nie irgendeine derartige Einwilligung unterschrieben. Jetzt jedoch würde er endlich erklären, was er seinen anderen Patienten gegenüber mit meiner »schriftlichen Einverständniserklärung« gemeint hatte, oder aber zugeben, daß eine solche Einwilligung nie gegeben worden war. Er versuchte zunächst ersteres, aber letztendlich gelang ihm keine von beiden Erklärungen.

F: Ich möchte Sie fragen, ob es angebracht gewesen wäre, eine Einwilligung einzuholen, in der ausdrücklich auf sexuelle Kontakte Bezug genommen wird?

A: So wäre ich vorgegangen.

F: Haben Sie je eine ausdrückliche Einwilligung von Ellen bekommen, daß sie mit Ihnen sexuellen Kontakt haben wollte?

A: Ja.

F: Würden Sie mir die Einverständniserklärung oder das Schriftstück zeigen, das Ihre Behauptung beweist?

A: ... Es ist ein undatierter, getippter Brief, von dem ich nur noch erkennen kann, daß er als eine der letzten Meldungen von dieser Patientin auftaucht.

In dem Brief, auf den sich Dr. Leonard bezog, hatte ich ihm gegenüber geäußert, daß ich wieder zu der Phase zurückkehren wolle, wo er mich schützend in den Arm nahm und mich väterlich festhielt. Ich hatte meinem Therapeuten darin beschrieben, daß ich mich dabei »klein, behaglich, warm und geborgen – und sehr jung« gefühlt hätte. Aber der Inhalt des Briefes war weit weniger entscheidend als der Zeitpunkt, an dem er geschrieben worden war.

F: Haben Sie nach diesem Brief noch irgendwelche Briefe von ihr bekommen?

A: Nein.

F: War das der letzte Brief von ihr?
A: Ja. Meinen Aufzeichnungen nach.

Der letzte Brief *vor* diesem allerdings *war* datiert: 3. Dezember 1976. Also mußte der fragliche Brief irgendwann nach dem 3. Dezember 1976 geschrieben worden sein, fast fünf Jahre nachdem meine Therapie angefangen hatte, fast viereinhalb Jahre nachdem die Fellatio eingeführt worden war, und fast zwei Jahre nachdem es zum Geschlechtsverkehr gekommen war! Das war seine Einwilligungserklärung! Dr. Leonards weitere Zeugenaussage zu diesem Thema unterstrich nur noch, wie absurd seine Position war.

F: War sie immer noch Patientin bei Ihnen, als sie diesen Brief bekommen haben?
A: Ich weiß es nicht.

Sein Hinweis auf einen Brief, der mindestens zwei bis viereinhalb Jahre nach den Ereignissen geschrieben worden war, in dem angeblich die Einwilligung stand, war unlogisch oder dumm oder beides zusammen, dachte ich. Daß ich da aber nicht mehr seine Patientin gewesen sein soll, hielt ich für absurd.

Dann wandte sich die Vernehmung Dr. Leonards *beruflichen* Ansichten und Diagnosen zu.

F: Haben Sie sich je Gedanken darüber gemacht, ob Ellen aufgrund Ihrer beruflichen Beziehung in irgendeine Form der Abhängigkeit von Ihnen geraten ist?
A: Nein, dazu habe ich mir keine besonderen Gedanken gemacht.
F: Haben Sie sich jemals überlegt, ob es für die Psyche dieser Patientin schädlich wäre, wenn Sie mit ihr eine sexuelle Beziehung haben sollten?
A: Ich kann mich nicht erinnern, mir so etwas überlegt zu haben.

Doch als die Frage später in leicht veränderter Form gestellt wurde, wandelte Dr. Leonard seine letzte Antwort ab.

F: Haben Sie sich jemals überlegt, ob Sexualkontakte zwischen Ihnen und dieser Patientin ihrer psychischen Verfassung schaden?
A: Ja. Ich bin zu dem Schluß gekommen, daß das nicht der Fall ist.

Er wurde auch gefragt, ob seiner Meinung nach alles, was er mit mir gemacht hatte, zu meinem Besten war, und er antwortete mit Ja. Dann wurde er gefragt:

F: Wenn Sie irgendwelche Sexualkontakte mit dieser Patientin gehabt hätten, wäre das dann zu ihrem Besten gewesen?
A: Ja.
F: Wenn Ihrer Meinung nach eine Sexualtherapie für diese Patientin nützlich gewesen wäre, wäre es dann richtig von Ihnen gewesen, nach dieser Behandlungsmethode vorzugehen?
A: Ja, und falsch, nicht nach dieser Behandlungsmethode...
Mr. NORTH: Ich beantrage, das als gegenstandslos und nicht aussagekräftig zu streichen.

Aber erst als die Fragen an Dr. Leonard sich auf die sexuelle Beziehung zwischen uns konzentrierten, kam der wahre Kern seiner Verteidigung zum Vorschein. Mit der ersten Frage zur Fellatio begann sich das Geheimnis des möglichen Inhalts seines Buches über psychologische Grundprinzipien zu lüften.

F: Haben Sie jemals – Ist Ihnen der Begriff »Fellatio« bekannt?
A: Der Begriff, der oral-genitalen Sexualkontakt bezeichnet, ja.
F: Haben Sie sie jemals aufgefordert, mit Ihnen Fellatio zu praktizieren?
A: Nein.
F: Hat sie jemals tatsächlich Fellatio mit Ihnen praktiziert?
A: Wenn Sie mit dem Begriff »Fellatio« das Streben nach

gegenseitigem sexuellen Lustgewinn beschreiben wollen, dann nein. Ob es im Lauf der Therapie zu oral-genitalen Kontakten gekommen ist, kann ich nicht sicher sagen.

F: In welcher Hinsicht sind Sie unsicher?

A: Ich bin mir nicht sicher, ob es vorgekommen ist.

F: Können Sie sich erinnern, ob sie jemals ihren Penis in den Mund genommen hat?

A: Nein.

Es waren jedoch noch viel mehr Fragen als die zum Thema Fellatio nötig, bis sich ein vollständiges Bild davon abzeichnete, wer dieses ehemalige Ideal unter den Menschen wirklich war. Es waren über hundert Seiten Zeugenaussagen nötig, durchsetzt mit Fragen über seine sexuelle Beziehung zu mir, bis sein Bild durchschien.

F: Gab es Fälle, wo Sie sich vor dieser Patientin ausgezogen haben?

A: Ich kann mich nicht erinnern.

F: Haben Sie jemals auf Ihr gelegen?

A: Ich kann nicht nicht erinnern.

F: Sind Sie jemals mit Ihrem Penis in sie eingedrungen?

A: Ich kann mich nicht erinnern.

F: Hat sie Sie jemals mit der Hand sexuell stimuliert?

A: Ich kann mich nicht erinnern.

Seine Antworten auf derartige Fragen blieben immer gleich und ließen sich in einer Frage und Antwort zusammenfassen.

F: Sie können sich also nicht an irgendwelche bestimmten sexuellen Handlungen mit dieser Patientin erinnern; ist das richtig?

A: Das ist richtig.

Mr. Bower vernahm Dr. Leonard allerdings nicht nur zu Begegnungen, die wirklich passiert waren, sondern fragte ihn auch nach Ereignissen, die *nicht* passiert waren. Und zwar zu einem bestimmten Zweck.

F: Doktor Leonard, haben Sie je bei dieser Patientin Cunni-
lingus gemacht?

A: Nein.

F: Können Sie mir erklären, wie es kommt, daß sie sich zwar
daran erinnern, daß Sie nie bei dieser Patientin Cunnilin-
gus praktiziert haben, daß sie sich aber nicht daran erinnern, daß Sie bei Ihnen Fellatio praktiziert hat?

Mr. NORTH: Einspruch. So ist eben seine Erinnerung.

Mit diesen Antworten konnte ich einen ersten flüchtigen
Blick von Dr. Leonards Verstand erhaschen. Ich bekam keine Antworten auf meine Fragen zu den unverständlichen Ereignissen in unserer Beziehung. Vielleicht war es das, was
Tony mir klarmachen wollte, als er sagte, daß ich es nie
verstehen würde. Manche Verhaltensweisen und manche
Ereignisse sind nicht aus sich selbst heraus erfaßbar. Um sie
verstehen zu können, muß man sie im Licht der irrationalen Quelle betrachten, von der sie herkommen. Wenn ich
verstand, wie die Quelle beschaffen war, daß sie irratio-
nal war, dann würde ich nicht mehr nach einem Sinn in
den Handlungen selbst suchen. Genau das passierte, als
Dr. Leonards Zeugenaussage ausgebreitet wurde. Ich gewann einen Einblick in ihn als Mensch, und das sollte
sich für mich als nützlicher erweisen, als ich mir vorgestellt
hatte.

Und wenn ich noch so lang Hypothesen darüber angestellt
hätte, was dieser Tag bringen würde, wie seine Erklärungen aussehen würden und für welche mögliche Verteidigungsstrategie er sich entschieden hätte, wäre ich nicht
auf die Antworten gekommen, die ich jetzt vor mir hatte. Er
konnte sich nicht erinnern, ob er in meiner Gegenwart
nackt war; er konnte sich nicht erinnern, ob er auf mir gelegen
hatte; er konnte sich nicht erinnern, ob ich ihn mit der Hand
sexuell stimuliert hatte; er konnte sich nicht erinnern, ob ich
bei ihm Fellatio gemacht hatte; und er konnte sich nicht
erinnern, ob er mich penetriert hatte – aber *wenn* diese Dinge
tatsächlich passiert *wären*, dann wäre es seiner Meinung nach
therapeutisch sinnvoll gewesen. Das war sein Verteidigungs-

prinzip. Das hatte selbst meine groteskesten Hypothesen übertroffen.

Zu dem vorgetäuschten mangelhaften Erinnerungsvermögen sollten noch direkter geäußerte Unwahrheiten kommen, bevor die Vernehmung zu Ende ging. Alle noch verbliebenen Rätsel um den Charakter des Mannes, den ich einmal für so vollkommen gehalten hatte, wurden mit dem Ende seiner Aussage unter Eid gelöst.

F: Lassen Sie uns auf ihren letzten Anruf bei Ihnen zu sprechen kommen. Hat sie Ihnen gesagt, warum sie nicht mehr weiter zu Ihnen gehen wollte?
A: Nein, das hat sie nicht gesagt.
F: Haben Sie sie danach gefragt?
A: Ja.
F: Was hat sie Ihnen auf Ihre Frage zur Antwort gegeben?
A: Ich kann mich nicht mehr genau erinnern.
F: Hat sie irgend etwas über sexuelle Kontakte mit Ihnen gesagt?
A: Daran kann ich mich nicht erinnern.
F: Wissen Sie, warum sie mit der Betreuung und Behandlung bei Ihnen aufgehört hat?
A: Nein, das weiß ich nicht.

Wieder fiel mir ein, was er an jenem Morgen am Telefon zu mir gesagt hatte: *Ich habe schon lange den Verdacht, daß das, was ich mit dir getan habe, bei dir Schaden angerichtet hat.* Ich erinnerte mich, wie hartnäckig er mich drängte, zu ihm zu kommen, damit er persönlich mit mir über die Gründe, die ich für die Beendigung meiner Therapie angeführt hatte, sprechen könnte. Und ich erinnerte mich auch daran, wie er auf mehrere meiner Erklärungen mit »ich verstehe« geantwortet hatte. Seine Ehrlichkeit und seine Integrität waren schon zu Grabe getragen; er schüttete nur noch Erde darüber.

F: Haben Sie noch eine Nacht außer der in New Jersey mit ihr verbracht?
A: Nein.

Vor dieser Vernehmung unter Eid wollte ich unbedingt eine Erklärung für sein Verhalten in der ersten Nacht in seiner Wohnung. Daß er abstritt, daß es je so eine Nacht beziehungsweise überhaupt irgendeine weitere Nacht gegeben hatte, stand jedoch meinem Verständnis nicht mehr im Wege, sondern konkretisierte es. Einer von uns beiden war in jener Nacht nicht im Vollbesitz seiner geistigen Kräfte gewesen, einer von uns war labil, gefährlich und destruktiv gewesen. Und zwar nicht die Patientin.

F: Sind Sie mit ihr je zum Orgasmus gekommen?
A: Nein.

Eineinhalb Jahre hatte ich gelegentlich an diejenigen unter Dr. Leonards Patienten gedacht, die sich auf seine Seite schlagen und mich in ihren Briefen und Telefonanrufen verurteilt hatten. Dabei hatte ich mir überlegt, was ich ihnen sagen würde, wenn ich die Gelegenheit dazu gehabt hätte; nach welcher Logik ich vorgehen könnte, um sie davon zu überzeugen, daß sie sich irrten; welche Argumente ich anführen könnte, um Dr. Leonards wahren Charakter bloßzustellen. Nach dem heutigen Tag würde ich nicht mehr länger darüber nachdenken, welche Szenarios ich entwerfen könnte oder was ich sagen würde. Dr. Leonard hatte alles gesagt.

15. Vier Jahre Wartezeit

Die Monate nach Dr. Leonards Aussage unter Eid vergingen langsam. Gelegentlich beschäftigte ich mich damit, sein Vernehmungsprotokoll aus der Vorverhandlung zu lesen. Seine Aussagen machten die frustrierend lange Warterei auf den Prozeß erträglicher, denn jetzt sah ich wenigstens klarer. Irgendwie war es seltsam tröstlich, diese Abschrift in der Hand zu halten und einen ersten konkreten Beweis für ein Urteil anzufassen, das ich anderthalb Jahre zuvor gefällt hatte. Ich wurde dadurch zwar nicht weniger ungeduldig über die anscheinend endlose Rechtsprechungsprozedur, aber es lüftete den Schleier des Geheimnisses, der kurz zuvor noch über seiner Verteidigungsstrategie gelegen hatte.

Wir sollten nur noch ein halbes Jahr im Mittleren Westen bleiben, bevor es uns wegen Gregs Arbeit in den Süden verschlug, doch diese sechs Monate waren von meinen ersten Schritten auf dem Weg zur Gesundung – und weiteren tragischen Umständen gekennzeichnet.

Da Greg fast zwölf Stunden am Tag arbeitete und Eric, der bald neun Jahre wurde, mit Schule und außerschulischen Aktivitäten beschäftigt war, war es an der Zeit, daß ich für mich ein produktives Ventil fand. Ich war noch nicht soweit, in der realen Welt mit ihren Wolkenkratzern und Menschenmassen einer Vollzeitbeschäftigung nachzugehen, und daher fing ich mit einem Teilzeitjob an, den ich überwiegend von zu Hause aus betreiben konnte.

Es waren meine Schwester und meine Großmutter, die mir die Rückkehr in ein beschränktes gesellschaftliches Leben erleichterten. Meine Schwester und ich hatten als Kinder nie ein sehr enges Verhältnis zueinander, und als es endgültig zum Bruch zwischen meinen Eltern und mir kam, war mir vollkommen klar, daß sie und mein Bruder nach dem Grundsatz *Loyalität gegenüber Mutter* handeln würden, der uns allen beigebracht worden war und den ich als einzige nicht hatte akzeptieren können. Während sich mein Bruder unerschütterlich an diese Lektion hielt, suchte mich meine Schwester einige Monate nach dem Bruch auf, und die Beziehung, die sich zwischen uns entwickelte, machte die verlorene Zeit wieder wett.

Ihre Verbindung mit zu Hause brach jedoch nie ab. Sie löste sich allenfalls ganz leicht, als sie schließlich mit Ende zwanzig in eine eigene Wohnung zog. Sie zog zwar nur auf die gegenüberliegende Straßenseite, aber immerhin zog sie aus. Angesichts ihrer engen Bindung an einen Ort, den ich als so destruktiv ansah, fragte ich mich, wie weit sich unser Verhältnis entwickeln würde. Doch diese Fragen hinderten mich nie daran, auf soviel Nähe zu drängen, wie ich jetzt nur bekommen konnte. Und ich glaube, zum ersten Mal in unserem Leben entwickelte sich ein Gefühl der Zuneigung zwischen uns.

In Wahrheit jedoch war Großmutter der eigentliche Grund dafür, daß ich nach New York Chicago als Wohnort wählte. Nicht, daß sie sich für den Umzug eingesetzt hätte. Es war einfach ihre Gegenwart, die mich dorthin zurückzog. Außer daß ich in einer vertrauten Umgebung leben mußte, hatte ich das Bedürfnis, an einem Ort zu sein, wo ich mich geliebt wußte – verwandtschaftlich und fürsorglich geliebt. Das war bei Großmutter der Fall. Ich hätte mir keinen besseren Zeitpunkt für uns beide aussuchen können.

Obwohl ich Großmutter nie von meiner Behandlung bei Dr. Leonard oder von meiner Klage erzählte, die jetzt gegen ihn lief, hatten wir in diesen Monaten mehr Gemeinsamkeiten als je zuvor. Ich nutzte meine Rückkehr dazu, mich mit ihr zu treffen und ihr eine Freude mit Dingen zu machen, für die andere zu wenig Zeit zu haben schienen. Oft hieß das, daß ich mit ihr am Nachmittag zum Einkaufen oder zu einem ausgiebigen Mittagessen in die Innenstadt fuhr, oder sie einfach irgendwo abholte und mit ihr in unseren Vorort zurückfuhr, wo wir in ihrem Lieblingsrestaurant zu Abend aßen. Sie wußte nicht, wie schwierig diese Ausflüge weg von zu Hause für mich waren, aber sie war so dankbar dafür, als wenn sie es gewußt hätte.

Egal, aus welchem Anlaß wir uns trafen, wir unterhielten uns immer so ernsthaft und intensiv, als ob jedes Treffen unser letztes hätte sein können. Dabei sprachen wir allmählich auch konkreter und offener als in meiner Kindheit über meine Mutter und meinen Vater. Sie erzählte mir, daß sie immer das Gefühl hatte, meine Mutter hege einen unterschwelligen Groll gegen sie und verberge hinter der lächelnden und plaudernden Fassade, daß ihr jede Sekunde mit meiner Großmutter zuwider war.

»Das Schlimme ist nicht ihre Abneigung«, erklärte sie mir, »sondern daß sie mir nicht sagt, was ich gemacht habe, daß sie mich so haßt. Wenn sie es mir sagen würde, könnten wir vielleicht darüber reden.«

»Das war noch nie ihre Art, Großmama. Es war für sie immer einfacher, etwas zu behaupten und einem gleichzeitig auf raffiniertere Art das Gegenteil zu verstehen zu geben«, sagte ich, um sie in ihren Vermutungen zu bestärken.

Sie erzählte mir, wie schwierig es für sie gewesen sei, damit umzugehen. Sie habe sich oft gefragt, ob sie nicht etwas in das Verhalten meiner Mutter hineininterpretiert hatte, was in Wirklichkeit gar nicht da war. »Sag mal«, fragte sie mich einmal, »war mein Gefühl richtig, oder war ich verrückt?«

Mein Gott, dachte ich, wie viele Jahre hat meine Mutter meine Großmutter dazu gebracht, an *ihrem* Geisteszustand zu zweifeln? »Du warst nicht verrückt, Großmama« war alles, was ich sagte. Ich erzählte ihr nicht, wie oft meine Mutter bei uns zu Hause voll Verachtung über sie geredet hatte und wie ihr davor graute, wenn sie zu Großmama auf Besuch mußte. Doch ich sagte genug, um sie in ihren Gefühlen zu bestätigen, ihre emotionale Sensiblität anzuerkennen und ihr ihre noch vorhandenen Selbstzweifel zu nehmen.

Meistens dann, wenn ich bei ihr zu Hause war, erfuhr ich etwas über ihr Leben, persönliche Dinge über ihre Ehen und von ihrer Trauer darüber, daß sie zweimal Witwe geworden war. Sie vertraute mir auch an, wie enttäuscht und frustriert sie in ihrer jetzigen dritten Ehe war, so daß ich über die Einsamkeit dieser Frau weinen mußte. Und in unseren ernstesten Augenblicken griff sie über das Sofa, auf dem wir saßen, nahm meine Hand und weinte leise, während sie davon redete, wie groß ihre Angst vor dem Sterben war. Das waren vielleicht die Augenblicke, die mir am teuersten waren, nicht nur, weil sie ihren Schmerz teilen konnte, sondern weil sie so offen zu mir war und so verwundbar und auch, weil ich ihr in diesen Momenten am besten zeigen konnte, wie sehr ich sie liebte.

»Großmama«, flüsterte ich ihr einmal zu, als sie weinte. »Ich würde gerne in eine Zeit zurück, wo wir beide noch jünger waren. Ich würde dir dann sagen, daß du nie sterben mußt, und ich würde das sagen, weil ich nichts anderes glauben wollte. Aber wenn ich dir das jetzt sagen würde, würdest du mir in Zukunft nicht mehr vertrauen und vor mir nicht mehr weinen. Statt dessen kann ich dir nur eines sagen: Auch wenn dein Leben morgen vorbei wäre, würde die Liebe, die ich immer für dich empfunden habe, ewig in mir weiterleben. Ich weiß nicht, ob das die Sache für dich leichter macht. Ich weiß nicht, ob es überhaupt etwas zu sagen gibt, was das schaffen würde. Ich kann dir nur sagen, daß das die Wahrheit ist.«

Der Blick, mit dem sie mich als Antwort auf das, was ich gesagt hatte, anschaute, zeigte mir, daß ich ihren Schmerz tatsächlich gelindert hatte. Zumindest vorübergehend. Wir hatten noch mehrere gemeinsame Augenblicke wie diesen, bevor sie im Januar 1979 starb. Und nach ihrem Tod mußte ich mir nicht einen Augenblick vorwerfen, daß etwas ungesagt oder Gefühle unausgesprochen geblieben waren. Allerdings mußte ich mir unglücklicherweise vorwerfen, daß ich etwas ungetan gelassen hatte.

Ich stand an Großmamas Bett in der Intensivstation und hielt ihre Hand in der frustrierenden Erkenntnis, daß ich nichts tun konnte, um ihr in ihren letzten Tagen beizustehen. Sie sah alles um sich herum grausam klar: der dicke Schlauch, der ihr in den Hals eingeführt worden war, so daß sie nicht sprechen konnte, die Schläuche, die sie daran hinderten, sich frei zu bewegen, und die unwürdige Situation, daß sie nicht mehr auf die Toilette gehen konnte. Sie gab mir durch ein Zeichen zu verstehen, daß sie Papier und Bleistift brauche, und bat in einer Notiz um ein weiteres Kissen. Man brachte es ihr.

Doch als meine Mutter ins Zimmer kam, an die Seite trat, wo ich stand, Großmutter anschaute und ihr zuckersüßes Lächeln voll Mitleid und Sorge aufsetzte, war ich wie gelähmt.

»Sie weiß, daß du es nicht ernst meinst!« schrie es in mir. Aber ich bekam kein Wort heraus. »Jetzt ist keine Zeit für Maskeraden!« dachte ich. Ich hätte mir gewünscht, daß das das erste gewesen wäre, was ich nach drei Jahren zu meiner Mutter gesagt hätte. Doch meine Stimme versagte.

Wahrheit und Ehrlichkeit waren ihr nicht einmal angesichts des Todes heilig. Es war Blasphemie! Die äußerste Beleidigung! Ich war nicht fähig, irgend etwas dagegen zu tun.

Ich schaute meine Großmutter an, und sie sah mich an, während das durchsichtige Lächeln meiner Mutter nicht abriß. Großmamas Augen blickten sehnsüchtig und gequält. Sie sagten mir, wie sehr sie sich wünschte, sprechen zu können. Ich las aus ihrem Blick die Frage: »Warum tust du nichts gegen diese Farce?« Aber es waren nicht Großmutters Augen, die zu mir redeten, sondern mein Schuldgefühl. Ich wollte denken, daß sie mir eigentlich sagen wollte: »Es ist alles in Ordnung.« Doch ich werde es nie erfahren. Sie starb am nächsten Morgen.

Wir waren gerade nach Tampa in Florida umgezogen, als ich aufgefordert wurde, meine Aussage unter Eid im Juli 1979 zu machen. Genau in dem Raum, in dem Dr. Leonard vernommen worden war, wurde ich von dem Anwalt befragt, der in der vergangenen Sitzung als Dr. Leonards Rechtsbeistand aufgetreten war. Und mit der Zartheit, dem Charme und dem Feingefühl eines Elefanten im Porzellanladen befragte mich Steven North fast sieben Stunden lang nicht nur über meine fünfeinhalb Jahre bei Dr. Leonard, sondern auch über meine Kindheit, meine berufliche Entwicklung und mein Sexualleben. Er tat das in einem anklagenden, bedrohlichen oder feixenden Ton. Außer daß ich mir seine Fragen anhören und sie beantworten mußte, mußte ich auch noch ohne erkennbare Regung seine hingeworfenen sarkastischen Bemerkungen über mich ergehen lassen.

(Mr. Douglas war als Rechtsbeistand der Klägerin während der Befragung anwesend. Mr. North stellt die Fragen im Namen des Beklagten.)

F: Dann haben Sie auf der Couch die Beine *breitgemacht*?
A: Da war keine Couch.
Mr. DOUGLAS: Sie hat die Beine *ausgebreitet*.
Mr. NORTH: Ich denke, in diesem Fall doch.
Mr. DOUGLAS: Nein, das ist reine Wortklauberei.

Einige Fragen aber fand ich äußerst entlarvend. Sie zeigten mir, daß sich die Verteidigung Sorgen darüber machte, was Dr. Leonard in unserem letzten Telefongespräch zu mir gesagt hatte: *Ich habe schon lange den Verdacht, daß das, was ich mit dir gemacht habe, bei dir Schaden angerichtet hat.* Die Fragen wurden nicht im Zusammenhang gestellt, sondern getrennt durch Fragen, die sich auf etwas anderes bezogen. Und zwei von diesen Fragen sprachen meiner Ansicht nach eine deutlichere Sprache als die übrigen.

F: War bei dem Telefongespräch mit Dr. Leonard, bei dem sie ungefähr im Mai 1977 zum letzten Mal waren, sonst noch jemand außer Ihnen und Dr. Leonard dabei und hat zugehört oder etwas gesagt?

Und in der allerletzten Frage, die mir an diesem Tag gestellt wurde, kam, denke ich, die Sorge über eben diesen Satz zum Ausdruck.

F: Haben Sie jemals ein Gespräch mit Dr. Leonard aufgenommen?

Unglücklicherweise nicht.
Als ich an diesem Abend nach Tampa zurückfuhr, fühlte ich mich wie gerädert, wenn auch ohne sichtbare Narben, die ich von meiner Tortur hätte vorzeigen können. In Erics Kinderzimmer, das über den Sommer leerstand, während er zu Besuch bei seinem Vater in Connecticut war, brach ich zu-

sammen und weinte die ganze Nacht allein für mich. Greg versuchte mich zu trösten, doch in dieser Nacht konnte ich keinen anderen Menschen um mich haben. Ich war mit dem, was Dr. Leonard mir angetan hatte, allein gewesen, und ich war jetzt allein mit dem, was ich dagegen unternommen hatte.

Innerhalb von sieben Stunden hatte ich die fünfeinhalb Jahre mit Dr. Leonard nochmals durchlebt; innerhalb von sieben Stunden hatte ich meine Kindheit ausgegraben; innerhalb von sieben Stunden hatte ich einem feindseligen Fremden intime Dinge aus seinem Sexualleben erzählt. In diesen sieben Stunden mußte ich mir Fragen anhören, die die Fakten verzerrt darstellten oder Halbwahrheiten enthielten, die aus dem Zusammenhang gerissen waren und die mir unmoralisches oder gar kriminelles Verhalten unterstellten, je nachdem wie die Fragen betont wurden. Mein Anwalt hatte mich schon angewiesen, jeweils nur auf die gestellte Frage zu anworten und nicht freiwillig mehr zu erzählen, als die Frage verlangte. So mußte ich gegen meinen Drang ankämpfen, Aussagen zu korrigieren oder mich gegen zweideutige Unterstellungen zu wehren.

Jetzt fühlte ich mit jeder Faser, was ich in diesen sieben Stunden nicht zulassen durfte: den Schmerz über meine Beziehung zu Dr. Leonard, den Schmerz über meine Kindheit und den noch nicht so weit zurückliegenden Ausschluß aus der Familie, den Schmerz darüber, daß ich intime Dinge, die für mich privaten Charakter hatten, ausbreiten mußte – und den Schmerz darüber, daß ich wieder einmal behandelt worden war, als hätte *ich* etwas falsch gemacht. Es gab keine Worte, die diese sieben Stunden hätten beschreiben können, oder die Angst, die mich überkam bei dem Gedanken, das alles beim Prozeß nochmal durchmachen zu müssen. Nur ich fühlte und erkannte, wie weit das alles ging, und wußte, daß ich diese schlimmste Zeit meines Lebens allein durchstehen mußte.

In dem Jahr nach meiner Vernehmung, versuchte ich wieder, die Sache mit Dr. Leonard und den bevorstehenden Prozeß wegzuschieben. Mit großer Beklommenheit angesichts der realeren Welt schrieb ich mich zum Frühjahr an der Universität ein. Greg fuhr mich mehrere Male hin, damit ich keine Angst mehr davor haben mußte, an einen unbekannten Ort zu fahren, und damit ich mich leichter daran gewöhnte, unter einer größeren Gruppe von Leuten zu sein. Zusammen schrieben wir uns genau heraus, wo die Gebäude lagen, in denen mein Unterricht stattfinden sollte, und gingen den Weg zu jedem Gebäude ab, damit ich mich traute, allein hinzugehen. Als der Unterricht anfing, schwor ich mir, alles andere in meinem Kopf zurückzustellen, und stürzte mich mit Feuereifer in mein Studium.

Ich dachte immer noch fast jeden Tag an den Prozeß, aber es nahm mich gedanklich nicht mehr so in Anspruch wie früher. Nur am Silvesterabend wurde mir wieder bewußt, wie frustrierend lang sich die Klage schon hinschleppte, da ich jedes Jahr um diese Zeit bei meinem Anwalt anrief, um zu erfahren, wie die Sache stand. Jedesmal sagte man mir, daß der Prozeß »wahrscheinlich irgendwann dieses Jahr« stattfinden würde. Und am Ende jeden Jahres stellte sich heraus, daß sie sich geirrt hatten. Wären mir meine Ziele in diesem Prozeß nicht so wichtig gewesen, hätte ich mir vielleicht überlegt, die Klage fallen zu lassen, nur um die Sache ein für allemal hinter mir zu haben. Aber ich hielt durch, weil es mich noch viel länger mitgenommen hätte, wenn ich meine Ziele aufgegeben hätte. Es waren nur einige wenige einfache Ziele. Zuerst einmal wollte ich auf ein Verhältnis Einfluß bekommen, das bis vor kurzem von Dr. Leonard bestimmt worden war. Weiter zu schweigen, wie es Dr. Leonard von mir so viele Jahre verlangt hatte, hätte bedeutet, daß ich immer noch unter seinem Einfluß stand. Wenn ich aussprach, was er getan hatte und was er für ein Mensch war, dann ging es mir dabei weniger darum, daß er die Konsequenzen tragen sollte; ich wollte mich vielmehr vergewissern, ob mein Geist noch richtig funktionierte, denn ich brauchte die Gewißheit, daß er keine irreparablen Schäden davongetragen hatte.

Außerdem war es mir wichtig, daß das, was passiert war, bleibend festgehalten wurde. Die einzig korrekten Aufzeichnungen dessen, was sich in den fünfeinhalb Jahren ereignet hatte, trug ich in mir. Und ich wollte nicht Gefahr laufen, daß mit den Jahren und mit der verblassenden Erinnerung das, was ich erlitten hatte und was Dr. Leonard Grausames getan hatte, an Bedeutung verlor. Ich wollte das, was ich wußte, nach außen tragen. Ich wollte es laut sagen und sicher sein, daß man es hörte. Ich wollte aussagen.

Die Entscheidung, meine Ausbildung fortzusetzen, war richtig gewesen. Der Leistungsdruck im Studium lenkte mich nicht nur von dem bevorstehenden Prozeß und meinen vergangenen Irrwegen ab, sondern gab mir auch die Gelegenheit, meine Fähigkeiten, die so lange brachgelegen hatten, unter Beweis zu stellen, und zu testen, ob ich mich von der Abhängigkeit und den Depressionen lösen konnte, die zu meinem Lebensinhalt geworden waren. Als ich knapp zwei Jahre später meinen ersten Abschluß machte, hatte ich eine Hochschulausbildung hinter mir, die Zulassung für das Hauptstudium, neue Freunde, neues Selbstvertrauen und die absolute Gewißheit, daß ich jetzt in der Lage war, mein Schicksal selbst in die Hand zu nehmen. Nicht, daß alle meine Ängste beseitigt gewesen wären. Dem war nicht so. Sie bestimmten nur nicht mehr mein Leben.

Anne Kaplan war Prozeßbeisitzende bei Fuchsberg & Fuchsberg. Sie war diejenige, die ich jeden Dezember vor Neujahr anrief, und sie war es auch, die mir wieder Mut machte, wenn ich des Wartens überdrüssig wurde. Jetzt, nur drei Monate nach meinem ersten Universitätsabschluß, rief sie mich an, um mich über den letzten Verfahrensschritt vor dem Prozeß zu informieren. Am 26. März 1982 sollte das Schiedsgremium für Verletzungen der ärztlichen Sorgfaltspflicht zusammentreten und beide Seiten in allen Fällen gegen Dr. Lonnie Franklin Leonard hören. Das Gremium, das sich aus einem Richter, einem Anwalt und einem Arzt zusammensetzte, hatte die Aufgabe, im Fall des Beklagten über *Schuld* oder *Nicht-Schuld* zu entscheiden.

   Damit das Gremium auf schuldig erkennen konnte, mußten zwei Kriterien erfüllt sein: (1) daß die Behandlungsmethoden des Arztes von der gängigen Praxis abwichen, und (2) daß die Behandlung die Ursache für die Schädigung des Patienten war. Ein Kriterium allein reichte nicht aus, um den Arzt für schuldig zu erklären.

Falls der Arzt die Behandlung abstreitet, die ihm vorgeworfen wird, kann das Gremium keine Entscheidung über ein schuldhaftes Verhalten treffen. Dann ist das Gremium dazu verpflichtet, eine Entscheidung in der Sache abzulehnen. Nur wenn der Arzt die Behandlung, die ihm zur Last gelegt wird, zugibt und rechtfertigt oder von sich weist, daß sie die Ursache für die Schädigung des Patienten war, kann das Gremium zu einer Anhörung kommen und den Fall entscheiden.

Wenn das Gremium in unseren Fällen gegen Dr. Leonard *einstimmig* auf schuldhaftes Verhalten erkannte, konnte der Befund als Beweis in den Prozeß eingebracht werden. Anne Kaplan erklärte, daß ein solcher Beweis dasselbe Gewicht hätte wie die Zeugenaussage eines Experten. Das war natürlich eine Entscheidung, auf die wir alle hofften. Und bis auf eine Ausnahme wurde keine von uns enttäuscht. Außer in Patricia Osbornes Fall entschied das Gremium in allen Fällen gegen Dr. Leonard auf schuldhaftes Verhalten.

Pattis Fall stand jetzt unter den restlichen Fällen allein da. Nicht, daß das Gremium in ihrem Fall nach anderen Maßstäben entschieden hätte; es konnte überhaupt nicht entscheiden. Denn in diesem einen Fall leugnete Dr. Leonard die »Behandlung«, die ihm zur Last gelegt wurde, und verhinderte damit, daß das Gremium ein Urteil sprechen konnte. Wir alle sahen in seinem Leugnen ein weiteres Beispiel für seine geistige Verwirrung darüber, was er mit wem gemacht hatte. In allen übrigen Fällen dagegen hatte er die jeweilige »Behandlung« zugegeben und erfolglos zu rechtfertigen versucht beziehungsweise eingewendet, daß in ihr nicht die Ursache für die nachfolgenden Schäden gelegen habe. Da die Anhörungen und Protokolle des Gremiums unter Ausschluß der Öffentlichkeit stattfanden, konnten wir nicht in Erfahrung bringen, wie er seine Position genau vertreten hatte. Außer daß das Gremium Dr. Leonard in allen Fällen, die es entscheiden konnte, für schuldig befand, wurde als Ergebnis auch die Reihenfolge festgelegt, in der die Klagen verhandelt werden sollten. Da Dr. Leonard in Pattis Fall die »Behandlung« abstritt, sollte ihrer als erster an die Reihe kommen.

In allen meinen Telefongesprächen während dieser Jahre hatte mir Anne Kaplan auf meine ungeduldigen Äußerungen über das schleppende Gerichtswesen oft vor Augen gehalten, daß die Fälle blitzschnell abgewickelt würden, sobald einmal ein festes Prozeßdatum angesetzt sei.

Doch nach fünf Jahren Warterei und nachdem der Prozeßtermin weitere vier Monate lang immer wieder verschoben worden war, konnte ich kaum glauben, daß es wirklich soweit war, als Anne mich am 29. Oktober 1982 anrief und nach New York bestellte. Die Jury, sagte sie mir zum Beweis, habe diesen Tag gewählt.

»Richten Sie sich darauf ein, daß Sie ein paar Wochen bleiben müssen«, riet sie mir. Zuerst sollte ich als Zeugin in Pattis Fall auftreten, sagte sie, und dann als Klägerin in meinem eigenen.

Da erfuhr ich zum ersten Mal, daß nur noch drei Klagen gegen Dr. Leonard ausstanden. Eine von den fünf war fallengelassen worden, nachdem sich herausstellte, daß die Behandlung der Klägerin durch Dr. Leonard schon verjährt war. Und Linda, so erzählte mir Anne, hatte ihre Klage in letzter Sekunde unmittelbar vor Prozeßbeginn ohne irgendeine Erklärung fallengelassen. Wir nahmen alle an, daß ihre frühere Angst vor der Öffentlichkeit gesiegt hatte.

Als ich meinen Koffer packte und der drohende Prozeß Wirklichkeit für mich wurde, war ich voll Sorge und Furcht. Sorge über das öffentliche Aufsehen, das diese Fälle 1977 auf sich gezogen hatten, und Furcht bei der Aussicht, im Zeugenstand meine Vernehmung nochmals durchmachen zu müssen. Dann dachte ich daran, wie es wäre, wenn ich Dr. Leonard gegenüberstand. Ich dachte an seine Ausführungen über die Bedeutung des Berufes und fragte mich, ob er versuchen würde, mir etwas anzutun. Ich dachte an seine Insektenaugen und fragte mich, ob es ihm nach all diesen Jahren immer noch gelingen würde, mich einzuschüchtern, bloß wenn er mich anstarrte.

Ich dachte an die Macht, die er früher über mich hatte, und fragte mich, ob sich mein Gehorsam ihm gegenüber instinktiv wieder regen würde. Und bei diesen Gedanken verstand ich zum ersten Mal, wie entsetzlich sich eine vergewaltigte Frau fühlen mußte, wenn sie ihrem Angreifer gegenüberstand. Es war mehr als nur die Angst vor ihm und dem, was er mir tun könnte; es war die Angst davor, wozu ich fähig wäre, wenn ich ihn davon abhalten mußte, es wieder zu tun.

Ich sagte mir, daß meine Ängste nur auf der Illusion von seiner Macht gründeten, die er mir beigebracht hatte, und auf meiner unterdrückten Wut – nicht auf irgendeiner realen Bedrohung. Er konnte mir dort nichts antun, und ich wußte, daß ich mich nicht zu einer gewalttäigen Reaktion provozieren lassen würde.

Als ich am Montag in das Flugzeug stieg, war meine Angst einer unterschwelligen Ruhe gewichen. Denn nun war das Ende dieser elf Jahre in Sicht.

16. Osborne vs. Leonard

Am Dienstag, einen Tag bevor das Gericht zusammen-
trat, traf ich mich in der früh mit Edwin N. Weidman,
dem Partner und Prozeßbevollmächtigten von Fuchsberg &
Fuchsberg. Er würde uns vor Gericht vertreten. Zusammen
sahen wir Dr. Leonards psychiatrische Protokolle über
mich durch, eine Akte, die ich zum ersten Mal zu Gesicht
bekam. Während Ed Weidman prüfte, welche Bereiche in
den Aufzeichnungen für ein Kreuzverhör in Frage kommen
konnten, schaute ich mir ungläubig die Seiten mit den Notizen an und was Dr. Leonard bei seinen Eintragungen über
meine Therapiefortschritte aufgenommen beziehungsweise
weggelassen hatte. Unter das aufgestempelte Datum vom
5. April 1972 hatte er geschrieben: Ins Bett gebracht. Er
wies jedoch nicht aus, was er mit mir in dieser ersten
Nacht in seiner Wohnung gemacht hatte, noch fand sich eine
Erwähnung der Strandhaussitzung oder ein Hinweis darauf, daß die Sitzung vom Dezember 1976 in meinem Schlafzimmer stattgefunden hatte. Nachdem wir die Notizen sorgfältig durchgesehen und die fehlenden Informationen für Ed
nachgetragen hatten, war ich soweit, dem Verteidiger, der
Jury und sogar Dr. Leonard gegenüberzutreten.

Der Verhandlungstag am Mittwoch begann mit einer ruhigen Diskussion auf der Richterbank. Dr. Leonard war nirgends zu sehen, und darum ging es bei dem Gespräch zwischen den Anwälten und dem Richter.

(George J. Kehayas von Garbarini, Scher & DeCicci trat als
sein Verteidiger auf.)

MR. KEHAYAS: … Dr. Leonard hat mir mitgeteilt, daß er
nach Florida zurückfährt und nicht vorhat, in diesem oder in
irgendeinem anderen Fall auszusagen und daß er keinen Sinn
darin sieht, sich weiter auf seine Aussage vorzubereiten…

Nachdem die unhörbare Diskussion beendet war und der
Richter die Jury wieder in den Gerichtssaal rief, informierte

uns Ed über Dr. Leonards Entscheidung und bat mich aus dem Saal. Ich sollte, so erklärte er, erst nachdem ich ausgesagt hätte, am Prozeß teilnehmen. In der Zwischenzeit sollte ich auf dem Flur warten, während Patti in den Zeugenstand trat.

Am vergangen Freitag hatte Ed Weidman der Jury Pattis Fall dargestellt. In seiner Eingangserklärung erläuterte er der Jury unter anderem das Phänomen der Übertragung und inwiefern es mit dem vorliegenden Fall zusammenhing.

… Wichtig ist, daß das Phänomen der Übertragung zwar beim Patienten auftritt, der Arzt jedoch derjenige ist, der den Abstand wahren muß.

… Er darf nie privaten Kontakt mit seinen Patienten haben,

… weil sie Hilfe suchen, weil sie ihn zu einem Halbgott erheben, weil sie wirklich glauben, daß das, was der Therapeut sagt, zu ihrem Besten ist, und weil sie nach seinem Rat und seinen Richtlinien handeln. … Egal, ob ein sexueller Akt mit dem Therapeuten während, vor oder nach einer Therapiesitzung passiert, es ist ethisch verwerflich, es ist falsch, und es ist schädlich.

Nun, dieses Verhalten kann als Vergewaltigung, als Verführung oder als Manipulation des Verhaltens der Patientin auftreten. Und damit haben wir es hier zu tun.

Jetzt war Patti im Gerichtssaal und führte ihre Erfahrungen mit Dr. Leonard aus.

(Ed Weidman stellt die Fragen, und Patti gibt die Antworten.)

F: Und wie oft und bei wie vielen Gelegenheiten erinnern Sie sich an oralen Sex mit ihm?
A: Ein paar Monate lang wöchentlich.
F: Und wann war das: vor, während oder nach der Sitzung?
A: Danach.

Dann wandte sich die Vernehmung den Sitzungen zur Verdrängungsbewältigung zu.

F: Erzählen Sie uns, wo Sie sich während dieser Verdrängungsbewältigung befanden und was Sic gcmacht haben.

A: Damit ich mich so hilflos wie möglich und vermutlich so unbehaglich wie möglich fühlte, mußte ich mich nackt und mit ausgebreiteten Armen und Beinen in seinem Sprechzimmer auf den Boden legen.

F: Und wie lange lagen Sie in dieser Stellung, nackt und mit ausgebreiteten Armen und Beinen, während einer Sitzung da?

A: Die ganzen fünfundfünzig Minuten.

F: Und wo war Ihr Therapeut während dieser Sitzungen?

A: Er saß neben mir.

F: Und was hatte er an?

A: Er war nackt.

Danach ging Mr. Weidman von den allgemeinen Fragen zu den Verdrängungsbewältigungsitzungen auf eine spezielle Sitzung über, die für Patti entscheidend gewesen war.

F: Nun kommen wir zu dieser Situation, ich glaube, Sie haben gesagt, es war im März 1974. Eine Urschrei-Therapie?

A: Ja.

F: Gut. Erzählen Sie uns, was an dem Tag passiert ist.

A: Es ist sehr schwer, nackt mit ausgebreiteten Armen und Beinen dazuliegen. Und in diesem Moment war ich – ich konnte es einfach nicht, also habe ich mich bloß hingekniet und mich in Embryonalstellung zusammengekrümmt. Und wie aus heiterem Himmel ist er von hinten in mich eingedrungen. Er hat seinen Penis in meine Vagina eingeführt.

F: Und als er das gemacht hat, hat er da in Ihrer Vagina ejakuliert?

A: Ja.

F: Hat er davor irgend etwas zu Ihnen gesagt?

A: Nein.

F: Hat er danach irgend etwas zu Ihnen gesagt?

A: Nein, Mr. Weidman.

Während Pattis Zeugenaussage wartete ich vor dem Gerichtssaal und warf gelegentlich einen Blick durch die Glastür, um zu sehen, wie Patti sich schlug, oder hielt auf dem Korridor nach Dr. Leonard Ausschau, weil ich immer noch glaubte, er werde auftauchen. Den ganzen Tag wartete ich so, und als Ed Weidman und Patti am Ende des Tages aus dem Gerichtssaal kamen, war sie immer noch nicht fertig. Sie sollte am nächsten Morgen wieder in den Zeugenstand treten.

Am Donnerstag morgen wartete ich wieder auf dem Gang, bis Patti fertig war. An diesem Tag wartete ich jedoch nicht allein. Nell und Marta, zwei ehemalige Patientinnen von Dr. Leonard, die sich bereit erklärt hatten auszusagen, leisteten mir Gesellschaft. Nells Aussage war wichtig, weil ihr Doktortitel in Mathematik und ihr konservatives Auftreten deutlich machten, daß weder außergewöhnliche Intelligenz noch eine kritische Einstellung weibliche Patientinnen gegen Dr. Leonard gefeit machten. Martas Aussage dagegen diente einem anderen Zweck. Ihre Aussage zeigte eine neue Dimension in Dr. Leonards Charakter. Nell sagte nach Patti aus, und Marta kam nur zwanzig Minuten später dran. Ich sollte als letzte aussagen.

(Mr. Weidman stellt die Fragen, und Marta antwortet.)

F: Und als Sie zu Dr. Leonard gekommen sind, hat er Sie da als Patientin aufgenommen?
A: Ja.
F: Und hatten Sie zu irgendeiner Zeit sexuellen Kontakt mit Dr. Leonard, oder besser gesagt, ist es zwischen Ihnen und Dr. Leonard zu sexuellen Kontakten gekommen?
A: Ja.
F: Würden Sie uns bitte erzählen, wann, wo und wie?
A: Soll ich ausführlich erzählen, was passiert ist?
F: Ja bitte.
A: Alles?
F: Ja.
A: Gut.

DAS GERICHT: Wann war das? Fangen wir damit an.

A: Im Herbst 1974. Er hatte meine Mutter und mich übers Wochenende in sein Strandhaus in Point Pleasant in New Jersey zusammen mit Pat Street eingeladen.

Er hat mir angeboten, mich am Freitagabend zum Strandhaus zu fahren; meine Mutter konnte erst am nächsten Tag nachkommen. Und Pat auch. Niemand war im Haus. Also sind wir am Freitagabend hingefahren.

Am Samstag war ich gerade am Aufwachen – die Schlafzimmer waren –, die Schlafzimmer hatten eine gemeinsame Wand, und er hat mich von seinem Zimmer aus gefragt, ob ich zu ihm ins Bett kommen wollte, und ich habe gesagt: »Nein, nein, das will ich eigentlich nicht. Danke. Mir ist es hier ganz angenehm.«

Später am Vormittag habe ich meinen Badeanzug angezogen und wollte an den Strand zum Baden gehen. Er hatte seine Joggingshorts als Badehose an. Und als ich ins Haus zurückgekommen bin, hat er mich in das Schlafzimmer geführt, wo ich übernachtet hatte, und mir gesagt, daß er mir zeigen wollte, was für unterschiedliche Gefühle es gibt. Wie es ist, wenn man sich als kleines Mädchen fühlt, und wie man sich als erwachsene Frau fühlt.

Zuerst hat er angefangen mich zu kitzeln, und zwar auf dem Bett. Er hat gesagt, ich sollte mich aufs Bett legen. Ich war auf dem Bett, und er hat angefangen mich zu kitzeln, und ich habe losgekichert. Und er hat gesagt: »So fühlt sich ein kleines Mädchen.« Nach einer Weile hat er dann aufgehört.

Dann ist er mit seinen Händen über meinen Körper gefahren. Und mehrere Male hat er sich ganz auf mich draufgelegt und mich überall massiert und gerieben und hat gesagt: »Und so fühlt sich eine Frau.« Dann hörte er wieder auf.

Dann hat er mich wieder gekitzelt, und ich mußte lachen. Und er hat gesagt: »So fühlt sich ein kleines Mädchen.« Und er hat wieder aufgehört.

Dann hat er sich auf mich draufgelegt oder hat wieder über

meinen Körper gestrichen und gesagt: »So ist das Gefühl, eine Frau zu sein.«

Und so ist es über eine Stunde weitergegangen. Viel länger als eine Stunde. Ich würde sage, zwei Stunden.

Nicht der *Inhalt* von Martas Aussage gab den Ausschlag. Dr. Leonard hatte anderen Frauen viel schlimmere Dinge angetan. Das Erstaunliche in diesem Fall war Martas Alter, als der Vorfall passierte. Sie war damals vierzehn Jahre alt gewesen!

Der Abschluß von Martas Aussage bot sich als Gelegenheit für eine Pause an. Das Gericht trat bis zwei Uhr zurück. Ich sollte nach der Mittagspause aussagen.

Nachdem die anderen wieder ihre Plätze eingenommen hatten, kam Ed Weidman aus dem Gerichtssaal.

»Die Verteidigung hat in der Mittagspause ein Angebot für eine gütliche Einigung gemacht«, sagte er mir. »Allerdings kann Mr. Kehayas Pattis Fall nicht ohne Ihren regeln.« Da waren wir nun, mitten im Prozeß, kurz bevor ich aussagen sollte, und die Anwälte unterhielten sich über gütliche Einigungen. Das verstand ich nicht.

»Ich dachte, gütliche Einigungen trifft man *vor* und nicht während einem Prozeß«, sagte ich.

»Das ist nicht immer so«, erklärte er.

»Aber ich habe Ihnen schon zu Anfang gesagt, Ed, daß ich keine gütliche Einigung will. Ich will, daß Dr. Leonard bloßgestellt wird, und ich will gehört werden.«

Anne Kaplan kam gerade rechtzeitig ins Gericht, um diese Entwicklung mitzubekommen. Anne hatte immer verstanden, was bei diesem Fall in mir vorging. Sie war in der Lage gewesen, sich logisch zu dem zu äußern, was ich ohne ihre Hilfe nicht verstanden hätte, weil ich zu stark gefühlsmäßig involviert war. An sie wandte ich mich jetzt um Rat.

»Sie sind gehört worden, Ellen«, sagte sie. »Zuerst einmal, Ihre Aussage unter Eid ist eine öffentliche Angelegenheit. Noch wichtiger ist allerdings, daß keine von den anderen Frauen heute hier wäre, wenn Sie nicht gewesen wären. Deren Aussage und Ihre haben Dr. Leonard bloßgestellt. Und das ist Ihnen zu verdanken.«

»Aber ich will mehr, Anne«, sagte ich. »Ich will vor der Jury aussagen – vor ganz normalen Leuten, keinen Objcktivisten – und sie sollen aussprechen, daß Dr. Leonard falsch gehandelt hat.«

»Wenn die Jury für Sie und gegen Dr. Leonard plädieren würde, würde Ihnen das wirklich etwas beweisen, was Sie nicht sowieso schon wissen?« fragte sie. Es sei nicht ungewöhnlich, fuhr sie fort, daß ein Kläger von einer Klage viel mehr erwarte, als ein Prozeß bringen könne. Ein Verfahren wie dieses hier, erklärte sie weiter, gebe einem die Jahre nicht zurück, die Dr. Leonard gestohlen habe. Es mache den Schmerz nicht ungeschehen, den er zugefügt habe, oder den Schaden, den er angerichtet hat. Er würde nicht einmal bestraft, für das, was er getan habe. Denn er müsse weder ins Gefängnis, noch bezahlte er die Schadensforderungen aus seiner eigenen Tasche. Er verliere noch nicht einmal seine Zulassung als Arzt beziehungsweise Therapeut. Auch wenn Pattis Fall bis zum Schluß durchgezogen würde und meiner nach ihrem, würde mir diese Genugtuung nicht zuteil werden. Alles, was eine Klage wegen Verletzung der Sorgfaltspflicht ausrichten könne, erklärte sie, sei die Zuerkennung einer gewissen finanziellen Entschädigung für das, was die Klägerin erlitten habe.

»Aber ich will aussagen, Anne«, bettelte ich. »Ich habe fünfeinhalb Jahre darauf gewartet, vor Gericht zu sagen, was er mir angetan hat und was er für ein Mensch ist.«

Sie verstand. Ebenso wie Ed. Sie boten mir an, mich meine Aussage machen zu lassen, auch wenn der Fall beigelegt wäre, und versprachen mir, die Jury noch nicht über die Schlichtung der Fälle zu informieren.

»Aber es hat keinen Einfluß auf das Ergebnis des Falles, wenn schon eine Einigung erzielt worden ist.«

Anne und Ed rieten mir dringend, mich in meiner Entscheidung nicht von diesem Umstand beeinflussen zu lassen. Ich könne aussagen, wenn ich wolle, doch eine vernünftige Regelung sollte nur den Aspekt berücksichtigen, welche Geldsumme – gemessen an Präzedenzfällen und in einem vernünftigen Rahmen – am ehesten eine zufriedenstellende Entschädigung darstellen würde.

»Was haben sie Patti geboten?« fragte ich Ed geschlagen. Schon an der Art, wie er mit mir sprach, merkte ich, daß er das, was vorgeschlagen worden war, für eine faire Regelung hielt.

»Einhunderttausend Dollar«, antwortete er.

»Und was haben sie mir angeboten.«

»Sie wollen diesen Preis gerne wissen, aber ich bin sicher, sie sind darauf eingestellt, Ihnen dasselbe zu zahlen«, erwiderte er. »Und das ist wirkliche eine faire Summe.«

Ich dachte darüber nach, was er und Anne gesagt hatten. Zum erstenmal merkte ich, daß es an diesem Tag, auf den ich so lange gewartet hatte, kaum um etwas anderes als um Dollars und Cents ging. Das Verfahren war mir soviel selbstloser vorgekommen, als ich noch glaubte, damit würden angemessene Verhaltensnormen für Ärzte, ein Schutz für weibliche Patienten und ein Forum für die Bloßstellung übler Therapeuten geschaffen. Aber Anne hatte sich geirrt. Geld war nicht das einzige, was ich bei dieser Klage vorzeigen konnte. Dr. Leonards Praxis war geschlossen worden; er war entlarvt worden; er konnte nicht mehr seinen Vorteil aus der bedingungslosen Loyalität und Bewunderung ziehen, die ihm so viele Menschen so lange entgegengebracht hatten. Und ich – ich hatte mich geistig gestärkt. Ich war so stark gewesen, gegen meinen Therapeuten zu kämpfen, und so entschlossen, es bis zum Ende durchzufechten. Die Dr. Leonards der Welt hatten sich nicht einmal zum Kampf gestellt. Er hatte den Laden dichtgemacht, war nach Florida abgehauen und war noch nicht einmal zu dem Prozeß gegen ihn erschienen.

»Einhundertfünfzigtausend Dollar«, sagte ich zu Ed, »und ich überlege mir, ob ich aussage, falls sie mit dieser Summe einverstanden sind.« Ich war überzeugt, daß sie das niemals akzeptieren würden. Ich war überzeugt, daß ich doch aussagen würde, und zwar nicht nur zum Schein.

»Einhundertfünfzigtausend Dollar?« rief er aus. »Sei vernünftig, Ellen.«

Ich bin so vernünftig wie Dr. Leonards Therapiemethoden mit mir, dachte ich. »Weniger kann ich nicht akzeptieren, Ed«, sagte ich entschlossen.

Ed kam fast ebenso schnell wieder, wie er verschwunden

war. Lächelnd streckte er beide Arme aus, zum Zeichen, daß ich ihm meine entgegenstrecken sollte. Als meine Hände fest in seinen lagen, schaute er mich direkt an und sagte schlicht: »Es ist vorbei.«

Ich glaubte zu verstehen, was er meinte, aber ich war mir nicht sicher. »Sie meinen, sie haben ja gesagt?«

»Sie haben ja gesagt.«

Ich begann zu schluchzen. In dem spontansten und heftigsten Gefühlsausbruch, den ich je hatte, begann ich loszuschluchzen. Ich hatte noch nie darüber nachgedacht, wie ich mich fühlen würde, wenn es vorbei wäre. Ich hatte wohl nie geglaubt, daß es je vorbeigehen würde. Jetzt, in dem letzten Augenblick, konnte ich nicht denken, sondern nur noch fühlen. Ich hatte nicht gewußt, wieviel Anspannung sich in den letzten fünfeinhalb Jahren in mir aufgebaut hatte, bis sie sich mit meinen Tränen löste. Und ich hatte nicht gewußt, daß ich auch ohne auszusagen das Gefühl erleben konnte, das ich jetzt empfand: siegreich gewesen zu sein.

Ich weinte immer noch, als mir deutlich bewußt wurde, daß jemand fehlte. Die Frauen, die in diesem Moment hätten bei mir sein müssen, waren nirgends zu sehen.

»Wo sind die Zeuginnen? Wo ist Patti?« fragte ich Ed unter Tränen. Warum waren sie nicht da, fragte ich mich.

»Sie sind noch im Gerichtssaal, aber beruhigen Sie sich lieber erst mal -«

Die zweite Hälfte des Satzes hörte ich nicht mehr, sondern stürmte in den Gerichtssaal. Als ich Martas blonden Hinterkopf entdeckt hatte, schrie ich ihr zu: »Es ist vorbei, Marta! Es ist endlich vorbei.«

Marta, Nell und Patti rannten zu mir her, und während wir uns gegenseitig um den Hals fielen, weinten auch sie los. Und vor lauter Tränen, Umarmungen und Lachen hatte ich gar nicht gemerkt, daß der Richter, die Jury und der Verteidiger auf ihren Plätzen waren, als ob sie das Verfahren fortsetzen wollten. Keiner außer Mr. Kehayas wußte, was passiert war. Auch Patti hatte noch nichts erfahren. Erst als ich mehrere Minuten nachdem wir mit unserer Freudenfeier angefangen hatten das Klopfen des Hammers hörte, schaute ich auf und entdeckte, daß sie da waren und alle Blicke auf uns gerichtet waren – und in vielen Augen standen Tränen.

»Das war es, was ich Ihnen sagen wollte«, hörte ich Ed hinter mir sagen, während er mir seine Hand auf die Schulter legte.

Als das Gericht zur Ordnung gerufen hatte, bat ich Ed um die Erlaubnis, den Saal verlassen zu dürfen, und ging zur Telefonzelle am Ende der Halle.

»Greg?« Ich weinte immer noch. »Es ist alles vorbei. Es ist endlich vorbei. Und ich komme heim.«

»Nehmen Sie etwas von dem Geld für eine Therapie«, sagte eine männliche Stimme hinter mir. »Nach dem, was man Ihnen angetan hat, werden Sie Hilfe brauchen, um das alles wieder hinzukriegen.« Der Psychiater, den Ed Weidman als Experten hatte aufrufen wollen, machte diesen Vorschlag, den er für einen guten Rat hielt, während wir das Gerichtsgebäude verließen. Ich wußte nicht, ob ich lachen oder ihm ins Gesicht schlagen sollte. Eine Therapie? Psychotherapie? Nie wieder, dachte ich. Ich will keinen Therapeuten mehr sehen, solange ich lebe.

Der Prozeß war vorbei, aber irgendwie hatte ich das Gefühl, daß die Sache noch nicht ganz erledigt war. Der Vorschlag des Psychiaters hatte mich zwar beunruhigt, aber nicht annähernd so sehr wie meine heftige und radikale Abwehrreaktion. Ich wußte, daß ich noch etwas zu erledigen hatte. Und als ich in mein Flugzeug zurück nach Tampa stieg, wußte ich auch, was das war. Ich mußte verstehen, wie das alles hatte passieren können. War das alles ein Produkt von Dr. Leonards besonderer Schlechtigkeit? Oder war es vielleicht krankhaft? Welche Rolle spielte die Objektivistische Philosophie dabei? Und wieviel trugen wirkliche Probleme, die ich hatte, dazu bei, daß ich das Opfer eines Dr. Leonard werden konnte? Ich wußte, daß ich auf alle diese Fragen eine Antwort finden mußte, um sicherzugehen, daß mir so etwas nie wieder passierte. Daß ich die Antworten noch nicht hatte, machte mich auf unangenehme Weise verletzlich und stand dem Gefühl im Weg, das Kapitel wirklich abgeschlossen zu haben.

Ich wußte, daß der einzigartige Alptraum, den ich erlebt hatte, ohne Dr. Leonard nicht hätte passieren können. Wäre mein Therapeut kompetent, professionell, integer und geistig normal gewesen, hätten andere zusätzliche Faktoren allein nicht zu solchen krankhaften Ergebnissen führen können. Ob es sich in seinem Fall um Geisteskrankheit oder Bösartigkeit handelte, fand ich nie heraus. Und nach einer gewissen Zeit schien es auch nicht mehr wichtig zu sein. Die Antworten hätten am Ergebnis nichts geändert.

Objektivistische Lehre und Objektivisten schienen untrennbar miteinander gekoppelt zu sein, wenn ich ihre jeweilige Auswirkung auf vergangene Ereignisse betrachtete. Ayn Rand hatte die Bezeichnung *Objektivist* sorgfältig gehütet und sie nur den wenigen Auserwählten vorbehalten, die sie ihrer Einschätzung nach verdient hatten. Dr. Blumenthal war zu so einem wertvollen Mitglied ernannt worden, dabei hatte er sich mir gegenüber so verabscheuungswürdig verhalten, daß Mr. Fuchsberg erwogen hatte, ihn bei dem Prozeß mitanzuklagen. Nur aus Angst, das eigentliche Problem zu verwässern, haben wir den Gedanken fallen lassen.

Un meine Freunde und Bekannten, alles Schüler der Objektivistischen Lehre, hatten sich auch nicht rühmlicher, unabhängiger und mutiger benommen als der Objektivist Dr. Blumenthal. Sie sprachen gewandt über moralisches Verhalten, Ethik und unabhängiges Denken. Aber die Loyalität gegenüber der Objektivistischen Lehre und ihrem objektivistischen Therapeuten hinderte sie daran, zumindest letzteres zu praktizieren – wie es ja auch mir lange Zeit gegangen war. Ferner gab ihnen ihr loyales Verhalten das Gefühl, moralisch integerer und unabhängiger zu sein. Ich war diesem Irrtum ebenfalls erlegen.

Es gab nicht nur zufällig hier und da ein paar blind ergebene Anhänger. Es ging um mehr als ein rein zufälliges Zusammentreffen von ein paar Dutzend Schafen, die ihrem *Helden*, ihrem *Idealwesen* willig überall hin folgten. Vielleicht lag der »Knackpunkt« auch in der Lektion, daß, wenn der

Objektivismus der richtige Weg war, wir als Schüler dieser Lehre im Recht waren. Und bei denen unter uns, die sich ihrer noch nicht sicher waren, half ein solches Überlegenheitsgefühl über die geringe Selbsteinschätzung hinweg und baute das Ego auf.

Aber vielleicht lag es auch an Ayn Rands Aufteilung in *Lehrer*, die Antworten geben konnten, und *Schüler*, die nur dazu befähigt waren, Fragen zu stellen – und daran, daß beide Gruppen die ihnen zugewiesene Rolle akzeptierten. Eine solche Trennung in diejenigen, die Bescheid wußten, und diejenigen, bei denen das nicht der Fall war, führte mit Sicherheit dazu, daß Dr. Leonard diese Autorität ausüben konnte, ohne mit einem Protest von seinen Patienten rechnen zu müssen.

Oder vielleicht lag es an Ayn Rands Vorstellung vom »Helden«, die sie in ihr Bild von romantischer Liebe eingebaut hatte; zeig einem Objektivisten einen Helden, und der Held braucht bloß noch zu befehlen. In Ayn Rands Roman *The Fountainhead* wird die Protagonistin vom Helden vergewaltigt, »aber«, schreibt Frau Rand in der Szene, »sie hatte sich immer gewünscht, so hemmungslos und verachtungsvoll von einem Mann in Besitz genommen zu werden«. Wie viele Opfer von Dr. Leonard hatten diese Form der Vegewaltigung erlebt? Wie vielen war durch das, was Ayn Rand gesagt hatte, oder durch das, was Dr. Leonard getan hatte, beigebracht worden, daß sie es erleben sollten? Wie viele glaubten und akzeptierten, daß *das* die Norm war, an der sich bemaß, wie sehr sie Frau und psychisch gesund waren? Daß sie dieses Ziel in ihrer Therapie anstreben sollten?

Ich hatte damals nicht auf alle Fragen eine Antwort. Und habe es auch heute noch nicht. Aber ich hatte das Gefühl, daß etwas in der Philosophie sein mußte, das Menschen wie Dr. Leonard anzog und gleichzeitig ansonsten hochintelligente und aufgeweckte Menschen blind machte. Irgendwo in ihren Schriften hatte Ayn Rand unwissentlich den Grundstein für einen Kult gelegt.

Zu der Philsophie kam ein Faktor auf seiten der Schüler hinzu, nämlich daß sie sich einen Helden erschufen, der sich jedem Urteil entzog. Nur wenn man riskieren wollte, alle seine Freunde und Bekannten zu verlieren, konnte man über Dr. Leonard ein negatives Urteil fällen. Dasselbe galt auch für negative Urteile über erklärte Objektivisten. Jeder Fehler, der zu eklatant war, als daß man über ihn hätte hinwegsehen können, wurde immer gegen die positiven Leistung abgewogen. (Hatte uns das nicht Dr. Leonard am Abend nach seiner Weihnachtsfeier erzählt?) Und was sagte das über die Leistung von uns anderen aus? Das Prinzip lautete: Die einen waren vollkommen *oder* ihre Fehler waren entschuldbar; die anderen mußten immer noch beweisen, daß sie eine Existenzberechtigung hatten.

Der Objektivismus nährte den Selbstzweifel in zweierlei Hinsicht. Zwar wurde uns gesagt, daß wir weiter seien als die anderen, weil wir die Wahrheit gefunden hatten, aber gleichzeitig mußten wir in der ständigen Angst leben, als unzureichender eingeschätzt zu werden, als wir sein sollten, was in die Isolation führte. Und Etiketten wie »Schüler« und »Patient« erinnerten uns daran, daß wir noch nicht am Ziel waren. Wenn wir jedoch nur hart genug an uns arbeiteten, wenn wir charakterfest genug waren und wenn wir dem Anspruch genügten, dann würde uns irgendwann irgend jemand anderes sagen, daß wir es geschafft hatten. Dr. Leonard schlug aus allem Kapital.

Aber die Objektivistische Theorie und die Therapie waren nicht auf ein Vakuum getroffen. Aufgrund meiner Erziehung bot ich einen günstigen Nährboden dafür, von anderen ausgenutzt zu werden. Und in diesem Sinne war meine Erfahrung mit Dr. Leonard individuell einmalig. Ich denke, man könnte daran, wie ich Dr. Leonards sexuelle Eskapaden mit mir sehen sollte, und daran, wie mein Vater mir die Nacht im Hausmädchenzimmer erklärt hatte, gut die Ähnlichkeiten zeigen. Jeder von beiden versuchte mir nur aufgrund seiner Autoriät weiszumachen, daß er nichts Schlimmes gemacht hatte; daß meine Aufregung darüber, wie ich behandelt worden war, das Schlimme war.

Mein Vater hatte meine Wahrnehmung und meine Erinnerung als falsch bezeichnet; und Dr. Leonard hatte meine Reaktionen und Gefühle als neurotisch eingestuft. Und jeder war absolut überzeugt davon, daß er die Schuld für alle Probleme zwischen uns an der richtigen Stelle gesucht hatte: in meinem Verstand.

Jeder machte mir außerdem auf seine eigene Art weis, daß sein Verhalten mir gegenüber mich von den anderen abhob und aus mir in seinen Augen etwas »Besonderes« machte.

Noch mehr Übereinstimmungen finden sich allerdings bei den täglichen Widersprüchen zwischen dem, was sie taten, und den vernunftgemäßen und logischen Erklärungen, an die sie angeblich glaubten.

Beide Männer hingen derselben Philosophie an, wobei mein Vater die Rolle des loyalen Dieners verkörperte, während Dr. Leonard als Herr über seinen treuen Gefolgsmann herrschte, doch keiner von beiden entsprach dem, was er predigte. *Jeder* Mensch wäre dadurch in Verwirrung geraten, und erst recht jemand, dem beigebracht worden war, seinen eigenen Gefühlen und Denkprozessen nicht zu trauen.

Dr. Leonards Ähnlichkeit mit meiner Mutter war in der Rückschau fast genauso verblüffend. Wie sehr sie sich doch beide darum bemüht hatten, mich zu beherrschen, indem sie versicherten, meine geheimsten Gedanken und Gefühle besser zu kennen als ich, und indem sie mir beibrachten, an meiner Wahrnehmungsfähigkeit zu zweifeln. Dr. Leonard gelang das, was meine Mutter nicht geschafft hatte, *nur* weil ich ihm vertraute. Bei meiner Mutter wußte ich es immer besser.

Aber ich glaube nicht, daß die Übereinstimmungen zwischen Eltern und Therapeut allein den Grundstock dafür legte, daß Dr. Leonard mich derart mißbrauchen konnte. Übertragung spielte zwar mit eine Rolle, reichte jedoch als Grund nicht aus. Damit allein konnte nicht erklärt werden, warum ich in meiner Bewährungssitzung vor Dr. Leonard auf dem Boden herumkroch, oder warum ich darauf hoffte, daß *er mich* wieder gnädig aufnahm. Voraussetzung dafür war ein unerschütterlicher Glaube an die Lektionen, die mir als Kind beigebracht worden waren; dabei war ich so sicher gewesen, daß ich sie unterwegs abgestreift hatte. Verstandesmäßig hatte ich das auch. Aber irgendwo ganz tief in mir hatte ich, ohne es zu wissen, jedes Wort meiner Mutter geglaubt: Ich war nicht richtig im Kopf, ich war nicht, wie ich sein sollte, und ich war es nicht wert, geliebt zu werden. Dr. Leonard brauchte nur dazu zu nicken, und ich, die ich ihm so vertraute, war wieder so hilflos, wie ich mich als Kind gefühlt hatte, als ich diese Lektionen von meiner Mutter lernte.

Und dann waren da die Lektionen, die ich von meinem Vater gelernt hatte. Man wurde akzeptiert, wenn man sich benutzen ließ und sich dem Benutzer gegenüber loyal verhielt, wenn man zwar ein unabhängig denkender Mensch war, sich jedoch nach den Regeln eines irrsinnigen Hauses richtete. Und wenn man denjenigen, der einen gekränkt hatte, bereitwillig behaupten ließ, die Kränkung sei eigentlich etwas anderes. Das alles hatte mir mein Vater beigebracht. Und Liebe – Liebe bekam man, wenn man gehorchte. Mit Hilfe meiner Mutter hatte mich mein Vater auch das gelehrt.

Dr. Leonard, dazu eine Philosophie, die zu einem Kult geworden war, und eine Erziehung, die die besten Voraussetzungen schuf für das, was sich ereignete, als ich Anfang zwanzig war, das alles spielte eine Rolle in dem Drama, das so viele Jahre meines Lebens in Anspruch genommen hatte. Der Prozeß beendete nur das Drama. Doch es vergingen noch viele Monate, in denen ich Antworten auf meine Fragen zu finden versuchte, damit ich mit allem abschließen konnte.

Was mich betrifft, so habe ich zwei Dinge gründlich gelernt. Nie wieder lasse ich zu, daß jemand sagt, er kennt mich besser als ich mich selbst. Ich habe gelernt, meinen Gefühlen zu vertrauen und danach zu handeln. Wenn mir auch nur die leiseste Regung im Bauch sagt, daß der Mensch, mit dem ich es zu tun habe, nicht ehrlich und zuverlässig ist, werde ich wachsam oder ich nehme Reißaus. Letztendlich erweist es sich normalerweise als richtig.

Und ich habe gelernt, es nie mehr hinzunehmen, daß jemand sich für verletzendes Verhalten nicht entschuldigt oder es nicht eingesteht. Weder sexuelle noch körperliche noch verbale Verletzungen. Diejenigen, die von einem solchen Spielraum in ihrem Leben ausgehen, fühlen sich vielleicht privilegiert und über solche Vorwürfe erhaben. Ich allerdings

habe etwas anderes gelernt. Ich habe gelernt, daß sie gefährlich sind. Und ich habe auch gelernt, daß ich etwas besseres
verdiene.

März 1983

Ich dachte darüber nach, wie weit ich in den letzten dreizehn
Jahren gekommen war und wohin ich in Zukunft noch kommen wollte. Würde ich jemals wieder, so fragte ich mich, eine
Therapie als Hilfe für den Weg, den ich noch gehen wollte,
in Erwägung ziehen? Mir fiel ein Gespräch ein, das ich vor
nicht allzu langer Zeit hatte.

»Mein Therapeut ist fast eine Stunde zu spät in meine
Sitzung gekommen«, erklärte mir die Anruferin. »Und er hat
sich nicht bei mir entschuldigt oder gerechtfertigt. Er ist einfach – zu spät gekommen. Eine Stunde zu spät. Ich war richtig
wütend und habe es ihm auch gesagt. ›Meine Zeit ist kostbar‹,
habe ich ihm erklärt, ›und es wäre mir recht, wenn Sie entsprechend damit umgehen würden‹. Glauben Sie, daß ich
recht habe, Ellen? Glauben Sie nicht, daß man meine Zeit als
kostbar behandeln sollte? Glauben Sie nicht, daß ich ein
Recht darauf hatte, wütend auf ihn zu sein, weil er ohne
Erklärung so spät aufgetaucht ist?«

Die Anruferin war keine Schülerin der Objektivistischen
Philosophie, und sie war Dr. Leonard nie begegnet. Sie hatte
mit ihrer Therapie schon vor Jahren angefangen, kurz nachdem ich meine Therapie angefangen hatte, und damals war
sie kaum in der Lage gewesen, ihre Meinung zu äußern,
geschweige denn wütend zu reagieren.

»Ich finde, Sie waren nicht nur im Recht. Ich finde, Sie
waren fabelhaft!« Ich dachte darüber nach, wie weit sie sich
entwickelt hatte. »Sie würden auch etwas sagen, wenn ein
Freund Sie eine Stunde warten lassen würde. Warum sollten
Sie also Ihren Therapeuten anders behandeln?«

Sie war den Tränen nahe. Ihre Stimme bebte, und Angst
schnürte ihr die Kehle zu. »Er hat gesagt, daß es mein Problem ist, und wir haben eine Stunde daran gearbeitet. Er hat
gesagt, wir müßten vielleicht noch weiter daran arbeiten, weil

es mir Schwierigkeiten macht einzusehen, warum es mein Problem ist, wenn er zu spät kommt. Er war derjenige, der zu spät gekommen ist. Er kommt immer zu spät! Aber irgendwie ist es mein Problem.« Zu Beginn ihrer Sitzung war sie sich sicher gewesen, wer einen Fehler gemacht hatte. Jetzt wußte sie es nicht mehr.

Es ist blanke Ironie, dachte ich im Anschluß an dieses Gespräch. Ein Therapeut, und zwar jeder Therapeut, der nicht ganz einwandfreie Absichten hat und psychisch gesund ist, braucht nur ein einziges Werkzeug, um den Weg zum Mißbrauch seiner Patientin zu bereiten. Und zwar nicht ihre Herkunft, nicht die Philosophie, der sie anhängt, oder Übertragung. Obwohl das alles dazu beiträgt. Es sind ihre Selbstzweifel. Sie sind das Symptom einer Neurose, die die verwundbarsten Patientinnen an die zerstörerischsten Therapeuten kettet. Mit diesem Schlüssel kann der Arzte eine Patientin in eine Rolle drängen, die nur seinen Zwecken dient. Ohne ihn bleiben seine sonstigen Waffen wirkungslos. Nur wenn sie in ihrem Selbstwertgefühl, in ihrem Selbstvertrauen und in ihrem Urteilsvermögen stabil ist, ist sie gegen einen unlauteren Therapeuten gefeit. Worin die Ironie liegt? Es ist unwahrscheinlich, daß so jemand eine Therapie aufsucht.

Eine Therapie? Wieder? Vielleicht ja bei einem nicht-objektivitischen Therapeuten? Nein, dachte ich. Ich glaube nicht. Wenn ich je einem Therapeuten begegnen würde, der wüßte, daß er für das, was er tut, zur Rechenschaft gezogen wird, der seine Patientinnen nicht benutzen und so verwirren würde, daß sie seine eigenen Bedürfnisse befriedigen, der sie korrekt und respektvoll behandeln und keinen Vorteil aus ihren Selbstzweifeln ziehen würde, und der glaubt, er sollte von denen, die er behandelt, ständig bewertet werden, dann würde ich es vielleicht in Erwägung ziehen. Vielleicht. Aber es ist nicht sehr wahrscheinlich, dachte ich. Ganz und gar nicht wahrscheinlich.

Nachwort

Zur Zeit des Prozesses lebte Dr. Leonard angeblich in Lake Gem in Florida, wo er als Barkeeper arbeitet. Im August 1977, nach der Schließung seiner Praxis, gab Dr. Leonard seine Zulassung an den Staat New York zurück und vermied damit eine staatliche Untersuchung und Anhörung sowie einen möglichen Entzug seiner Zulassung. Der Staat nahm irrtümlicherweise seine Zulassung zurück und setzte damit alle weiteren Schritte in dem Fall aus. Als der Fehler vier Jahre später aufgedeckt wurde, wurde die Akte dem Staat New York zur entsprechenden Weiterbearbeitung übergeben. Im April 1983 erklärte jedoch Mrs. Chris Hyman vom Bundesamt für die Verhaltensrichtlinien in medizinischen Berufen, daß keine weiteren Schritte unternommen worden seien – und auch nicht mehr unternommen würden. Angesichts der Tatsache, daß Dr. Leonard derzeit in Florida lebe, »haben wir andere Fälle, die dringender sind«, sagte sie. Dr. Leonard hat immer noch eine Zulassung als Arzt und Psychotherapeut.

Dr. Allan Blumenthal praktiziert immer noch als Psychotherapeut in New York.

Patricia Osborne, Krankenschwester und Schwesternausbilderin, kehrte nach dem Prozeß nach Maryland zurück und nahm ihre Arbeit wieder auf. Sie hatte angeblich vor, ihre Ausbildung zur examinierten Krankenschwester weiterzuverfolgen. Als Patti nach dem Prozeß gefragt wurde, ob sie Angst davor habe, daß Dr. Leonard sich rächen könnte, antwortete sie: »Was er mir jetzt noch tun könnte, kann nicht schlimmer sein, als was er mir schon angetan hat. Selbst wenn er mich umbringen würde, würde er mich bloß von meinem Schmerz befreien.« Heute lebt sie in North Calorina, wo sie Krankenpflege unterrichtet und ihr Diplom macht. Sie sagt, daß sie endlich innere Ruhe gefunden hat, und ich glaube ihr.

Ende November 1982 kam der letzte noch ausstehende Fall gegen Dr. Leonard vor Gericht. Der Fall dieser Klägerin hatte nicht mit meinem und Pattis Fall verhandelt werden können, da ihre Behandlungszeit bei Dr. Leonard in die Zuständigkeit eines anderen Versicherungsträgers fiel. Der Fall *Breitbard* vs. *Leonard* kam vor die Jury, die ihr zweihundertdreißigtausend Dollar zuerkannte. Der Richter setzte die Entschädigung auf hundertfünfundsiebzigtausend Dollar herab.

Tony knüpfte im Sommer 1982 den Kontakt mit Greg und mir wieder neu. Vier Jahre hatte er gebraucht, um die Scherben wieder zusammenzusetzen, und er bestätigte, daß ich tatsächlich das *Kind war, das mit dem Bade ausgeschüttet worden war.* Seine neugewonnene Einsicht, sein Mut und seine Ehrlichkeit ermöglichten uns die Wiederaufnahme unserer Beziehung. Heute ist er mehr als nur mein Schwager. Er ist wieder mein enger Freund.

Die geheimnisvollen Umstände um Lindas Verhalten sind immer noch nicht geklärt, und noch immer weiß niemand, warum sie die Klage gegen Dr. Leonard fallenließ. Meine Versuche, mit Linda Kontakt aufzunehmen, um wieder eine Gesprächsgrundlage herzustellen, blieben bis Oktober 1984 unbeantwortet. Damals rief ich sie in einer Sache an, die mit der Veröffentlichung dieses Buches zu tun hatte. In diesem kurzen Gespräch sagte sie mir, daß sie mein Verhalten ihr gegenüber am Ende unserer Freundschaft als »merkwürdig und neurotisch« empfunden habe. Ferner behauptete sie, daß ich diejenige gewesen sei, die nicht mehr mit ihr geredet hätte. Mein Vorschlag, über die Ereignisse zu reden, die Greg und ich so anders in Erinnerung hatten, lehnte sie jedoch kühl ab.

Während ich dieses Buch geschrieben habe, bin ich mit Greg wieder einmal in den Nordosten umgezogen und studiere jetzt im zweiten Jahr Jura. Sogar meine Träume sind lebendig geblieben.

Ich liebe Greg jeden Tag mehr, da er mir nicht nur weiterhin Liebe und inneren Halt gibt, sondern auch Fröhlichkeit in mein Leben bringt mit seiner Schlagfertigkeit und seinem grenzenlosen Humor. Er erträgt alle meine Unzulänglichkeiten mit seiner endlosen Geduld, derselben Geduld, die er auch in viel nervenaufreibenderen Zeiten bewiesen hat.

Aber was das wichtigste ist, seine Ehrlichkeit und Offenheit bereichern mein Leben und haben mir das Vertrauen in die Menschen zurückgegeben.

Ich habe mich sorgfältig bemüht, die Bruchstücke meiner Kindheit wieder zusammenzusetzen und die zehn Jahre, die ich auf Dr. Leonard verwendet habe, ad acta zu legen. Dieses Buch war zum großen Teil ebenso der Prozeß wie auch das Ergebnis dieser Bemühung. Es zwang mich dazu, mich in Zeiten und an Orte zurückzuversetzen, die ich lieber gemieden hätte. Doch solche Ausflüge in die Vergangenheit waren notwendig, um eine Antwort auf die Frage zu finden, die mich seit dem Ende dieses Prozesses verfolgte: Wie konnte es dazu kommen? Denn bevor ich das nicht verstand, konnte ich nicht sicher sein, daß es nicht wieder passierte.

Diese Reise hat mir mehr eingebracht als bloß die innere Ruhe, die ich mir vom Erschließen der Erinnerungen und dem Nachzeichnen der Ereignisse erhofft hatte. Mehr als nur die Sicherheit, die ich aus dem Wissen beziehe, daß mir ein Fall wie mit Dr. Leonard nicht mehr passieren kann. Heute führe ich ein ausgefülltes und reiches Leben. Ich bin eine starke, blühende und unabhängige Frau, die weiß, wohin sie geht, wo sie war und wer sie ist. Zum ersten Mal in meinem Leben fühle ich mich vollwertig.

Heute bin ich glücklicher, als ich es je für möglich gehalten hatte.

Vor zwölfeinhalb Jahren hatte ich meine erste Sitzung bei Dr. Leonard. Ich war gerade einundzwanzig geworden. Die Klage, die ich fünfeinhalb Jahre später gegen ihn erhoben hatte, wurde am 5. November 1982 entschieden, nur drei Tage vor meinem zweiunddreißigsten Geburtstag. Insgesamt war ein Drittel meines bisherigen Lebens auf die eine oder andere Art mit Dr. Leonard verknüpft. Aber bevor diese Phase meines

Lebens zu einem befriedigenden Abschluß gebracht werden konnte, mußte noch eine Bedingung erfüllt werden.

Ich hatte bei meiner Klage gegen Dr. Lonnie Franklin Leonard zwei Ziele im Sinn: ich wollte die Kontrolle übernehmen in einer Beziehung, die bis vor kurzer Zeit noch von meinem ehemaligen Therapeuten beherrscht worden war; und ich wollte bleibend dokumentieren, was für ein Mensch er war und was er mir angetan hat. Mit dem Ergebnis des ersten Ziels, das ich mit meiner eigenen Klageerhebung und Pattis Klage als Höhepunkt erreicht habe, bin ich zufrieden. Doch durch den vorzeitigen Abschluß der beiden Fälle konnte ich das zweite Ziel nicht mehr erreichen.

Mit diesem Buch will ich das bleibende Dokument schaffen. Darin liegt die endgültige Verwirklichung meines zweiten Ziels. Das ist meine Aussage.

DANKSAGUNG

Mein Dank gilt Anne Kaplan, dafür, daß sie mir alle rechtlichen Begriffe, Verfahrensweisen und Schriftstücke erklärt und mir ihre jeweilige Bedeutung erläutert hat. Außerdem danke ich Maria Rivera, die mir alle notwendigen Dokumente und Kopien zugänglich gemacht hat.

Mein innigster Dank gilt auch meinem Mann. Er hat sich nicht nur nie beschwert, daß er zahllose Nächte allein schlafen mußte, während ich mich mit meiner Schreibmaschine abgab, sondern mich immer ermutigt, mir unschätzbare textkritische Ratschläge gegeben und jede neue Fassung begutachtet. Vor allem aber war er immer da, wenn der Schmerz darüber, daß ich diese Dinge nochmals durchleben mußte, zu groß wurde.

Und schließlich geht mein Dank an Dr. Jack Moore, weil er mir versichert hat, daß ich diese Geschichte allein schreiben könnte. Wenn ich nicht auf seine Anregung und seine Meinung gehört hätte, hätte ich es vielleicht nie versucht.

erlebt & erfahren

Authentische Lebensberichte, erschütternde Schicksale, beeindruckende Erfahrungen – eine Reihe, die offen und sachlich mit Lebenswegen unserer Gegenwart konfrontiert

19/2006

Wilhelm Heyne Verlag
München

Liebe und Sexualität

Bücher zu einem Thema, das jeden von uns beschäftigt . . .

SAM KEEN
**Die Lust
an der Liebe**
Leidenschaft als
Lebensform

19/229

Wilhelm Heyne Verlag
München

Cheryl Benard
Edit Schlaffer

19/249

Vor unseren Augen
Der Krieg in Bosnien ... und die
Welt schaut weg
*"Was dort passiert, ist mit dem
Verweis auf die geographische
Lage und die Zahl der Opfer
nicht mehr zu bewältigen. Was
dort passiert, ist der Zusam-
menbruch unserer Ordnung.
Wir alle haben den Krieg in
Bosnien verloren."*

Außerdem erschienen:

Ohne uns seid ihr nichts
Was Frauen für Männer
bedeuten
19/281

Wilhelm Heyne Verlag
München

Jehan Sadat

»Jehan Sadat ist eine reichbegabte Frau: Sie ist intelligent, couragiert und zutiefst menschlich. Ihr Leben lang – durch Triumphe und Tragödien – ließ sie andere Menschen an diesen Gaben teilhaben.« Henry Kissinger

01/8196

Wilhelm Heyne Verlag
München

Katharine Hepburn

Freimütig und mit feiner Selbstironie erzählt sie aus ihrem Leben und von ihren Filmen – eine der berühmtesten Filmschauspielerinnen Hollywoods und eine leidenschaftliche, kluge Frau.

01/8328

01/8765

Wilhelm Heyne Verlag
München